青少年体育公共服务体系研究

白云庆　张万秋　著

吉林科学技术出版社

图书在版编目（CIP）数据

青少年体育公共服务体系研究 / 白云庆，张万秋著.
——长春：吉林科学技术出版社，2023.5
ISBN 978－7－5744－0482－3

Ⅰ.①青… Ⅱ.①白…②张… Ⅲ.①青少年－体育工作－研究－中国 Ⅳ.①G812.45

中国国家版本馆 CIP 数据核字（2023）第 105666 号

青少年体育公共服务体系研究
qingshaonian tiyu gonggong fuwu tixi yanjiu

著　　者	白云庆　张万秋
出 版 人	宛　霞
责任编辑	安雅宁
书籍装帧	长春市昌信电脑图文制作有限公司
封面设计	长春市昌信电脑图文制作有限公司
幅面尺寸	170mm×240mm 1/16
字　　数	210 千字
印　　张	13.75
版　　次	2024 年 1 月第 1 版
印　　次	2024 年 1 月第 1 次印刷

出　　版	吉林科学技术出版社
发　　行	吉林科学技术出版社
地　　址	长春市福祉大路 5788 号出版社集团 A 座
邮　　编	130118
发行部电话/传真	0431－81629529　91629530　81629531
	81629532　91629533　81629534
储运部电话	0431－86059116
编辑部电话	0431－81629518
网　　址	www.jlstp.net
印　　刷	长春新华印刷集团有限公司

定价：85.00 元
书号：ISBN 978－7－5744－0482－3

前　言

　　青少年的身体健康关乎民族的希望、国家的未来。完善的青少年体育公共服务体系是青少年身体健康的重要保障。青少年体育公共服务体系建设是新时代赋予我们的历史使命，这源于青少年体育公共服务体系建设承载着增强学生体质、促进学校体育健康发展，培养体育后备人才、推进体育强国建设以及实现健康中国与全民健身国家战略的重要价值。近年来，我国青少年体育有了长足的发展和进步，青少年体育活动广泛开展，青少年体育组织显著增加，体育后备人才不断涌现，均与我国青少年体育公共服务体系建设密切相关，但也存在一些不足，因此，新时代青少年体育公共服务体系建设任重而道远。

　　基于此，本书以"青少年体育公共服务体系研究"为题，全书共设置七章：第一章阐述青少年体育公共服务的相关内涵、青少年体育公共服务体系建设的意义、青少年体育公共服务体系建设的成效与思考；第二章分析青少年身体发育规律与特点、青少年体育运动的原理与原则、青少年体育运动的类型及方法；第三章讨论体育公共服务及其发展理念、青少年体育公共服务的依据、青少年体育公共服务的属性及外部性；第四章探讨青少年体育公共服务的企业参与、青少年体育公共服务的社会团体参与、青少年体育公共服务的公民参与；第五章论述体育公共服务组织的类型及其内容、青少年体育公共服务组织体系的结构、青少年体育公共服务组织体系的实施；第六章研究体育公共服务设施体系建设的现状、青少年体育公共服务设施体系建设的意义、青少年体育公共服务设施体系建设的策略；第七章通过信息保障体系、服务监管体系、绩效评价体系，探讨青少年体育公共服务保障体系建设。

　　全书内容丰富，结构清晰，客观实用，从理论基础入手，以期借助时代发展优势，为促进我国青少年体育公共服务体系的发展提供建议。

  笔者在撰写本书的过程中，得到了许多专家学者的帮助和指导，在此表示诚挚的谢意。由于笔者水平有限，加之时间仓促，书中所涉及的内容难免有疏漏之处，希望各位读者多提宝贵意见，以便笔者进一步修改，使之更加完善。

白云庆　张万秋
2023 年 4 月

目　　录

第一章　绪论 ··· 1
第一节　青少年体育公共服务的相关内涵 ·· 1
第二节　青少年体育公共服务体系建设的意义 ······································· 3
第三节　青少年体育公共服务体系建设的成效与思考 ····························· 4

第二章　青少年体育运动基础 ·· 9
第一节　青少年身体发育规律与特点 ··· 9
第二节　青少年体育运动的原理与原则 ·· 12
第三节　青少年体育运动的类型及方法 ·· 47

第三章　青少年体育公共服务的依据与属性 ······················· 52
第一节　体育公共服务及其发展理念 ·· 52
第二节　青少年体育公共服务的依据 ·· 58
第三节　青少年体育公共服务的属性及外部性 ······································ 63

第四章　青少年体育公共服务的多方参与研究 ··················· 70
第一节　青少年体育公共服务的企业参与 ··· 70
第二节　青少年体育公共服务的社会团体参与 ······································ 84
第三节　青少年体育公共服务的公民参与 ··· 91

第五章　青少年体育公共服务组织体系建设 ······················ 111
第一节　体育公共服务组织的类型及其内容 ······································· 111
第二节　青少年体育公共服务组织体系的结构 ···································· 123

第三节　青少年体育公共服务组织体系的实施…………………… 137

第六章　青少年体育公共服务设施体系建设…………………… 168
　　第一节　体育公共服务设施体系建设的现状………………… 168
　　第二节　青少年体育公共服务设施体系建设的意义………… 172
　　第三节　青少年体育公共服务设施体系建设的策略………… 174

第七章　青少年体育公共服务保障体系建设…………………… 177
　　第一节　青少年体育公共服务信息保障体系建设…………… 177
　　第二节　青少年体育公共服务监管体系建设………………… 192
　　第三节　青少年体育公共服务绩效评价体系建设…………… 197

参考文献………………………………………………………………… 209

第一章 绪 论

第一节 青少年体育公共服务的相关内涵

随着我国经济的迅速发展，社会公众在体育方面的需求的内容、形式、结构、层次等也在逐渐发生变化，并呈现出快速增长的态势；而且，经济越发展、社会越进步，社会公众在体育方面的需求就越强烈，对政府部门在体育方面工作的要求也越高。体育公共服务是一个地区或城市综合实力和社会文明进步程度的重要标志，也是全面建成小康社会的重要组成部分，它直接关系到社会公众的身心健康和生活幸福。建立和完善体育公共服务，向公众提供方便、优质、高效的体育公共服务，满足民众不断增长的公共体育需求，已成为城市政府部门一项全新的工作任务。

一、公共服务的概念

公共服务由"公共""服务"两个层次组成，可理解成向公众提供的服务。公共服务包含着一定的价值判断，如果只从经济学意义上将其理解为公共产品，则缺乏价值判断的意蕴。公共利益是政府公共服务的重要工作，公共服务的概念要比公共产品的概念更广泛，更注重公共权利的实现。

公共服务就是提供公共产品和服务，包括加强城乡公共设施建设，发展社会就业、社会保障服务和教育、科技、文化、卫生、体育等公共事业，发布信息等。公共服务既包括公共产品，又包括市场上供应不足的产品和服务，在消费上具有非竞争性与非排他性，政府和准公共部门均可提供纯公共物品与准公共物品。

二、体育公共服务体系的概念

体系作为完整的系统，是指相互联系的整体，相应的体系是由多种要素组成，要素作为体系的基本单元构成系统的组成部分，体系依赖于各要素之间彼此相互联系、相互制约而构成整体的有序结构。公共服务体系主要是指以政府为主导，以提供基本而有保障的公共产品为主要任务，以全体社会成员分享改革发展成果为基本目标的一系列制度安排，这些制度安排主要表现为政府主导、社会参与和体制创新。目前，关于公共服务体系的研究涉及多个方面，其中卫生、文化、教育方面已成为研究关注的重点。

对于公共服务的分析主要分为四个层次：第一层次是明确什么是公共服务以及明确公共服务的范围；第二层次应对提供多少服务、如何融资和生产及定价等问题进行回答；第三层次应对公共服务实践中的运行给予足够的关注，强调在现实中如何保证公共服务的效率和公平，以及明确需要建立的机制，以实现此目的；第四层次应注重公共服务政策的执行效果以及激励机制的设计，并为政策工具的调整和改进提供必要的依据，使得公共服务具有稳定性、有效性和可持续性。

体育公共服务体系主要由服务主体、客体以及主客体所处的环境共同构成，是由能够满足公众体育需求的诸多要素构成的有机整体，是一个重要的服务和保障系统，能够促进体育环境和条件的改善，增强大众体质健康，促进大众积极参与到体育健身活动之中，满足大众的多样化体育需求。"体育公共服务体系是我国体育事业中不可或缺的重要组成部分，体育公共服务事业的发展一定程度上奠定了我国体育事业的基础"[1]。体育公共服务体系主要内容包括体育公共设施建设服务体系、体育公共信息服务体系、体育公共组织管理服务体系以及体育公共政策服务体系等。

"体育强国"一词具有丰富的内涵、鲜明的特征，涉及体育事业和体育工作的方方面面，其要求是全方位的，是一个建设综合体系和实现全面发展的目标。大力增强和提供与社会公众密切相关的体育公共服务，广泛开展全

---

[1] 彭朝驿. 新时代农村体育公共服务体系构建研究 [J]. 现代农业研究，2020，26（09）：137-138.

民健身运动，促进群众体育和竞技体育共同进步，对于推动我国体育事业全面、协调、可持续发展，加快我国从体育大国向体育强国的迈进步伐具有重要的意义。

第二节 青少年体育公共服务体系建设的意义

一、实现全民健身与健康战略

2014年，国务院发布了《关于加快发展体育产业促进体育消费的若干意见》，明确提出将全民健身列为国家战略。2016年《全民健身计划"健康中国2030"规划纲要》等国家纲领性文件又相继发布，对未来全民健身国家战略的实施和"健康中国"新理念、新战略的实践提出了明确的思路，自此"全民健身—全民健康—全面小康"的健康逻辑链清晰完整地呈现出来。青少年是推行全民健身与健康中国国家战略的重要群体，《全民健身计划》明确规定将青少年作为实施全民健身计划的重点人群，大力普及青少年体育活动，提高青少年身体素质。新时代青少年体育公共服务体系的建设与完善，是健康中国与全民健身两大国家战略"落地"的有力"抓手"，充分而均衡的青少年体育公共服务供给，有利于满足青少年体育健身与健康需求，有利于体育健身素养的形成以及健康习惯的养成，这些都对青少年的身心健康成长起着至关重要的作用，最终目标指向我国全面小康社会的建成。

二、培养体育后备人才，推进体育强国建设

少年强则中国强，体育强则中国强，推动我国体育事业不断发展是中华民族伟大复兴事业的重要组成部分。体育强国是实现我国强国梦的重要组成部分，青少年体育在体育强国建设中占据着战略性、基础性地位。青少年体育是大众体育开展的关键领域，青少年从小树立良好的体育健身习

惯，大众体育才会得到长期性与长足性发展；青少年体育是竞技体育后备人才的摇篮，只有体育好苗子不断涌现，才会有越来越多的运动员在国际大赛中争金夺银；青少年体育一定程度上引领着体育产业的发展，青少年追求时尚性、卓越性，是体育品牌公司争相追逐的消费群体。因此，新时代青少年体育公共服务体系需要以满足青少年体育需求为目的，扎实推进公共服务供给侧结构性改革，建立完善的服务体系，为体育强国的早日实现筑就坚实的基础。

三、增强学生体质，促进学校体育健康发展

虽然青少年体育的范畴不仅仅囊括学校体育，但学校是青少年体育开展的主要场域，学校体育的开展一定程度上决定着青少年体育的总体态势。学校体育的目的在于让学生接受良好的体育教育，掌握一定的体育知识、技术与技能，最终提升学生的体质。青少年学生体质的现实状况与长期以来学校体育存在的诸多问题密切相关，如：体育课开课不足、体育教师数量不够、学校体育场地设施匮乏、课外服务体系无法满足学生需求等。青少年的身体素质关乎国家命运，对于实现中华民族的伟大复兴具有重要意义。新时代迫切需要青少年体育公共服务体系加快建设步伐，将学生体质提升作为首要任务，促进学校体育健康发展。

第三节 青少年体育公共服务体系建设的成效与思考

完善青少年体育公共服务体系，对培养竞技体育后备人才、落实全民健身战略、增进体育强国建设具有积极的作用，其最终目的旨在引导每个青少年参与健身、阳光运动，实现身心共同成长。新时代青少年体育公共服务体系建设，已经不是单纯的体育运动场地建设、体育运动组织建立和体育活动开展，而是在体育强国梦的带领下赋予了青少年体育公共服务体系新的内涵和服务范围，使得青少年体育在最近几年一直保持着良好的发展态势。但是，制约青少年体育发展的因素仍然存在，体制机制障碍还没

有破除，面临最严峻的问题仍然是场地设施问题，青少年校外场地体育运动设施缺乏，体育资源如何优化配置仍是一大难题。同时，青少年体育相关部门统筹协调不够，使得体育资源没有得到充分利用。比如，有些学校体育场馆只在教学时间开放，课外时间和放假时间并不针对学生开放，使得学校体育资源闲置。因此，要从多方面下功夫，有针对性地完善青少年体育公共服务体系。

一、青少年体育公共服务体系建设的成效

（一）体育公共服务体系框架基本形成

青少年体育规划引领发展，已经基本形成青少年体育公共服务体系框架，在一定程度上有效拓展了体育公共服务范围，也提高了体育公共服务水平和保障能力，营造了更加活跃的青少年体育活动氛围。目前，在推进体育公共场馆设施开放方面已见成效，学校体育场馆开放试点工作进展较为顺利，有效带动了青少年体育组织的建设，也扩大了青少年体育组织的规模。

（二）体育人才培养体系逐步完善

目前，全国各地正在积极探索建立青少年体育公共服务体系，在体育运动项目布局、青少年体育运动结构调整等方面下功夫，体育后备人才培养体系正逐步完善。目前，以县级为核心逐步恢复了青少年训练，各个学校体育办学条件逐渐改善。国家正在创建500所国家级体育传统项目学校，建立高水平体育后备人才基地，为青少年体育运动训练科学化搭建平台。同时，积极实施青少年体育人才队伍建设计划，在一定程度上提高了青少年体育人才的规模和质量。青少年体育政策支持力度不断加大，青少年体育发展格局正在逐渐发生变化，体育公共服务、体育组织建设和青少年训练竞赛等内容都得到了改善，为培养高素质专业化体育运动后备人才创造了良好的条件。

（三）体育场地设施得到改善

新时代在全民健身与体育教育强国梦的引领下，青少年体育组织的数量增加，质量提高，有效带动和支持了青少年体育活动的开展，使体育场

地设施建设得到了进一步改善,对青少年身体素质提高具有积极的作用。目前正在全国范围内掀起青少年阳光体育比赛活动、青少年户外体育活动营、体育传统项目学校联赛、青少年体育俱乐部比赛、校园足球活动、百万青少年上冰雪等青少年体育品牌活动,形成了体育项目内容丰富、参与人员多、影响力深远、覆盖面广的体育品牌赛事活动。比如,安徽、江苏等省已经形成了较为成熟的经验做法,积极制定和出台青少年体育公共服务体系建设规划,鼓励多方合作建设青少年体育活动场地,通过捐助、合作、股份制等形式全面推进闲置厂房改造成为开放的足球、乒乓球、羽毛球等体育公共运动场地,并采取措施促进体育场馆设施面向青少年开放,提供青少年校外体育培训机会,改造新建青少年校外体育活动中心,促进全民健身中心提档升级,为更好地开展青少年体育运动创造了有利的条件。

(四)青少年体育活动明显增加

根据目前我国体育运动项目存在的短板情况,我国体育教育主管部门及机构全面推进青少年校园足球活动等,过去几年青少年体育公共活动明显增加。以青少年校园足球活动为例,在全国范围内布局了131个城市,并以县为重点开展试点工作,所涉及的校园足球联赛学校已经超过5000所,其中关于体育传统项目活动的学校数量也已经超过500所,建立国家级青少年体育俱乐部超过5000所[①]。同时,各个学校也正在探索推进体育场馆社会开放,有效带动了青少年体育公共活动的发展。

二、青少年体育公共服务体系建设的思考

(一)加强法规管理

要以青少年群体为核心制定出台专门的体育公共服务规划,以青少年锻炼身体、地区经济增长与和谐社会构建为导向,站在全民健身思维下统筹谋划青少年体育公共服务体系建设工作。发挥各级政府作用,密切联系各区域实际情况,根据青少年数量、素质和爱好等制定专项体育公共服务方案和计划,明确青少年体育公共服务目标和任务,每年带动发展一批有

---

① 杨俊峰,孙刚. 新时代青少年体育公共服务体系建设研究 [J]. 青少年体育,2019 (02):69-70.

影响力的青少年体育公共服务项目。要着眼于青少年体育公共服务要求制定配套性政策文件，进一步拓宽体育政策覆盖面，促进体育主管部门和机构加强协调沟通，建立各部门密切合作和独立发展的青少年体育公共服务组织。

(二) 加强资源整合

要依托于政府主导有效增加青少年体育公共服务供给，有效开展青少年体育公共服务战略，明确青少年公共服务性质和发展方向，明确划分政府、社会和其他组织在青少年体育公共服务中的角色和责任。同时，从竞技体育中逐渐转变过来，在全民健身运动的带领下构建青少年体育公共服务，拔高青少年体育事业发展的高度。要动员和鼓励社会资本进入到青少年体育公共服务领域中来，促进社会资源有效进入，增加青少年体育公共服务投入，并实现资源共建共享。要通过税收等优惠鼓励企业参与到全民健身事业中来，积极挖掘传统体育文化与项目资源，为更好地建设青少年体育公共服务体系奠定基础。

(三) 加强基础设施建设

针对各区域体育基础设施建设不均衡的问题，要以市级为单位制定专门的青少年体育公共设施标准，在体育设施投入、体育资源配置等方面达到均衡与科学状态。各区域要分市级、县级、乡镇级进行级别体育设施建设，以青少年为重点加强体育设施服务供给。要立足于现在的体育基础设施建设标准与规划，推进社区健身活动中心发展，建设青少年健身广场。要提高现有体育设施的使用率和利用率，通过政府补贴、有偿开放等方式逐渐向社会开放闲置的体育场馆资源，进一步释放现有体育资源活力。

(四) 加强竞赛训练

要加强青少年体育后备人才培养，健全青少年体育训练体系，以体育传统项目和现代竞技项目为核心，积极搭建青少年体育俱乐部、课外体育班等平台，全面普及和推广传统体育运动项目。要以学校为中心，优化升级青少年体育运动项目结构，以竞技体校为重点，对接国家体育比赛，对重点体校、重点项目进行重点人才培养。鼓励青少年积极参加社会各界组织的体育运动技能培训和赛事，积极组织训练营、体育俱乐部、夏（冬）令营等活动。同时，以青少年体育运动能力提升为核心，选聘任用一批高素质专业化的体育教师，着眼于优秀传统体育文化的继承和弘扬，开展传统体育项目比赛、训练等。

第二章　青少年体育运动基础

第一节　青少年身体发育规律与特点

一、青少年生长发育的规律

（一）生长发育速度的不均衡性

人体的生长发育就其速度来讲是不均衡的。生长发育的速度不是直线上升的，而是波浪式的，即时快时慢。如身高、体重的增长，在生长发育期并非等速增长，而会出现阶段性规律。其增长速度有两个突增高峰：第一高峰期是2岁前；第二高峰期是12岁至15岁，即青春发育期。第二高峰期女性比男性早1~2年，这两个突增高峰期增长速度最快。性成熟后身高即稳定下来，一般女子17~18岁，男子19~20岁，身高的增长基本停止，但体重并非如此。

在生长发育过程中，男性和女性的增长速度不同，会出现两次交叉。以身高、体重为例，11岁之前男性高于女性，11~15岁则女性高于男性，15岁以后男性又高于女性，这就叫生长发育的两次交叉。

（二）身体生长发育比例的非等比性

人从出生到成人，身体各部分的比例一直在发生着变化。如：初生婴儿的头部占身长的1/4，2岁时头部占身长的1/5，6岁时头部占身长的1/6，12岁时头部占身长的1/7，成人时头部占身长的1/8。由此可见，身体各部位的生长发育是非等比的。

在第一突增期，头部先发育，以后是躯干、下肢，是按照一定的发展规律进行的。在第二突增期，则是下肢先发育，其次是发育躯干，头的发育不明显。人从出生起，若以增长值计，头增长1倍，上肢增长3倍，下肢增长4倍。身体各部位生长发育结束的时间也不同：手长约在15岁；足长约在16岁；上下肢约在20岁；躯干约在21岁。

（三）身体各器官生长发育的先后顺序性

人出生以后，神经系统发育最快。如大脑的发育，最快是在出生后的第一年。出生婴儿其脑重约为350g，约占成人脑重的25%，5~6岁时发育加快，脑重约为成人脑重的90%。随着脑的发育，身体各部位的机能也不断提高，尤其是淋巴系统发育最快，10岁已达高峰；12岁时可达成人的200%，以后又下降。这说明儿童身体细胞的免疫能力差，需要有强大的淋巴免疫系统的保护作用。发育最晚的是生殖系统，如女性子宫的发育，一般到16岁才发育完善。

（四）人体生长发育、发展的个体差异性

人的生长发育是在先天的基础上，在神经系统的协调下，并在机体与外界环境因素的相互作用下进行的。人体各器官的生长发育是密切相关的，但有先有后，有快有慢，某一器官的生长发育可能为另一器官的生长发育打基础。因此，它们之间不是孤立的，而是相互影响、相互制约的。"人类发育具备一定的普遍性规律，但受先天遗传、环境因素等影响，人的发育表现出一定的个体差异和性别差异，并且在城乡间、地域间、民族间、种族间等也呈现出不同程度的差异。"[1] 例如：经常从事体育锻炼就会促进人体的生长发育，使各组织、器官系统的机能得到改善。因此，经常锻炼的人，其各组织、器官的生长发育水平、机能水平均优于不经常从事体育锻炼的人。

二、青少年生长发育的特点

（一）少年儿童时期

少年儿童时期是新陈代谢的同化作用占优势。身体各组织、器官不断

---

[1] 时兰君. 青少年生长发育与运动 [J]. 当代体育科技，2014，4（08）：174.

生长发育，结构不断完善，机能不断提高，一般叫生长发育期，其特点包含以下内容：

运动器官系统：骨骼生长快，骨内有机成分和水分较多，无机盐少。因此，骨骼富有弹性和韧性，不易折断。但骨的可塑性大，易变形。肌肉中水分多，有机成分和无机盐少，肌肉的比重小，肌肉发育是纵向大于横向，肌纤维细，肌肉横断面小，故肌肉力量较差，所以容易疲劳。

心血管系统：心脏的重量、体积和容积均小，心肌纤维细，其收缩力弱，心率快，收缩压低，血管壁弹性大，心脏的每搏输出量的绝对值比成人小，但其相对值比成人大，18~19岁时趋于稳定。这样可保证其新陈代谢所需的氧气及营养物质。

呼吸系统：胸廓狭窄，肺的容积和容量小，呼吸肌力量弱，故呼吸频率快，呼吸表浅，肺活量小。无氧代谢能力差，对缺氧的承受能力差。

神经系统：大脑皮层兴奋占优势，活泼好动，灵活性高，条件反射易建立。但兴奋和抑制的均衡性差，注意力不易集中。第一信号系统相对较强，模仿性强，易学会动作，大脑神经细胞易疲劳。

物质代谢：新陈代谢旺盛，同化作用占优势，物质再合成能力高。所以消耗的物质在恢复过程中极易再合成，故运动后的疲劳易消失，工作能力也易恢复。

(二) 青壮年时期

青壮年时期，同化与异化作用趋于平衡，身体各组织器官的生长发育基本结束，是人一生中生命力最旺盛的时期。其特点包含以下内容：

运动器官系统：骨骼中有机成分和水分增多，无机盐也增加，骨骼变得坚固，能承受较大的压力。肌肉中有机成分增多（如蛋白质含量的增高），含水量减少，肌纤维增粗，肌肉横断面加大。因此，肌肉不但变得有力，而且富有一定的弹性和伸展性。

心血管系统：心血管系统发育完善，心脏的重量、体积和容积增加，心肌纤维增粗，心脏收缩力量加大。故心脏每搏输出量增加，心率减慢，血压升高（18~25岁青年的脉率，男子为75.2次/分，女子为77.5次/分；血压平均值，男子为118.3/74.1毫米汞柱，女子为107.8/69.2毫米汞柱）。

呼吸系统：胸廓扩大，肺容量增加，呼吸肌的耐力和力量增强，呼吸加深，呼吸频率减少（16~18次/分钟），肺活量增加。19~20岁肺活量趋于稳定，18~25 岁肺活量平均值，男子为 4124 毫升，女子为 2871 毫升。

神经系统：大脑皮层的兴奋和抑制过程逐渐达到均衡状态。工作能力增强，神经细胞能坚持较长工作时间，且不易疲劳，但其内抑制能力却不及中老年人。

物质代谢：新陈代谢的同化和异化作用趋于平衡，能量物质的摄取与消耗基本趋于平衡状态。

第二节 青少年体育运动的原理与原则

一、青少年体育运动的原理

（一）青少年运动的心理学原理

1. 青少年心理发展与运动的关系

运动是人类所特有的一种社会实践活动，它是一种有目的、有计划、有系统的影响，是专职教师或教练按照一定的运动目的，有组织地对青少年施加的系统影响。因此，运动过程在青少年运动员的心理发展上比一般环境影响起着更为主要的作用，或者说起着主导作用。但是，这种作用只有当运动过程符合青少年心理发展的规律时才能发生。运动要以青少年心理发展水平和特点为依据，运动如果不适合运动员心理发展的水平和特点，就不能收到良好的效果，不能促进青少年心理得到应有的发展。所以说，运动与运动员的心理发展之间存在着相互依存的关系，这种相互关系，不是简单的、直接的，而是比较复杂的。

（1）运动内容和教师的要求必须适合学生心理发展水平和既有能力，并且提出略高一些的要求，从而促进他们心理的不断发展。"最近发展区"[1]

---

[1] 最近发展区理论认为学生的发展有两种水平：一种是学生的现有水平，指独立活动时所能达到的解决问题的水平；另一种是学生可能的发展水平，也就是通过教学所获得的潜力。两者之间的差异就是最近发展区。

的思想认为，运动要求不仅要考虑青少年已达到的发展水平，更重要的是要知道他们近期内发展的可能性。因此，运动目标要走在发展的前面，要"创造"最近发展区。换言之，运动目标只有既符合学生的现有发展水平，又具备略高的要求，才能促进其心理的不断发展。

（2）运动虽是青少年运动员心理发展的主要条件，制约着其心理发展，但作用并非万能的、唯一的和无条件的。除了运动外，还有其他因素对学生心理发展产生重要的影响，如遗传、家庭、学校、社会等。教育工作不能忽视其他因素在心理发展中的作用，而要很好地考虑这些条件，特别是要取得家庭、学校、社会的配合，并对其加以指导，使之协调起来，才能有效地推动学生的心理发展。

（3）运动过程对心理发展的作用，不是一种机械的、简单的、直接的"授予"过程，而是通过学生的积极活动实现的。在教育过程中，如果没有运动员主动的活动，就不能使学生的心理和个性得到良好的发展，运动就不能发挥它应有的作用。因此，运动过程中必须发挥运动员的积极性、主动性和独立性，培养他们的运动动机和努力完成运动任务的自觉性等。

（4）青少年运动发展过程虽然有共同性，但是在发展速度、水平以及各种心理技能的优势表现、积极个性心理特征等方面，都存在着相当大的个别差异。运动要有效地促进学生的心理发展，培养运动员积极参与运动的动机，就需要考虑队员的个别特点，并根据这些特点因材施教，对不同运动员的要求要适应他们不同的发展水平和能力。提出的运动负荷、运动内容、选择的运动手段也要适合其心理特点。对不同运动员、教练员要进行分析，既要注意培养那些具有较高运动天赋的学生，也要帮助那些心理发展较低的学生，使他们都能得到最好的发展。

2. 青少年的心理特点与运动

（1）青少年时期的心理特点。青少年时期是从儿童到成人的过渡时期。所谓过渡时期，就是指心理的成熟阶段，是有依赖的、被照顾的、按照成年人确定的特殊规范生活的童年，向成年人独立，而又负有责任的生活的过渡过程。"青少年对自己生理和心理的快速变化、成长的烦恼、学校和家庭的期望、社会的巨大变革的适应很不容易，所以容易发生适应危机，特别是原先心理不很健康、解决问题能力较差的青少年更易出现心理问题。

所以青少年时期是心理状态最不稳定和易发生障碍的时期。"[1] 青少年时期的主要心理特点如下：

第一，智力发展显著。由于青少年时期生活空间的不断扩大，社会实践活动的不断增多，其认知能力获得长足发展。

高度发展的概括化观察力。概括化是观察力向成熟发展的重要标志。儿童时期由于抽象思维能力差，所以其观察能力虽然敏锐，但缺乏概括性，观察得不够深刻、不够全面。但青少年则不同，他们可以利用日益发达的抽象思维能力组织、调节和指导观察活动，以提高观察的概括性。

获得成熟的记忆力。与儿童时期相比，青少年的记忆力达到一个空前成熟阶段。意义识记代替机械识记而成为识记的主要手段，识记的目的性增强，有意识记超过无意识记而居于支配地位。这一时期进入了记忆最佳时期。

形成理论型的抽象思维能力。青少年学生能离开现实进行思考，所以他们能提出假设，进行论证，这是青少年时期学生抽象逻辑思维发展和成熟的表现。但是，由于科学知识的限制，他们提出的假设往往缺乏充分的根据，其论证的结果不一定正确，这是青少年时期学生抽象逻辑思维不完全成熟的表现。但是，因为他们曾经认真地思考和进行论证，所以自以为是，固执己见，这也是青少年时期学生思维既成熟又不成熟的表现，他们常常会为此感到苦恼、迷茫、沮丧与不安。

第二，自我意识增强。所谓自我意识，是个体对自己的认识和态度，对自己与周围人之间关系的认识和态度。个体进入青少年时期，随着对外界认识的不断提高，生活经验的不断积累，开始对自己的内心世界和个性品质方面进行关注和评价，并且凭借这些来支配和调节自己的言行。青少年要求别人了解、理解和尊重自己。自我评价比较充实、客观，有自我发展、自我实现的要求。但也会出现自我与社会的冲突，有的青少年自尊心过强，自我中心突出，一遇挫折就会转化为自卑。如何建立起对自己的正确认识，变得自信而自尊，是青少年常遇到的心理问题。

第三，情感的发展与现实的矛盾。青少年在情感发展过程中表现出来

---

[1] 林启勇. 体育运动与青少年健康的研究 [J]. 中小企业管理与科技（下旬刊），2009（03）：154.

的丰富的心理特点，并非孤立地存在，它们错综复杂交织在一起，构成了影响青少年心理发展的各种矛盾。这些矛盾集中反映了青少年发育过程中的心理特点，研究这些矛盾可以很好地认识青少年心理发展的规律。现将这一时期产生的主要矛盾做以下分析：

闭锁性与强烈交往需要的矛盾。青少年自尊心强，思想情感、个体秘密不愿轻易向他人吐露，如果长辈不能正确对待，他们极易造成心理上的闭锁性。这种闭锁性导致了他们与父母、师长及交往熟悉的人之间产生距离，由于感到缺乏可以倾诉衷肠的知心人，于是产生一种难以名状的孤独感。这种状态与青少年随生活空间的扩大而出现的强烈的交往需要，两者构成了一对难以排解的矛盾。

独立性与依赖性的矛盾。一方面，尤其是自认为已经成人的青少年，强烈要求自作主张，竭力摆脱家长的管束，在思想言行的各方面都表现出很大的独立性；另一方面，他们对父母、成人及长辈又存在较多的依赖性。因为青少年阅历还不够丰富，面对陌生或复杂的环境时，往往缺乏信心，难做决断。同时，在经济上大多还靠父母，对家庭的依赖作为一种惯性影响仍然存在，青少年要摆脱这种影响并非易事，报考大学、选择就业，甚至择偶都要听从父母的意见。

求知欲强与识别力低的矛盾。青少年具有极强的求知欲，这有利于增长知识，但由于识别能力低，往往瑕瑜不分。这一矛盾在青少年心理发展过程中表现得尤为突出，必须正视这一问题，并给予适当引导。

理想与现实的矛盾。青少年多朝气蓬勃，富于幻想，胸怀远大的理想与信念，对未来充满美好的向往。然而他们往往又是急躁的理想主义者，他们对现实生活中可能遇到的困难和阻力估计不足，以致在升学、就业等问题上遭受挫折，或一旦困惑于现实生活中某些不正之风，又容易引起激烈的情绪波动，出现沉重的挫折感，有的甚至悲观失望，严重的陷入绝望境地而不能自拔。

（2）青少年运动中应注意的问题。针对青少年的心理特点，在青少年运动的过程中应注意以下问题：

第一，培养良好的心理品质。运动是多种器官机能协同的配合活动，需要经过长期的反复练习才能形成。同时，它与身体的生长发育密切相关。心理品质的培养必须从青少年时期尽早开始，这是优秀运动员成才的重要途径。

运动中应注意适应青少年的特点，采用多种多样的趣味性的手段进行训练，不仅能从身体素质和技术上提高运动员的能力，更重要的是培养运动员"注意力的集中与稳定"的心理品质，这对在长期运动中掌握技术、提高专项成绩是十分重要的。

第二，培养良好的意志品质。运动过程中，生理、心理品质的提高，可以促进身体发育和运动能力的增长，以及技术、技能的形成和掌握，使运动员产生对自己能力的自我意识。这种自我意识在客观环境的限制和影响下，会形成怎样的动机、情感和行动，取决于心理品质。它的发生、发展和形成离不开客观条件和教育环境，同时也离不开个性的差异。高中阶段的运动员在个性特征方面有较大的可塑性，这一阶段的教育、引导和培养，对形成完善性格和意志品质有着重要作用。运动员在训练中要经受大运动量刺激后的疲劳，忍受各种生理上的痛苦，能否长期坚持艰苦的运动，是能否形成意志品质的开始，也是能否创造优异成绩的起点。

第三，加强心理素质的运动。加强参赛目的、任务的教育，提高对参赛的重视程度。大多数运动员对比赛目的、任务是不够明确的，因此，在赛前加强参赛目的、任务的教育，能够激发他们的内在动机，通过赛前运动的动员会形式，结合运动课的内容，有的放矢地进行教育。通过赛前运动实践，不断提高运动员对参赛的认识，激发运动员参赛的热情和运动的积极性。

增强自身的自信心。自信心是指相信自己的目标一定能够达到，相信自己的能力能战胜各种困难而实现自己理想的一种情绪状态。大赛前帮助运动员增强自信心的方法包括：①信心树立法，用成功实例和情境激励运动员；②积极思维法，面对临赛前各种错综复杂的因素和主观感受，指导运动员用积极的思维方法来控制思维内容，防止消极思维的干扰和对情绪的破坏；③正面词语暗示法，词语暗示是自我控制与调节自信心的有效方法，积极的、正面的词语暗示能带来良性的条件反射，唤起积极的情绪体验，有助于形成良好的心理状态，增加自信心。

运动员技术训练，从教育的观点看，就是掌握充分发挥运动员机体能力的最合理、最有效的技术动作方法的教育过程。一系列心理过程控制着技术动作的强度、准确性和可靠性。因此，技术训练过程实际上也是心理运动过程。运动员对技术掌握的熟练程度，对运动员参加比赛的情绪稳定起着重要的作用。在技术运动过程中，应结合技术特点进行心理运动。

总之，运动员必备的重要心理素质，其形成与发展有一个很长的过程，每一个教师或教练员都应注意在运动训练的不同时期对其进行不同的心理训练，使运动员掌握一些有效的心理训练方法，通过艰苦的训练形成一个良好的心理状态，为创造优异运动成绩打下坚实的基础。

3. 青少年运动与动机、兴趣

（1）青少年运动与动机。青少年运动动机的培养与激发是推动青少年积极学习、刻苦运动以及创造优异成绩、为集体争取荣誉的重要条件。这阶段的青少年动机不统一，又不稳定，教练员应使队员端正动机，明确目的，使队员动机与集体目标有机统一，这样才能使队员齐心协力战无不胜。采用心理学手段提高运动动机活动水平（强度），改变动机的性质，以提高运动效果。这种方法不完全等同于思想教育。运动需要进行大量的练习，消耗大量的体力和脑力，没有强烈的运动动机，就不能保证技术动作和战术正常发挥。所以，运动不仅要进行开始时一次性的动机激发，而且要进行动机的二次、三次激发再运动（再强化），这是运动动机的主要特点之一。其基本手段包括以下五种：

第一，进行以回忆运动战绩为主的动机运动，它是在内心回忆中挖掘心理优势，增强运动比赛信心和力量的方法。

第二，采用言语自我暗示手段，以激励自己的进取心和求胜欲，或者改变消沉灰心的动机性质，这是运动动机自我运动的专门方法。

第三，用运动成绩考核的方法测定运动技术与身体素质，以显示自身潜力和运动能力，从而增强运动信心。

第四，进行赛前模拟性实战练习，以提高运动动机水平，改变消极动机性质。

第五，进行正面教育、改变认知结构为内容的运动，以提高对运动比赛意义的认识。

（2）青少年运动与兴趣。青少年从事某项运动，开始多是一种兴趣驱使，或是对自己某方面能力的不自觉的意识，或是把某个优秀运动员作为自己崇拜的偶像，向往自己能创造优异的成绩。根据这一心理特点逐渐提高动机水平，是使意志品质逐步形成的重要步骤。在激发动机过程中，明确预定的目标，为实现这个目标而调动自己的积极性去克服困难。青少年运动员常常不能适应这种艰苦的运动和各种挫折，但随着对运动的适应以及教练员的引导，从感兴趣逐渐转变为对事业的热爱，对自身力量的自信。因为兴趣是人对客观事物的一种积极的认识倾向，它能推动人去探索新的知识，发展新的能力。

如果运动的内容、方法、手段不能引起学生的兴趣，教师还要学生违心地去练习，就会扼杀学生的积极性和运动兴趣。在运动中，要结合基本技术安排一些形式新颖多样、生动有趣的练习，培养和激发学生的兴趣，避免时间始终停留在一种或几种单调的练习形式上，否则会影响青少年的兴趣和积极性。在运动量的安排上，要根据青少年的身体状况进行安排，恰到好处，过大和过小都会影响青少年的情绪。总之，要通过合理的教学手段使他们掌握一定的技能技巧，不仅使他们的体质得到增强，也使他们从中得到一种精神上的享受。

4. 青少年运动与教练员的行为、角色

（1）教练员领导方式对青少年运动员心理压力与心理适应的影响。

教练员领导方式与青少年运动员心理压力。教练员的权威领导方式和放任领导方式与青少年运动员的心理压力之间有显著的正相关，而其心理压力同教练员的民主领导方式之间有显著的负相关。这说明青少年运动员知觉到的教练员权威行为和放任行为越多，其感受到的心理压力就越大；相反，青少年运动员知觉到教练员的民主行为越多，其心理压力就越小。因此，可以认为青少年运动员知觉到的教练员民主领导方式与其感受到的心理压力有可靠的低相关。权威领导方式和放任领导方式与心理压力有很大的关系。

教练员领导方式与青少年运动员心理适应。教练员的民主领导方式与青少年运动员心理适应之间有显著的正相关，而其心理适应同教练员的权威领导方式和放任领导方式之间有显著的负相关。这表明青少年运动员知觉到的教练员民主行为越多，其心理适应就越好；青少年运动员知觉到的教练员权威行为和放任行为越多，其心理适应越差。因此，可以认为青少年运动员知觉到的教练员民主领导方式与他们的心理适应有很大的关系，权威领导方式和放任领导方式与心理适应有可靠的低相关。

教练员不同的领导方式对青少年运动员心理压力和心理适应产生不同

的影响，这只反映了教练员行为和运动员的心理健康交互作用的一个侧面。但它要求教练员在日常生活和运动的管理中，注意自己的行为对运动员心理的影响，特别要更多关心运动员的日常生活、学业状况，以减少心理压力，提高其心理适应水平。

（2）教练员的角色。不管是个人项目还是集体项目的教练员，在生活中都承受了很大压力。人们期望教练员成功，期望教练员们树立良好形象，期望他们为年轻运动员树立高尚的人格，期望他们成为有能力的领导者，与人融洽相处的施善者等，这就注定了教练员的角色是多维的，丰富的。

角色的概念可理解为一个人在社会群体中的身份以及与身份相适应的一套被期待的行为模式、义务和特权。个人的社会身份就是个人的社会权利和责任，它规定了一个人特定的活动范围，即应该做什么，不应该做什么。教练员角色，即指个人在由体育而结成的社会关系中所处的地位，有着特定的权利、义务和行为规范，并为人们"制造"成功榜样角色模式的人。教练员角色主要是由教练职业劳动的特色决定的，但是又受社会政治、经济、文化以及公众对教练员期望的影响和制约。

第一，领导角色。教练员的领导角色主要指组织功能和激励功能，特别是在青少年运动员中，教练员必须树立长期的激励机制，有利于激发运动员参与训练的动机，使其在运动中全身心投入，一个领导是否具有这种激励下属的能力，直接关系到领导行为的效能。另外，教练员必须具备决策能力，对于青少年运动员而言，在其运动生涯开始阶段，社会经验、思维均不成熟，这时教练员的决策有着强烈的导向作用，甚至一个决策可以影响一个运动员的一生。因此决策时必须因人、因时、因地进行决定。

第二，运动员的设计者。教练员要亲自选拔最适合的运动员，要从成千上万的人中挑选出有天赋的运动员，教练员要根据其特点和全队比赛的需要设计其发展方向，并且为年轻运动员设计好其未来的发展方向。

第三，队医。运动常常与伤病联系在一起，在青少年运动期间，教练员必须具有较为专业的医学知识，对人体各个部位的运动幅度和强度有所研究和设计，加强运动员身体薄弱环节的锻炼，防止伤病的发生，促进运动员身体健康。同时，教练员更要学习和掌握一定的心理学知识，利用多种方法调节运动带来的心理疲劳或其他心理疾病，在某种程度上教练员是一名心理疏导者。

第四，运动队的外交人员。教练员要同新闻媒体、观众和外界保持良好的接触，妥善处理来自新闻媒体、观众和外界的压力。教练员要善于将自己培养的运动员推荐到国内外更高水平的运动队，输送到国内外赛场和再就业的岗位。

第五，科研人员。教练员要不断对自己和他人、对己队和他队的运动与比赛进行分析、评估并做结论。科学技术已经渗透和改变着人类活动的各个方面，当然竞技运动也不例外。自然科学、社会科学以及先进的技术帮助教练员、运动员认识和掌握运动的规律。在科学运动日益彰显的今天，运动的各种复杂现象、陈旧观点被重新阐释与突破，新的技术被创立，作为教练员必须对运动中的实践问题、他人的研究成果进行学习借鉴，同时构建自身的运动观念与经验。因此，教练员必须通过学习成为学者型的教练员，在运动中扮演科研人员的角色。

第六，教师。老师是人类灵魂的工程师，这个提法用在教练身上也恰如其分，教练员要像教师那样给运动员传道、授业、解惑，给运动员传授新的知识和思想。

第七，运动员的朋友。教练员只有与运动员建立起良好的关系才能把握运动员的所思、所想。与运动员的积极沟通，可以了解更多的运动信息，包括运动员对自己的身体健康水平、技术的理解水平，对运动队的归属感和对教练员的信任程度等，尤其是青少年运动员，他们年龄较小，教练员必须与他们进行无障碍的沟通。积极、健康、真心的交流可以使运动员快乐地投入运动，为制订针对性的运动计划提供详细、可靠的信息。

第八，教练员同行。作为教练员，必须将自己融入全体教练员这一大集体，只有这样，教练员才能与同行建立较为专业的交流，学习同行的先进管理方法和运动手段。在很多时候需要两个或两个以上的教练员来合作完成运动工作，那么教练员在这个集体中，扮演的只是同事或同行，教练员的职责是做好集体分配的各项工作，因此教练员必须以同行的身份在这个集体里有所作为，为运动员的发展做出必要的贡献。

第九，运动员的亲人。亲人的含义是人们之间有某种血缘联系，依靠这种联系建立起来的一种人际关系，由于血缘的存在，使人们能够互相信任、关心、爱护。教练员必须对运动员树立亲人意识，要关心、爱护运动员，特别是年龄较小的运动员，他们对大人有强烈的依赖感和信任感，因此，教练员就必须扮演父母的角色，让运动员在心理上有一个依靠，用关心和爱护使他们较快地融入训练队的集体中，为其积极参加运动提供良好的氛围。总之，整个运动队必须有一种友好、和谐、互爱的氛围存在，这样才能使运动员的情绪稳定，动机正确，积极地投入到运动中去。

第十，运动员本身。教练员还要把自己当作学生，善于倾听运动员的意见，时刻反省自己，不断自我完善。一些新的运动手段，新的运动仪器，教练员必须亲自学习和尝试，以运动员的身份来衡量这种运动手段和方式是否合理，是否有利于运动，是否与以前的运动能有效地结合起来。反省自己的言行、运动计划及方法，做到以身作则，事无巨细。

教练员是否充当其他一些角色与教练员本身的职位和业务水平有关，这里描绘的角色仅仅是部分解释了为什么教练员的工作是一个很辛苦的工作，因此要做一名杰出的教练员，必须有坚定的信心、强烈的敬业精神、无私的奉献精神。

（二）青少年运动的社会学原理

体育作为社会文化的一个组成部分，既受社会政治、经济等方面的制约，同时也因其对社会发展有较大的促进作用，会对社会发展有一定的影响。因此，从社会学角度对青少年参与体育运动进行探讨是非常有必要的，了解社会的发展对体育的影响，影响青少年参与竞技体育的社会因素，社会发展会对青少年体育产生哪些深远的影响，以及我国青少年竞技体育后备人才培养模式和存在的问题。这些将对从事青少年体育运动的工作人员提供一定的社会信息和相关的理论知识。

1. 社会学与体育社会学

早在19世纪末，随着社会学的建立，一些欧美社会学家转向有关体育问题的研究。当时学者们关心的焦点是与社会关系最为密切的运动场、游乐场和娱乐问题。

20世纪40年代，体育社会学进入到高速发展时期：一是体育运动得到了广泛开展，对人类产生的影响越来越大；二是社会学的研究也进入了一个新的历史时期，为体育社会学奠定了理论基础。面对21世纪，人类将更加关心和爱护自己与自然，人本主义和人文精神将更广泛得到认同，我国体育领域里带有强制性和半强制性的高水平竞技与学校体育将面临重大的调整，而社会体育在全民健身的旗帜下将得到空前的发展机遇，体育将更加需要社会学。

2. 体育与社会发展

(1) 社会发展。社会是人类的集合，个人是构成社会的细胞。社会发展既包括单个人的发展，同时也包括社会的整体发展。发展，在某种意义上说就是进步，就是前进，它不仅包括社会的某个方面的前进，而且应该包括社会的全面进步。任何一个社会都是政治、经济和文化"三位一体"的建构，从社会学视角分析，社会发展应该是政治、经济和文化"三位一体"的互动。社会发展的动力实际上由两大类构成：自然因素和人为因素。

存在是一切事物的自然表现方式。孤立地看，存在是客观的表象；联系和发展地看，存在又是事物本质的反映。人类的生存与发展都是与社会存在紧密相关的，没有社会存在，人类就缺少物质基础。凡是存在都需要发展，这或许是存在的一种内在规定，也是存在得以发生的动力。

人是社会发展的决定力量，是推动历史前进的真正动力，这是历史唯物主义告诉我们的原理。社会发展不管是在物质方面，还是精神层面，都会对人的发展产生影响。例如，伴随高新技术的发展，知识经济时代的到来，人的全面、自由发展不仅包括人的体力、个性、品质等诸多方面，还应该包括依据自己的兴趣爱好，不受外界胁迫的自由发展的能力。人要想达到这样的发展境界，社会发展是必不可少的条件。社会发展的目标还要追求和谐发展，其主旨在于：不论两事物是相同还是不同，在一定社会关系条件下都要讲和谐的关系，世间万物归根到底要朝着和谐的方向发展。社会存在受人们的需要决定和影响。需要表现为欲求，是人们心理的一种反映。当然，需要受制于客观的物质条件。当物质经济条件具备，人类的需要层次就会越来越高，从而也在客观上促进了存在的发展。存在既可以是物质的表象，也可以是精神的反映，而对社会存在我们则界定它为物质存在。

个人的发展离不开社会，社会是个人发展的条件。在个人与社会关系中，往往社会是矛盾的主要方面，个人发展受社会制约。当然，个人对社会具有能动作用，不是被动地依赖社会。个人总是通过自己的主观能动作用将自己的才能得到最大限度发挥，并在社会发展中得到发展。社会发展的关键是人的全面发展，而人要获得全面而自由的发展就要不断提高人的综合素质和科学文化水平，提高人们的思想道德修养。人是社会存在，同时又不是一般的社会存在，是具有社会性的存在。

（2）体育在社会中的地位。

第一，全民体育的良好发展促进人和社会的健康发展。从发展体育运动、增强人民体质的号召发出，到人民群众的体质得到根本性的改善，生活质量有了很大的提高。围绕建设群众身边体育场地、健全群众身边体育组织、开展群众身边体育活动，新时期全民健身计划的实施成效显著，全民健身体系初步形成。群众体育的大发展是我国经济社会发展进步、人民群众生活质量显著提高的证明。

体育教育在人类社会的发展进程中始终存在，并对人类社会的进步起着积极的推动作用。健康体魄是青少年为祖国和人民服务的基本前提，是中华民族旺盛生命力的体现。学校体育，切实加强体育工作，使学生掌握基本的运动技能，养成坚持体育锻炼的良好习惯。学校体育要通过十多年的学校体育教育，使学生成为终生的体育爱好者，就必须增强学生体质，养成学生优良的思想品质，同时，充分发挥学生的主体作用，强化学生的体育健康意识，使学生自觉、主动地进行体育学习，掌握科学的锻炼身体的方法和运动技能。因此，学校体育教育工作要树立"健康第一"的指导思想，通过对学校体育教学内容、教学方法进行改革，使体育课程成为指导学生终身参与体育健身的课程。培养学生勇敢、顽强、拼搏、竞争的意志品质和团结协作的精神，使学生在体育课不断失败的痛苦磨炼中得到锻炼，体会真正的成功，不断超越自己，养成良好的生活习惯和业余爱好，丰富学生在校期间以及走出校门后的业余文化生活，可增强学生的社会适应能力，实现我国经济与社会的协调发展，促进社会主义精神文明建设，加快构建社会主义和谐社会的进程。

第二，大型体育赛事对国家或城市发展具有强大的推动作用。自1984年洛杉矶奥运会采取商业化运作以来，至今的历届奥运会都给举办地带来了无穷的利益，这其中既有经济的，又有社会的，特别是对于显示举办国综合国力，振奋民族精神，弘扬民族文化，提升本国形象作用巨大。如今许多城市都把举办大型体育赛事作为城市发展的推动剂，特别是大型综合性赛事，如奥运会、亚运会、全运会等，对举办地经济和社会发展更有着强大的推动作用。大型体育赛事对城市经济的推动作用表现包括：促进城市旅游业的快速发展；带动餐饮、宾馆、零售业的发展；带动体育产业的发展；提升城市形象；促进就业；提高民众凝聚力；有利于城市软环境的建设。

（3）体育与社会发展的关系。纵观历史，社会、体育、人的发展是相互促进，相互影响的。社会的发展为体育的发展提供必要的经济基础，其发展决定了体育发展的规模和水平。人通过体育活动达到了强身健体的目的，提高了身心的综合素质，从而提高了工作的效率。人的发展又必然促进社会生产力的提高，进而推动社会进步。社会发展水平主要反映各地经济社会发展整体水平的高低，是各地长期发展和现实工作基础的综合体现。经济文化越发达，社会发展水平就越高，那么人们的体育意识就越强，体育也会开展的越好。在现代社会中，人们已经越来越明显地看到了社会发展、体育发展及人的发展的辩证关系。随着社会的发展，人们的生活质量不断提高，体育观念也随之转变，体育在社会和人的发展中发挥着越来越重要的作用。

第一，社会发展为体育的发展奠定了基础。体育作为一种社会活动，它是人类为适应社会的需要和人本身的生理需要而产生的。而社会发展观是指对社会整体系统的生成、变化和更新过程的一种具有普遍共识标准的价值判断。作为社会文化现象的一种，体育的发展与社会发展观有着密切的联系。社会发展观对体育的影响主要表现在两个方面：一是社会发展观决定着体育在整个社会发展中的地位与作用，从而决定着体育发展的规模；二是社会发展观必须在体育发展观上有所体现，形成与社会发展观相对应的体育发展观，从而决定着体育发展具体的方向与目标。

体育是社会教育的重要组成部分，也是人类精神文明的组成部分，是社会物质文明和精神文明发展的产物，它的产生是以社会物质生产的一定发展水平为基础的。经济的发展为体育的发展提供物质技术条件和财力基础，又向体育事业提出新的要求。体育事业发展的规模和速度取决于社会生产力的发展水平，取决于物质资料生产能为社会提供多少剩余产品，能提供什么样的物质技术条件和多少体育活动经费，能提供多少用于体育活动的闲暇时间，同时也取决于社会经济条件所决定的社会对体育的需求的性质和需求的程度。社会经济发展的状况决定着体育发展的规模和水平。

第二，体育促进社会的发展。体育促进人的发展，体育在劳动力再生产中的重要作用，表现在它可以促进青少年身体发育，使之成为健壮的劳动力；可以增强人体对自然的适应能力；可以治疗人类的某些疾病，增强人体各器官的功能，使肌肉粗壮有力，使劳动者体力强盛；还可以帮助人们消除疲劳，恢复体力，无论是参加体育活动或观赏高水平高技艺的运动竞赛，都可以得到精神上的享受与快乐。

体育还可以带动相关社会产业的发展。首先，可以推动运动器材，运动服装，运动和科研的仪器设备，运动员饮料、药品等生产的发展；其次，体育运动的发展，尤其是国际国内各种运动竞赛的增加，需要建设大、中、小不同类型不同水准的体育运动设施，从而带动交通、邮电、旅馆、商业、饮食业等服务行业的发展。竞赛场地的电视转播既可以成为体育部门收入的一个来源，又可以起传播商品信息，扩大商品需求，推动生产发展，繁荣市场经济的作用。经济是体育的基础，体育的发展依赖于经济的发展，体育又服务于经济，促进经济的发展。

此外，体育对完善社会运行机制具有鲜明的、直观的作用，是推动社会进步的重要手段。虽然体育不具备直接产生物质产品的作用，但体育通过提高人的素质，通过参与其他社会活动，可以达到众多的社会效果。

3. 青少年体育与社会发展

(1) 社会与青少年成长。

第一，社会环境。社会环境为人的生存和发展提供了客观必要的物质条件，社会环境还能形成一定的社会舆论，规范青少年的思想道德行为，引导青少年增强精神动力，社会环境的教育功能具有极强的渗透性，这种渗透功能强化了社会环境对青少年的教育。同时，社会环境促进青少年的思想道德的形成，社会环境与思想道德教育一样，是主要影响青少年思想道德的外部因素，但社会环境的教育功能呈现出随意性、长期性的特征，是一种无目的、自发性的教育形式，这些特点都弱化了社会环境的教育功能。

良好的社会环境、社会秩序、社会风气，能促进形成正确的思想道德观念。社会环境对青少年思想道德建设的形成起到潜移默化的影响作用，它能使青少年在无形当中受到教育，良好的社会环境，对于其成员的影响是正面的，反之，则有可能产生极大的负面影响，这种感染力正是通过社会环境进行教育的最好的方式，这种教育是长期的、稳定的、有效的。社会环境可以约束规范青少年的行为，舆论的力量比灌输式教育更为有效，社会环境是一种精神力量,能有效地促进社会良好风气的形成。

当然社会环境的作用也不是万能的,青少年的思想道德水平与社会环境不可分割,并不意味着处在同一环境的两个个体的思想道德素质是一样的。人自身的主观原因是最重要的一个方面,社会环境对个体的影响与本身的个性、特点密切相关,要辩证地看待这两者之间的关系,不能夸大环境对青少年的作用,也不能片面强调人对环境的能动作用,要把客观条件与人的意识统一起来,才能更好地发挥社会环境的作用。

第二,时代特点。全球化是当代世界最重要也是最迅猛的发展趋势,它已成为不可阻挡的世界性潮流。以经济全球化为主导的世界新体系的最终形成,以及其渗透到文化、科学、社会、政治等多个领域,已成为国际社会最热门的话题之一。在经济全球化的过程当中,随着跨国公司的不断涌现,高新科技和新生产方式的引进,新的政治制度与文明也悄然而至,与原有的民族观念和文明形成直接的碰撞,使人们的同一性在很大程度上受到了挑战与冲击,而青少年所受的影响最为深刻。因为他们正处在人生发展的重要转折和过渡时期,不像要完全依赖他人的儿童,青少年已能初步自主地探索外部、内部世界;也不像已进入成熟期的成年人,青少年还没有形成一种定向化的思维以及根深蒂固的价值观念,对新生事物有更大的接受能力。因此,处在这个年龄阶段的青少年群体是最有可能,也是最有机会受多元文化和价值观影响的群体。

自20世纪80年代以来,中国的改革开放取得了举世瞩目的成就。加入世界贸易组织,标志着我国的对外开放进入了新的阶段,同时,我国现在正处在社会主义初级阶段,是社会发展进入现代化的关键转型时期,是最有竞争力,最容易受到外来干扰的一个时期,这一时期中国的经济社会完全置身于全球化的世界潮流之中。随着经济全球化进程的深入,与我国传统文化不同的外来文化和文明也必然会随之而来,必然会使青少年面临着一系列前所未有的新问题。心理学家和教育工作者必须对这些问题做出全新的思考,以帮助较为脆弱的青少年群体建立同一性,更好、更安全地过渡到成年期。

(2)社会发展对青少年参与体育运动的影响。

第一,经济发展为青少年体育运动提供了坚实的物质基础。经济是体育发展的基础,经济状况对体育的发展起着决定性的作用,经济的迅速增长对体育事业的发展产生了深刻的影响。国家的富有，可以为体育事业投入更大的人力、物力、财力，从而促进体育事业的蓬勃发展，尤其是对竞技体育而言，这一点显得更为重要和突出。在市场经济下，我国青少年体育事业取得了较大的发展，为我国的竞技体育发展提供了坚实的物质基础。目前，省市级运动中心办学条件得到了较大的改善，运动场地有了巨大改善，运动器材设备更加齐全，运动员的住宿更舒适，饮食更丰富，使较多青少年运动员对参与运动没有了后顾之忧，可以全身心投入到运动中。同时运动条件的改善，也在一定程度上吸引了更多有运动天赋的青少年从事运动，实现自我价值。

第二，科技进步提高了运动的效率，增加了选材的成功率。竞技体育的金牌大战，已经成为多学科科研人员"在幕后操纵的科技之战"。竞技运动的新纪录，是科技创新在体育运动中的集中展现。仅仅依靠教练员的经验和运动员的汗水来提高运动成绩的时代已经结束，依靠科学知识和先进技术来提高运动成绩的"知识体育时代"已经来临。当代运动员的比赛成绩，已经成为心理学家、医学家、营养学家、生物力学家和材料检验学家共同产生的集合效应的结果。

现代科学技术的进步对竞技体育的促进效果是显而易见的：首先，科学技术可以预测少年儿童在发育期所具备的身体潜能并结合专项需要提供科学的选材依据，大大提高了运动员选材的效率；其次，信息技术在运动和竞技比赛中的广泛运用，大大加快了运动信息的传递和反馈，为运动员、教练员、裁判员、领导等提供了各种有用的信息；再次，科学技术的应用提高了运动的效果，在运动的过程中，可以对运动员的健康状况、机能变化、运动技术等进行科学的诊断；最后，材料科学在运动装备上的应用对竞技成绩提高的作用也是不可忽视的。同时我们也应该看到过度的高科技在竞技体育领域中的运用，违背了人的道德，破坏了体育竞争中倡导的公平、公正的原则，严重影响了人的身心健康，因此，提倡在人文精神的指引下，以人为本，建立和谐的科技兴体之路，让科技与人文协调发展，共同促进竞技体育事业发展，创造竞技体育事业美好的未来。

4. 影响青少年运动的社会学因素

（1）家长对子女价值取向的因素。家长是孩子的监护人和启蒙者，家长的意愿往往决定了孩子的选择。一方面，不少家长由于担心业余运动影响文化学习，因此并不愿意自己的子女长期参与业余体育运动。还有一些家长认为从事竞技体育易受伤，退役无法安置，淘汰率高，不容易出成绩等，从而反对子女从事竞技体育。另一方面，家长对体育认识的趋利性，如认为哪个项目能够获得高额收入，就让其子女从事哪个项目，而忽略了子女的兴趣，从而造成了人才资源的浪费和项目人口的分布不均衡，这些因素直接影响着我国竞技体育事业的进一步发展。

（2）相关政策施行的影响因素。在政策导向上应给予倾斜，积极引导，克服短期的功利行为，提高运动效益。制度的改革，很大程度上是制度内部利益的调整，学校业余体育运动制度的改革方向，一方面应考虑使少年儿童运动员的竞技成绩与行政领导的政绩脱钩，消除短期行为对运动的消极影响；另一方面，可将初中学生业余运动完全交给普通学校和社会来办，大力改善普通学校的办学条件，并切实照顾教练、学生从事业余体育运动的利益。

（3）人际关系因素。人际关系是指在社会生活中，个体所形成的对其他个体的一种心理倾向及相关的行为。人际关系对群体来说可以起到整合和调节作用，它是群体内人们的共同态度、共同目标存在的基础。这里所指的人际关系，主要是指运动员之间及运动员与教练员之间的人际关系。作为运动主体的队员之间及队员与起主导作用的教练员之间的良好关系，将有助于对集体目标的认同，有利于积极情感环境的形成，从而能增强运动集体的凝聚力。队员在良好的人际关系中，易产生积极的情感体验，对运动的积极投入，从而提高训练效果。

（4）社会环境因素。偏见是个体对他人或其他团体持有的缺乏充分事实根据的态度。偏见作为一种社会态度，对个体的态度也会产生影响，其影响的大小在很大程度上取决于个体自身的抵抗力。由于人们价值取向的多元性以及竞技体育队伍自身的某些缺陷，社会上对竞技体育仍存在一定偏见性的认识。因此，在实际工作中，除要对运动员自身进行必要的引导教育外，也应通过各种渠道进行广泛的宣传教育，以进一步形成广大青少年献身竞技体育的良好社会环境。

（5）运动员的文化教育问题。运动员是一种需要继续社会化的社会角色。他们应正确了解自己的处境，做好继续社会化的准备。我国运动员由于专业化年龄偏小，特别是体操、游泳、乒乓球等项目，一部分运动员不能得到较完整的文化教育，因此，应加强对运动员文化教育工作，为其更好地适应社会做好准备。

二、青少年体育运动的原则

（一）青少年体育运动原则概述

原则是人们说话或行事所依据的法则或标准，是对事物内在规律的正确认识，科学的原则是人们对客观规律正确认识的反映。作为一种专门组织的教育过程的运动，同任何事物一样，有着不以人的主观意志为转移的客观规律。人们通过长期的运动实践，不断地总结成功的经验和失败的教训，并通过科学研究探索和认识运动过程中的客观规律，将实践获得的普遍经验与科研得到的成果，归纳、升华为理性的认识，从而提出了用以指导运动实践的一些原则。这些运动原则，大都建立在生物科学、心理学和教育科学的基础上，能够正确地运用这些原则，将会更有利于运动的组织工作及提高运动成绩。

1. 运动原则的定义

运动原则就是对运动过程客观规律的反映，是运动实践普遍经验的概括和科学研究成果的结晶，是进行运动必须遵循的准则。运动原则反映了运动过程的客观规律，不能反映出运动过程的客观规律也就不成为运动原则，这正是运动原则的本质特征。运动原则不是人们的主观臆造，也不是某一运动项目或某一方面的经验，而是各个运动项目实践普遍经验的概括，是科学研究成果的结晶，具有普遍的指导意义。由于运动原则是对运动过程客观规律的反映，违背了运动原则就是违背了客观规律，运动就会受到挫折，甚至失败。因此运动原则是进行运动必须遵循的准则。

运动原则有：一般训练与专项训练相结合原则、身体全面发展原则、合理安排运动负荷原则、系统训练原则、周期性原则、区别对待原则、适时恢复原则。这些原则对各个运动项目的训练，都具有普遍的指导意义。

2. 运动原则与科学化运动

当今运动训练不断发展，运动成绩已达到了前所未有的高度，要想达到世界运动技术水平的高峰，人们都在强调运动的科学化，进行科学化运动。科学化运动就是遵循运动过程的客观规律所进行的运动，这也是运动是否科学的最重要的标志。

科学化运动反映在运动过程的各个方面，包括运用现代化的科学技术手段、仪器设备、先进的运动场地器材、符合运动员客观实际的运动内容、有效的运动方法手段等。这些都是为了探索运动过程的客观规律，以便控制运动过程，按客观规律去进行运动。所以这仅是科学化运动的一种外在表现形式，是进行科学运动的手段、工具。科学化运动的实质还在于按照运动过程的客观规律进行运动。

运动原则，是对运动过程客观规律的反映，遵循运动原则就是遵循运动过程的客观规律，在很大程度上反映了运动的科学化水平；违背运动原则就是违背运动过程的客观规律，运动就不是科学的。运动原则对运动实践的重要指导作用也主要表现于此，因而实施科学化运动，就必须遵循运动训练原则，运动原则的贯彻是科学化运动的最重要的体现。

（二）一般训练与专项训练相结合原则

一般训练是指在运动过程中，以多种多样的身体练习方法和手段，全面提高运动员各器官系统的机能，发展运动素质，改善身体形态和心理素质，掌握一些有利于提高专项运动的技术和理论知识。一般训练的主要目的是根据专项运动的需要，为运动员专项运动素质、技术、战术最大限度提高并创造优异成绩打好各方面的基础。

专项训练是指在运动过程中，以专项运动本身的动作，以及与专项运动动作相似的练习，提高专项运动水平所需要的各器官系统的机能，发展专项运动素质和心理素质，掌握专项运动的技术、战术、理论知识。专项训练的内容和手段相对较窄，其目的是最大限度地提高运动员的专项运动成绩。

一般训练与专项训练相结合的原则就是指在运动过程中，要根据运动项目的特点，运动员的水平和不同运动时间、阶段任务，恰当地安排两者的运动比重。

一般训练和专项训练两者在内容、手段以及所起的作用方面是不同的，但其目的是一致的，都是为了提高运动员的专项运动成绩。对青少年运动员来说，在运动的基础阶段，离开一般训练，过多采取专项训练的内容和手段，对今后的发展是不利的，重要的是如何按不同水平和层次的运动员的实际情况，在运动过程的不同时期和阶段，恰当地安排好一般训练与专项训练两者的比重。

1. 一般训练与专项训练相结合原则的理论依据

（1）有机体的统一整体性。有机体是一个统一的整体，各器官系统之间是紧密联系、互为影响的。通过训练，运动负荷为有机体带来的刺激，使各器官系统产生的适应性变化也是相互联系、相互作用的。运动员创造优异成绩有赖于有机体机能的全面改善和提高。而任何一种专项运动本身对运动员器官系统机能的影响都在不同程度上有一定的局限性。进行一般训练采用多种练习内容和手段，就可补充专项训练的不足，促进各器官系统的全面提高，为运动员创造优异的运动成绩打下良好的基础，保证专项运动的顺利进行和运动成绩的提高。

（2）动作技能是在中枢神经系统的统一支配下建立的一种暂时性神经联系。暂时性神经联系建立得越多、越巩固，也就是运动员掌握的技术、技能和知识越多、越巩固，学习掌握新的动作技能也就越快、越容易，这就是技能的积极转移作用。因而，进行一般运动，有选择地使运动员学习掌握一些非专项的技术，能为运动员学习掌握专项运动技术创造有利的条件。

（3）各运动素质的发展是相互影响、互为促进的。力量差的运动员，速度很难提高；速度差的运动员，力量和爆发力就不可能很好；一般耐力差的运动员，专项耐力就难以达到高水平。进行一般运动，全面发展各个运动素质，有助于专项素质的发展和提高。

（4）一般运动对专项运动的调节作用。专项训练的内容和手段主要是专项运动的动作本身，只进行专项训练容易造成机体的局部负担过重和中枢神经系统的疲劳，反复进行专项练习比较枯燥，这在一些周期性项目中，如跑、滑冰、游泳等运动中尤为明显。而配以一般训练，能起到积极的调节作用，更好地提高专项运动效果。

（5）专项训练对提高运动成绩起直接作用。只有进行专项训练，才能保证专项运动所需要的机体的机能和专项运动素质的发展，以及掌握专项运动的技术和战术。因而离开了专项运动孤立地进行一般运动，就不可能提高运动技术水平，创造优异成绩。

综上所述，一般训练和专项训练是运动训练中不可缺少的两个方面，忽视或取消任何一个方面，都会导致运动训练效果的减弱，甚至失败。因此，在运动训练中必须使两者有机地结合起来。

2. 一般训练和专项训练相结合原则的实践应用

（1）重视一般训练。在青少年的运动中，基础训练阶段要重视一般训练，特别是那些体能类和技能类同场直接对抗性项目的运动，通过一般训练打好坚实的基础，以促使青少年正常、健康的生长发育，为专项训练和成绩的提高做好充分的准备。不要为过早地创造专项成绩，而急功近利地强化专项训练，忽视一般训练，这样基础不牢固，会直接影响未来的发展。

在高水平的运动员运动中，要保持高水平的运动成绩，延长运动寿命，也要安排好一般训练，以巩固机体各器官系统机能的高度发展水平，保证运动素质不消退和专项运动水平的维持。

（2）一般训练要适应专项的需要，突出重点，反映专项化的特点。如对速度力量类项目的运动员进行一般运动，要发展他们的爆发力，就应较多地选用动作快速、具有爆发性的、负荷中等的练习；在中长距离跑类的运动员一般运动中，要发展他们的一般耐力，就应选择既对发展一般耐力有作用又对提高专项耐力起作用的练习；在竞技体操、跳水、球类等协调性要求很高的项目中，就应较多地采用那些能发展协调性和柔韧性的练习，以及有利于促进运动员掌握专项技术的一些练习。

（3）合理安排运动比例。在全年和多年运动过程中都应合理安排好一般运动和专项运动的比重。二者的比重要根据对象的水平，项目的特点和各运动时期、阶段的不同任务和要求，科学地加以确定，并可根据发展的具体情况，适当地进行调整。

（4）多项训练相结合。一般训练与专项训练都需要一定的时间，除了安排专门的一般训练课外，可充分利用早操、运动课的准备部分或结束部分安排一般运动。可将一般运动的主要内容串编成套反复练习，也可采用循环运动的形式进行。专项训练大都利用运动课的主要部分进行，早操也安排专项素质发展的练习。

（三）身体全面发展原则

身体全面发展原则是指在体育训练过程中，使学生身体的各个部分和机能、各种身体素质都要得到全面协调的发展。

身体全面发展原则特别适用于儿童和青少年的运动阶段，它说明除了要锻炼专项运动所要求的技能外，还要同时发展其他的技能与运动能力。

随着运动员的日臻成熟及运动水平的不断提高,训练也应朝着更为专项化的方向转变。

1. 身体全面发展原则的理论基础

(1) 青少年处在人体发育的第二个高峰期。在这一时期,人类生长发育会出现第二次突增期,身高、体重、身体机能、身体素质、学习能力、空间定向能力、心理能力等多方面均处在发展的敏感期。

(2) 身体素质与基本技术之间协调发展。青少年学习和掌握运动的基本技术需要良好的体能作为前提,身体素质的好与坏直接关系到运动员的体能水平高与低,而且关系到运动员运动水平以及发展潜力。

(3) 运动水平不断提高的要求。运动员运动水平的提高是一个长期积累的过程,通过训练,有机体在身体形态、生理、生化机能和心理方面所产生的一系列适应性良好变化,只有在全面发展身体的基础上,持续不断地进行训练,运动水平才能得到巩固和进一步提高,并随着年龄的增长,不断提高实现新的目标。

2. 身体全面发展原则的实践应用

(1) 依据青少年身体素质的"发展敏感期"安排提高身体素质的练习。依据不同年龄身体素质发展的时间差异特点,可以重点安排相应运动及练习,以达到最优的运动效果。如一般情况下学生年龄在10~13岁时期,速度素质增长率最大;13~14岁阶段,灵敏素质提高最为显著;15~17岁之间,力量和耐力素质发展最快。我们要根据这些特点安排身体素质发展的重点,使素质练习取得更好的效果。

(2) 结合青少年的身心特点,合理安排运动计划。青少年时期属于运动员的基础运动阶段,是通过系统运动为运动员身体素质、基本技术打基础的关键时期,全面合理安排运动内容显得尤为重要。

(3) 制定适宜的运动目标,安排合理科学的运动负荷。运动训练是一项长期而艰巨的过程,教练员应该以运动员的前途为重,不能违背事物发展的客观规律,要结合青少年的身心特点,根据运动内容,合理安排运动负荷,正确理解负荷与恢复的关系,不使学生局部肢体过于疲劳,避免伤害事故的发生。

(四) 合理安排运动负荷原则

合理安排运动负荷原则是指在运动过程中,根据任务、对象的水平,逐步地有节奏地加大运动负荷，直至最大限度。

安排运动负荷要根据训练任务和对象水平进行考虑。因为不同训练时期的任务是不同的，运动员承担负荷的能力也存在个体差异，如训练的过渡时期主要任务是进行恢复调整，这时就要求安排小负荷，使有机体得以充分的恢复。不同的运动员承受负荷大小的能力不同，对负荷的适应过程的时间有长有短。对适应负荷强度和负荷量的能力也不相同，只有根据训练各时期的任务和对象的水平安排运动负荷才能做到合理。

运动员负荷的增加要逐步进行，并有节奏。所谓逐步增加，就是无论是加强度还是加量，都要由小到大，经由加大—适应—再加大—再适应的过程，从而逐步提高运动员对负荷的适应能力。因为有机体对负荷的适应是一个渐进的过程，只有逐步增加负荷，有机体才能承受。所谓有节奏地增加负荷是指安排运动负荷时不能无节奏地直线上升，而是要大、中、小相结合地安排，使负荷和恢复很好地配合，呈一种波浪式的起伏状态。只有在运动员承担一定的负荷后，有一定的恢复时间，才能承担新的更大的负荷。

加大运动员负荷要直至最大限度，也就是极限负荷。所谓"极限负荷"是相对的，是就某一运动员个体所能承受的最大限度而言的，没有固定的、适用于不同运动员的统一标准。它要视运动员的训练水平和运动过程的具体情况而定。而且运动员机体所能承受运动负荷的最大限度也是随着运动水平的提高而变化的。增加负荷之所以要到最大限度，因为只有极限负荷的刺激才能充分挖掘出运动员的机体潜力，使其产生良好的适应性变化，从而适应运动和比赛的需要，创造优异的运动成绩。

1. 合理安排运动负荷原则的理论依据

（1）超量恢复的原理。在运动过程中，根据机体超量恢复的原理，运动员有机体在承担一定的负荷以后就产生疲劳—恢复—超量恢复的过程，而要使有机体产生疲劳，能量物质的消耗得到恢复和超量恢复，就要在有机体承担一定的负荷后安排一定时间的休息，使有机体获得一定的恢复和超量恢复的时间，将负荷与休息交替进行，才能取得积极的运动效果。在一定范围内，负荷越大，刺激越深刻，产生超量恢复的水平也越高，因此还要有极限负荷的刺激。

（2）生物适应的规律。在训练过程中对有机体施加运动负荷刺激所产生的运动效应，实质上是一个生物适应过程。当有机体适应这一负荷后，机体机能就会出现"节省"现象。如果负荷仍停留在原有的水平上不再提高，有机体就不再产生新的适应，有机体的机能能力也就不能进一步提高。只有施以更加强烈的负荷刺激，使有机体产生新的适应，才能进一步提高机能水平，出现新的运动效果。但是如果训练中的运动负荷不是逐步提高，并达到最大限度，而是提高过快，有机体没有足够的适应时间，或超过了有机体所能承担的最大负荷限度，有机体不但不能产生新的适应和高水平的运动成绩，而且还有损于有机体的健康。

2. 合理安排运动负荷原则的实践应用

（1）训练过程中加大运动负荷必须循序渐进。在运动实践中，只有加大运动负荷才能提高机体机能，创造优异运动成绩，但是不能认为越大越好，为大而大，超越了运动员所能承担的"最大负荷"能力。应在整个运动训练过程中，经常性地采用与比赛接近的负荷，以使运动员全年保持竞技状态，随时比赛，随时出现最佳成绩；同时，要力求使大运动量和大强度同时出现，即使在参加重大比赛期间也应如此。这些都是针对高水平世界优秀运动员的运动而言的，并且他们已具有相当大的承担极限负荷的能力，适应性很强。而对一般运动员来说负荷必须循序渐进增加，既有运动员所能承担的"最大负荷"，也有中小负荷的搭配，而不能持续地进行大负荷运动，这对少年儿童运动员尤为重要，只有在适应了原有负荷的基础上再进一步增加，才能取得较好的运动效果。

（2）掌握好负荷与恢复的关系。在运动过程中没有负荷就没有运动水平的提高，没有恢复，也就没有可能安排新的负荷。只有在机体承担一定的负荷后，得到适当的恢复，以消除疲劳，才能使机体能力逐步得到提高。所以运动课中每次的负荷安排应在运动员机体能力得到恢复与提高的基础上进行，运动课负荷之间的间歇过长或过短都不利于机体能力的提高。

在运动实践中要达到合理的安排效应，需要从以下三个方面考虑：

第一，训练课负荷的大小与间歇时间的长短是一种正比关系，训练课的负荷越大，间歇时间也应相应延长。

第二，运动员承担负荷的能力，以及恢复和超量恢复机能水平，与训练课之间的间歇也呈现一种正比关系，即运动员承担负荷的能力和恢复机能水平较强，间歇时间可短些。

第三，负荷的内容性质不同，所需恢复的时间也不一样。在训练实践中，高水平的运动员每天都有运动，有时一天安排两三次，甚至四次运动课，而且往往是在机体没有完全恢复的状态下进行的。这是一种负荷积累效应，也就是在运动员机体未完全恢复状态下连续几次课的运动，加深了对机体的刺激，从而提高其超量恢复的水平。

一般情况下这种安排主要在高水平的优秀运动员运动中进行，要取得这样的安排效果必须做到：①几次课连续的负荷积累，一定要在运动中所能承担的负荷能力范围之内，不能使其产生过度疲劳；②几次课的负荷积累后，安排的间歇时间要足以保证有机体能达到恢复和超量恢复，如果没有足够的间歇时间，长期在没有完全恢复的情况下连续训练，迟早会产生过度疲劳，造成慢性机能衰竭；③几次运动课的负荷要大小搭配，负荷内容要交替进行。如上午的运动内容是发展运动素质部分的身体运动，下午的运动则应转换练习内容，安排技术运动；④在几次课连续负荷后的间歇时间里要采用必要的恢复手段和措施，加速恢复过程，才能取得好的效果。

（4）处理好负荷量和负荷强度的辩证关系。在运动过程中虽然负荷强度比负荷量对机体产生的影响要大，但它必须在量积累的基础上才可能加大强度，而且强度加大了以后，量就不应再保持很高的水平。如果量和强度一直同时增加，不但整个运动负荷加不上去，而且容易产生运动过度。负荷的安排一般呈现一种波浪起伏的状态，负荷的量和强度的变化通常有三种搭配形式：一是既加量也加强度；二是加强度减量；三是加量减强度。这三种搭配形式，在一个大周期中，及其所包含的中、小周期里呈现出一种有规律的波浪起伏状态。

在现代高水平运动员的运动中，有的提出准备期靠最大负荷量和小强度奠定竞技状态的基础是不能建立的，负荷量和强度要同时达到最大值；要定期地模拟比赛所特有的负荷和紧张状况；波浪式的调整负荷有损于前阶段获得的训练积累。对此，无论以哪种形式搭配负荷量和强度，都应从运动员的实际水平出发，以有利于尽快提高运动成绩为前提，而突出强度则是当今高水平运动员负荷安排的一个重要特征。

（4）考虑运动项目的特点、不同的训练时期和任务。一般来说，短跑强度较大、时间较短，而中长跑则相反；体操是时间长、量大；球类中的个人项目与集体项目在量和强度的安排上也有所不同。总之，要适应专项特点的需要。准备期量大但强度较小，而竞赛期量减小，强度加大，并进行一些比赛强度或超比赛强度的运动。一次训练课，如果主要任务是学习掌握或改进技术，则强度不宜大，如果主要任务是进行身体训练，则量和强度都应比较大。但无论何种项目负荷的安排，都应以提高单位运动时间里最大的效益为准则。

（5）加强医务监督和恢复手段的运用。负荷安排不当是造成运动损伤、过度疲劳的主要原因之一，因此加强医务监督，尤其是监测负荷所产生的效应很重要。同时要教给运动员一些有关负荷及自我监督、控制、调整负荷的必要知识，与教练员更好地配合，以使负荷的安排符合运动员所能承担的水平。

积极采用有效的恢复手段，有助于更快地消除负荷后的疲劳，加强能量物质的再生，迅速地产生适应。对一些运动学方面的手段，如运动课后的各种整理活动是每个教练员都能够做的而且也是十分必要的，对此不应吝惜时间而予舍弃。

（五）系统训练原则

系统训练原则是指从初期运动到出现优异运动成绩，以及保持和继续提高，直至运动寿命的终结，都应系统地、不间断地进行运动。

1. 系统训练原则的理论依据

（1）运动能力的遗传性。运动能力具有可遗传性，这个事实已经被科学家在研究中所证实。人类在人体形态、心肺功能、神经系统、肌纤维类型等多方面均受到遗传的影响，运动能力的遗传受到遗传基因所控制，它在一定时间阶段会逐渐显现出来，并且由于个体发育的差异性，个体之间在显现的时间和强度上均有差别。

（2）各运动项目的知识、技术、战术都有其本身的内在联系和系统性，只有按照其内在联系和系统性，循序渐进地进行训练，并逐步提高，才能取得良好的训练效果。

（3）运动员训练水平的提高是一个长期的过程，通过运动，有机体在身体形态、生理、生化机能和心理方面所产生的一系列适应性良好变化，也是由少到多、由低到高渐进积累的过程，只有持续不断地进行训练，提高机能状态和适应性的良好变化才能得到巩固和进一步提高。运动员掌握技术、战术，直到能在比赛中熟练地运用，要经过持续不断的训练，并逐步提高要求才能实现。

（4）运动员掌握运动技术、战术实质上是暂时性神经联系的建立，训练中断，就会使建立起的暂时性神经联系中断，条件反射消退，对已掌握了的技术、战术生疏，以致产生各种错误。

2. 系统训练原则的实践应用

（1）坚持全年、多年的训练，保证运动员有机体所产生的一系列适应性良好变化能够获得长期的积累，并且使运动全过程中的每次课，每个训练阶段、训练时期及训练周期都与上一次课，上一个训练阶段、训练时期、训练周期有机地联系起来，使之在原有的基础上不断提高。保持训练的不间断、不割裂，才能使运动员身体、技术、战术、心理素质等产生的良好影响逐步积累，为最后达到最高成绩创造条件。

（2）训练内容的选择和安排，以及运动手段的采用，都应充分考虑它们的内在联系和本身的系统，要做到由易到难、由简到繁、由浅入深、由已知到未知。

（3）中小学代表队、业余体校、重点业余体校、体育运动学校、优秀运动员队伍，每一个运动的组织形式之间，以及训练计划大纲的制定、训练的实施和比赛的安排，都应有机地联系起来，才能保证训练的不间断性。

（4）训练过程中要充分注意并采取有力措施，以防止运动员发生伤病。运动员伤病将影响训练的系统性和连续性，产生伤病还会使训练长期中断，甚至影响运动员的运动寿命。

（六）周期性原则

周期性原则是指整个训练过程以循环往复、周而复始的方式进行，每一个循环往复不是简单的重复，而是后一个循环在前一个循环的基础上，不断提高运动的要求，从而使运动员创造专项优异运动成绩。

运动训练过程的周期一般分为：多年运动周期（4~8年）、运动大周期（0.5~1年）、中周期（4~8周）、小周期（4~10天），以及运动课（1.5~4h）这几种不同类型的训练周期，并以此制订各种训练计划。

每个训练周期是由准备期、竞赛期和休整期三个相互紧密衔接的时期所组成。而每个时期都有其各自的主要任务、内容与负荷。

1. 周期性原则的理论依据

运动训练为什么要划分周期，是人们一直在探讨研究的主要课题。通过训练实践发现运动员在全年运动过程中表现出个人最高水平的成绩，具有一定的规律性。这个规律性是运动成绩的最高水平在全年中不能长期持续地出现，有的项目的运动员虽能多次表现出优异的运动成绩，但一般都是在赛季的重大比赛中才表现出来，最佳成绩呈现出一种波动起伏的状态，而且在出现最好成绩前都有一段时间的准备性运动，当在重大比赛中创造出优异的运动成绩后，一般也都有一段时间的恢复与调整。出现这种情况主要是运动员的"竞技状态"形成发展规律在起作用，人们正是要根据竞技状态形成发展的规律确定训练要周期性地进行。

（1）竞技状态是指运动员达到优异运动成绩所处的最适宜的准备状态。这里所指的"达到优异运动成绩"是就运动员本人的最佳成绩而言的；所谓"最适宜的准备状态"也是相对的，是就竞技状态发展的一定周期而言的。

（2）竞技状态的出现有其特征，这些特征是衡量和判定竞技状态的客观标志。

第一，从生理学的角度观察，运动员有机体各器官系统的机能达到最高水平，在运动中出现"节省化"现象，机体技能最大限度地适应大负荷甚至极限负荷的运动与比赛，恢复过程也比较快。

第二，从训练学的角度观察，运动员的运动素质和专项技术、战术的发展达到了本人的最佳水准，并且运动素质与专项技术、战术结合紧密，能通过专项技术、战术把提高了的运动素质最大限度地发挥出来，完成动作准确、熟练、协调，具有最佳的效果。

第三，从心理学的角度观察，运动员情绪高涨，精力旺盛，自我感觉良好，渴望运动和比赛，在运动和比赛中具有特殊的专项感受力，意志坚强，心理稳定，具有完成任务，夺取胜利的充分信心。

竞技状态的上述特征，集中表现为优异运动成绩的出现。但能否如此，在一定程度上还受比赛时其他条件的影响和制约。

（3）竞技状态形成发展的规律性与训练周期。运动员的竞技状态不是自然出现的，而是通过运动才能获得。竞技状态在运动中的形成发展有以下三个阶段：

第一，获得阶段。这一阶段又分为两个小阶段：一是形成竞技状态的前提条件。前提条件包括：有机体机能水平不断提高，运动素质得到全面发展，专项运动技术、战术的形成，心理素质初步养成。在此阶段，这些前提条件正在发展之中，还没有很好地有机结合起来，还不能在比赛中以优异的运动成绩表现出来。二是竞技状态的形成阶段。本阶段中，形成竞技状态的前提条件的发展具有专项化的特点，彼此有机地和谐地结合起来，形成了一个完整的统一体，基本上形成了竞技状态。

第二，相对稳定阶段。此阶段竞技状态的所有特征都表现出来，通过训练还要进一步巩固提高。但在这个阶段里竞技状态并不是始终保持在一个水平上，而是有一些上下起伏的小波动，所以称为相对稳定阶段。而且在这一阶段并非在任何时刻和情况下都能在比赛中创造本人的最佳成绩，相反有可能在经历一定的比赛后有间歇性的下降状态，但这也是暂时性的，并不是竞技状态的消失，经过合理的调整运动，竞技状态就会恢复到原有的水平，甚至可能超过原有水平。

第三，暂时消失阶段。竞技状态特征所表现的各个方面之间的有机联系消失了，运动水平消退，但这是暂时的。经过恢复调整，就能进入下一个循环，再形成新的竞技状态。

从上述竞技状态发展的三个阶段，可以清楚地看出，必须经过一定时间的科学、严格的运动才能形成竞技状态。已形成的竞技状态相对稳定一个时期后，就会暂时消失。经过恢复调整运动后，再进行准备性运动，就能在原有的基础上获得更高的竞技状态。

竞技状态的这种获得、相对稳定、暂时消失的过程，便形成了一个周期性的循环往复。根据这一规律，将运动分成周期，并在一个周期中，又按竞技状态的三个发展阶段划分成三个时期：准备期（保证竞技状态的获得和形成）；竞赛期（巩固、提高竞技状态）；休整期（对竞技状态的暂时消退进行调整）。因此也形成了一个周期性的循环。

在训练实践中，根据竞技状态获得阶段运动的特点和季节特征，将运动大周期中的准备期的运动分成两个小阶段，即冬训阶段（也称一般训练阶段）和春训阶段（也称专门准备阶段），以便有重点地安排训练内容和运动负荷。

从一定意义上说，运动训练过程之所以要周期性地进行，就是为了有效地控制竞技状态的形成和发展，使运动员能适时地在重大比赛间出现最佳竞技状态，创造优异的专项运动成绩。训练课，训练的小周期、中周期的安排，一切都是为了保证运动员在比赛期、比赛阶段、比赛月和比赛日中，适时地出现竞技状态，或在原有的基础上，进入下一个循环，达到更高的水平。

周期性原则的另一个依据是，有机体机能能力的提高也呈现一种循环往复的形式。经过运动施加负荷，机体的能量物质消耗，之后通过恢复，能量物质再生，并产生超量恢复，从而使机能能力在原有的基础上提高，如此循环往复进行，最终达到运动的预定目标。

近年来，由于国内外各种重大比赛频繁，运动的负荷大幅度增加，专项训练的内容、手段日益增多，要求高水平运动员在训练全过程中能较长时间地保持良好的竞技状态，以便能多次参加比赛，并创造出好成绩。因而，许多教练员对传统的训练周期的理论和实践提出了不同的看法，有的认为大周期的准备期过长，在周期中负荷量和负荷强度以及一般和专项训练内容的比重规定过死。这些不同看法主要是针对过去传统训练周期理论而提出的，但大多数人并未完全否定训练过程的周期性规律，未否定竞技状态形成发展的规律是划分训练周期的客观依据，只是要对训练大周期中各个时期阶段中的训练内容、手段的比重，负荷量和强度的配合等加以变革，以适应高水平运动员全年多次参加比赛，多次创造优异的运动成绩。但由于具体情况千差万别，要做到这一点是很不容易的，必须通过不断实践，积累资料，总结经验，进行科学研究，才能逐步掌握其中的规律。

由于有机体各器官系统机能能力的变化在一定程度上受季节气候条件的影响，加上训练对象的水平不同以及运动多方面条件的限制，周期的划分也在一定程度上受其制约。

2. 周期性原则的实践应用

（1）全年周期的划分要根据重大比赛的任务和运动项目的特点来确定。一般可以一年安排一个大周期（单周期），也可以一年安排两个周期（双周期）或三个周期。从我国现行竞赛制度情况来看，绝大多数项目的全国重大比赛都是上半年一次春季比赛，下半年一次秋季比赛，因此围绕这两次重大比赛通常全年安排两个运动大周期，称为双周期安排。全年中其他的一般性的比赛如邀请赛、测验赛等，应视为运动中的一种手段，而不应要求运动员在各种比赛中都保持最佳竞技状态，创造好成绩，否则会影响参加重大比赛的成绩。在全年运动中无论划分几个运动大周期，总要使所划分的大周期围绕重大比赛有足够的准备性运动时间，比赛后总要有一定的调整和恢复时间，以适应竞技状态的形成发展规律。

就运动项目的特点而言，各运动项目对运动员机体能力有不同的要求，而且赛季的安排也不尽相同，如体能类的耐力性项目，准备性训练和比赛都要消耗巨大的体能，并且需要恢复的时间相对较长，因而全年大周期就相对较少。而一些技能类表现性项目和对抗性项目，尤其是球类，相对来说竞赛安排较多，赛季也长，全年运动大周期就多一些，多采用多周期（如双周期）制，或者竞赛期安排的时间较长。此外冬季运动项目如滑雪、滑冰等，受季节的影响，一般也只安排 1~2 个大周期。

在现代运动训练中有的项目的优秀运动员年度中参加重大比赛的次数较多，并要求多次创造优异的运动成绩，因此有的研究提出多周期的安排，这在优秀运动员的运动中是需要进一步通过实践和科学研究加以探讨的。

（2）从运动对象的具体情况出发。青少年运动员的运动要充分考虑他们学习的特点，根据学校开学和放假时间、考试时间、假期的长短、学习成绩和运动的具体条件，以及学校其他活动的安排确定周期。在青少年的基础运动阶段，一般可不划分周期，因为他们的运动是打基础的，具有将来进入优秀运动员队伍的准备性质，即使参加一些比赛，着眼点也在于锻炼，而不是出成绩、夺取冠军。

（3）单周期中准备、比赛、过渡时期时间段，要根据各方面的具体情况进行控制和调整。在训练过程中不能因参加比赛而不适当地缩短准备期的运动，运动员没有充分的准备期的运动，达不到良好的竞技状态，就要参加比赛，不但难以出好成绩，而且会影响日后成绩的提高，如果是采用强化专项运动的手段压缩准备期，也会损害运动员的健康。同样，也不能不适当地延长比赛期，因为比赛的负荷是很大的，由于疲劳的积累，竞技状态肯定会逐步消失，特别是当中枢神经系统产生疲劳后，机体会自然产生一种保护性的反应，如不适时地转入过渡期运动，进行恢复和调整，就容易造成运动员的过度疲劳。过渡期时间长短，要以运动员是否得到较充分的恢复为标准。

（4）注意周期之间的衔接。每一个周期的结束都应认真总结经验，针对前一个周期在身体、技术、战术训练，运动负荷的安排，意志品质的培养，以及比赛等方面的具体情况和存在的主要问题，根据运动的总目标，提出新的要求、方法和措施，使每一个新的周期都能在前一个周期的基础上，使运动员的运动水平在新的循环中得到进一步的提高。

(5) 安排好训练课和小周期的运动,保证大周期运动任务的完成。大周期训练的内容、负荷的安排和方法手段的采用,都要经过训练课和小周期、中周期的训练具体落实。只有通过每次训练课,每个小周期,每个中周期训练效果的积累,才能最终实现大周期的训练任务。运动课和小周期的安排由于受工作、学习、生活等方面因素的制约,在运动的时间、次数、内容、方法、手段的采用,运动负荷的确定等方面均有相应的规定。运动课和小周期运动的任务能否完成,直接影响运动中周期、大周期任务的实现,因此安排好运动课和小周期的运动是十分重要的。

(七) 区别对待原则

区别对待原则是指对于不同专项、不同的运动员或不同的运动状态、不同的运动任务及不同的运动条件,都应有区别地组织安排各自相应的运动过程,选择相应的运动内容,给予相应的运动负荷的训练原则。训练的安排,必须根据个别运动员的能力、潜质、学习及专项特点而定。安排训练时要特别注意运动员的生物年龄与实际年龄的区别、注意性别差异、个别运动员的运动及健康状况等。一般来说,青少年的运动,适合较大运动量、中等强度的负荷,而不适合运动量很小、强度却很大的刺激。

针对不同运动员训练中的个体特异性实施区别对待,是运动训练应遵循的重要原则之一。运动训练的效应,要通过运动员机体的变化予以表现,而每一名运动员的心理和生理状况、形态、发育特点、技术和战术能力,以及素质、智力水平都各不相同,要想使训练工作取得理想的效果,就必须认真处理好运动训练过程组织的集群性与个体性之间的关系,考虑到运动员的个人特点,区别对待,有针对性地组织运动训练过程。

1. 区别对待原则的理论基础

(1) 运动专项竞技需要的多样性。不同专项运动员的竞技能力,受不同因素的影响。短跑运动员的竞技能力的主导因素是速度素质,中长跑则是耐力;跳水运动员的技术水平起着决定性的作用;足球选手除技术外,还要看战术水平的发展程度。在心理、形态等方面,不同的运动项目也有着不同的要求。因此在选择运动内容和手段时,就必须注意到不同项目专项竞技的不同需要,有计划地实施区别对待。

(2) 运动员个人特点的多样性。运动员的个人特点,包括性别、日历年龄、生物年龄、训练年龄、竞技水平、生理和心理特点、身体状况、训练情绪等，这些方面都对训练的安排提出了不同的要求。另外，同一名运动员的训练状态在不同阶段、不同时刻的表现，不同训练环境和训练条件也都对训练的内容和组织实施提出明显不同的要求。

（3）运动训练特点的多变性。不同项目、不同运动员，以及在不同状态下所表现出的特点，包括决定竞技能力的各个因素，教练员的业务水平，对训练的战略部署和战术安排，训练所处的阶段和具体要求，以及气候、场地、器材等外界环境等，既丰富多彩、各有不同，又无时不处于不断的运动和变化之中。这些因素的不断运动及变化，都要求教练员及时根据具体训练对象的具体情况有区别地组织训练。

2. 区别对待原则的实践应用

（1）贯彻区别对待原则所需注意的因素。由于运动训练过程本身所具有的多样性和多变性特点，决定了我们在贯彻区别对待原则时需要考虑多方面的因素。其中的主要因素集中在运动专项、训练对象和训练条件三个方面。

第一，运动专项。运动专项方面包括专项成绩的决定因素（如短跑取决于快速力量与频率；中长跑取决于耐力；铅球却更注重绝对力量等）和专项成绩的发展规律。许多优秀运动员的实践表明，体操等表现难美性项目的运动员常常在年龄较小时，就能达到比较高的水平，但耐力性项目运动员则通常在较大的年龄才进入最佳竞技时期。

第二，训练对象。每个训练对象都有不同的生物学、心理学、社会学及训练学方面的特征，这是贯彻区别对待原则时经常需要考虑的因素。

生物学特征包括年龄、性别、形态、发育状况及个人的生物节律。例如，同是15岁，但发育有差异，发育早的可进行较多的专项素质运动，而发育迟的则不宜安排过多的专项训练。

心理学特征包括气质、个性及参加运动的动机等。在训练和比赛中，对不同性格的训练对象，教练员应运用不同的语言艺术进行指导。性格外向的运动员对教练员刺激强烈的语言比较容易接受，性格内向的则恰恰相反，往往会因此损伤其积极性和自尊心，对运动有害而无利。

社会学特征包括家庭状况、生活习惯、文化水平等。例如对待文化水平较高、理解能力较强的运动员，教练员可多进行一些必要的讲解使之通过理解，即借助第二信号系统帮助其更好地完成训练任务。对文化水平偏低或初次参加运动的运动员，教练员则应多做示范，发挥直观教学的作用，使之理解、掌握新的技术动作。

训练学特征包括训练年龄、接受负荷能力等。日历年龄相同而训练年限不同，安排负荷时也应有不同的要求，使运动员在合理的训练要求之下完成运动任务。

第三，训练条件。必须考虑训练所处的时期和阶段。教练员应了解不同时期与阶段不同运动员的不同特点，以便在训练时提出不同的要求。而场地、气候、同伴、环境等也是贯彻区别对待原则所必须考虑到的因素。

（2）正确处理运动中共性与个性的关系。不同运动专项都有自己的决定因素及其不同的发展规律，但又是通过各个专项的特点反映出所有运动项目共同的规律。一个运动队是一个集体，在这个集体中，所有的队员都有一些共同点，但又各有自己不同的特点。通常集体项目的教练员容易忽视运动员个人特点，而个人项目的教练员却常常不注意根据运动员共同的特点去组织集体训练。

在集体项目中，个人训练作为集体运动的补充是非常重要的。如篮球队中的某些队员防守较差，而另一些队员投篮的命中率较低，这就应在进行集体训练的过程中，有针对性地安排必要的个人训练。而在个人项目的训练时，又必须注意处理好与集体运动的关系。对枯燥、单调的个人训练项目，如果能有效地组织集体运动就会减轻运动员的心理负荷，使他们对运动产生更高的兴趣。例如，在个人跑的项目中，可把水平差距大的运动员组成一组，采用同距离让步跑的方式（水平低的先跑，要求同时到达终点），这实际上已经提出了不同的强度要求。在组织安排青少年训练时，水平高的女孩可与一般水平的男孩同组进行运动。

（3）教练员要及时准确地掌握运动员的具体情况。对于运动员的初始状况，教练员可围绕竞技能力的主要决定因素来了解具体情况。例如，在形态方面，可测定身高、体重等指标；在素质方面，需了解速度、力量、耐力等数据；在机能方面，应掌握脉搏、血压、发育水平及各器官系统的机能等基本情况。在运动训练过程中，教练员更要注意通过课上观察、记录运动员的成绩，通过批阅运动员的运动日记，以及通过专门组织的测试，及时、准确地掌握运动员的具体情况的变化，为科学地贯彻区别对待原则提供必要的依据。

(八) 适时恢复原则

适时恢复原则是指及时消除运动员在运动中所产生的疲劳，并通过生物适应过程产生超量恢复，提高运动员机体能力的训练原则。在运动员疲劳达到一定程度时，应按照运动的统一计划，适时安排必要的恢复性训练，采取有效的恢复措施，使运动员的机体迅速得到充分的恢复和提高。

1. 适时恢复原则的理论基础

（1）人体机能能力和能量储备的超量恢复机制。人体机能能力和能量储备由负荷后暂时下降和减少的状态回复到负荷前的水平的过程，称为恢复。在恢复过程中，能源物质的补偿在一段时间内超过原有水平，这种现象叫作超量恢复。超量恢复持续一段时间后将再回到原有水平，即完成了一次运动负荷后恢复的全过程。

在一定范围内，运动负荷越大，消耗越多，需要的恢复过程越长，出现超量恢复现象越明显。负荷后的超量恢复效应，为运动员竞技能力提高奠定了物质基础。

（2）掌握训练中的调整时机。运动负荷对运动员产生刺激的程度如何，影响到运动员调整或恢复的时机。即何时练，何时歇，何时调，对运动效果有重要的影响，教练员能够准确把握以上因素，会使运动走向良性循环的轨道，但如果该调不调，运动负荷过度，会引起运动员机能劣变，在生理、心理上受到严重损伤。

2. 适时恢复原则的实践应用

（1）准确判断运动员疲劳程度。准确判断运动员的疲劳程度，是预防疲劳积累的有效途径。通常采用以下方法：

第一，自我感觉。运动员疲劳时，会感到肌肉僵硬、局部酸痛、四肢无力、呼吸急促、胸部发闷、力不从心，不再想坚持运动。在恢复过程中，上述症状逐渐减轻或消失，自我感觉体力充沛，且继续训练的愿望逐渐加强。这种疲劳程度的自我感觉，需要运动员在运动过程中逐渐积累经验，才能更好地把握时机，不至于出现过度运动。

第二，外部观察。外部观察是教练员常用的判断运动员负荷情况的方法。运动中运动员出现面色苍白、呼吸急促、动作无力、反应迟钝、注意力不集中、错误增多、动作质量下降等现象，应引起教练员的注意。如果将运动员自我感觉与外部观察结合起来进行分析判断，就能更为准确地掌握运动员的疲劳程度与恢复状况。

第三，生理测试。利用生理测试进行运动员疲劳与恢复情况判断的常用方法有：呼吸肌耐力测定、体位血压反射测定、皮肤空间阈测定、肌张力测定、心电测定、脑电测定、机电测定等。

第四，心理测试。用心理学的方法判断人体的疲劳与恢复程度，常采用自我疲劳感觉表、自我恢复感觉表等。

（2）积极采取加速机体恢复的适宜措施。

第一，运动学恢复手段。主要包括变换运动内容和训练环境，交替安排负荷，调整训练间歇时间与方式，穿插轻松愉快、富有节奏的练习等训练手段。

第二，医学生物学恢复手段。主要包括理疗恢复手段，如水浴、蒸汽浴、氨水浴、盐浴、含氧浴等，还有按摩、电兴奋、电睡眠、紫外线照射、红外线照射等方法。

第三，营养学恢复手段。运动训练对运动员的能量消耗较大，运动后的能源物质补充是非常好的恢复手段。除了重视运动后各种营养素的合理搭配外，还应注意维生素与微量元素的补充。维生素和微量元素与运动能力有着密切关系，并且维生素及多种微量元素在人体内不能合成或合成不足，必须从食物中摄取，所以要注意食品的种类与配比。

第四，心理学恢复手段，主要是利用自我暗示、放松训练、生物反馈等手段进行恢复。

第三节 青少年体育运动的类型及方法

一、走、跑、跳、投

（一）走

直立行走是人类由猿进化到人的最基本特征之一，也是人类最基本的且经常从事的活动。正常人除睡眠外，一生中绝大部分时间都离不开行走。

行走是一种有氧健身的锻炼方法,它的优点是动作柔和,不易出现伤害事故。

走可分为健身走和竞技走。竞技走是在普通走的基础上发展而来的。作为奥运会正式比赛项目的竞技走,是我国竞技体育中的优势项目。奥运会正式比赛项目有男子、女子20km竞技走和男子50km竞技走。

(二) 跑

在原始社会,人们为了生存,用跑的形式来追赶猎物以抓住它们供生活所需。从那时起,跑就融入了人们的生活和身体运动。

跑与走有着本质的区别,跑的时候有两脚同时离地的瞬间,而走的时候没有两脚同时离地的瞬间,至少有一只脚在地上与地面有接触。

(三) 跳

跳是人体活动的重要方式之一,它包括一般跳跃和支撑跳跃。经常进行跳的锻炼,能增强锻炼者的上肢及腿部力量,发展弹跳力,提高灵敏性和协调性,对提高动作的准确性、灵巧性和果断性,对增强内脏器官的功能,对人体神经系统、运动器官和心血管系统的发展也有着良好的促进作用。此外,在锻炼或练习过程中,跳跃还能培养锻炼者勇敢、顽强、沉着的意志品质和勇攀高峰的精神。

(四) 投

投掷练习能促进人体上下肢和躯干部位力量的发展。经常进行投的锻炼,人体的速度、柔韧度、爆发力及人体协调性和灵敏性等方面的素质能够得到相应的提高。进行投掷的锻炼也可促进青少年的生长发育,并能培养人坚毅、顽强和刻苦耐劳的意志品质。

二、支撑、悬垂、攀爬

从古至今,人们都比较重视自身的支撑、悬垂、攀爬能力的发展,以增强对大自然的适应能力和生存能力,使自己生活得更加安全。支撑、悬垂、攀爬能力的强弱,与自身的身心素质(力量、灵敏、柔韧素质和勇敢、顽强精神)紧密相关。因此,人们十分重视借助体育运动的有关手段来发展支撑、悬垂、攀爬能力。

(一) 支撑能力

1. 单纯的支撑

(1) 头手倒立。

动作要领：双手撑地，头部前额着地，小臂与大臂呈直角，脚向上伸直。

(2) 燕式平衡。

动作要领：单脚支撑，上体前倾，另一腿后举，两臂侧举。

(3) 手倒立。

动作要领：双手支撑地面，身体成倒立姿势。

2. 单杠支撑

(1) 跳上成支撑。

动作要领：双手正握，双腿蹬地跳上成直臂支撑，腹部靠杠，抬头挺胸。

(2) 骑撑倒挂膝上。

动作要领：双臂伸直握杠，上体后倒，当身体后摆，过杠下垂直部位后，迅速屈左腿挂杠。

3. 双杠支撑

(1) 跳上成支撑。

动作要领：两手直臂握杠，双腿蹬地跳上成直臂支撑，身体垂直，两眼平视。

(2) 摆动臂屈伸。

动作要领：当支撑后摆接近最高点时，两臂主动伸直，身体顺势下摆，同时屈臂，过垂直部位后稍屈髋，前摆，同时伸直两臂。

支撑前摆、后摆下，动作要领：从支撑前摆开始，身体后摆过杠垂直部位时，两腿顺势向后上方摆动，接近最高点时，重心左移，同时右手迅速推杠，于左手前换握左杠，挺胸抬头，左手摆至侧上举，保持挺身姿势落地侧立。

4. 高单杠支撑

两臂后上举反握横木，蹲地收腹双腿上举，腿靠紧肋。

动作要领：跳上正握横杠成直臂悬垂，屈臂引体向上，同时屈髋、头后仰，两腿从杠后方伸出，使身体从杠上翻过成支撑。

（二）悬垂能力

1. 肋木悬垂举腿

动作要领：背靠肋木，两手正握肋木顶端，成直体悬垂后直腿上举。

2. 肋木倒悬垂

动作要领：面对肋木，上体前屈，两臂后上举反握横木，蹲地收腹，双腿上举，腿靠紧肋木，使身体倒悬垂。

（三）攀爬能力

1. 爬软梯

动作要领：双手握住软梯上部横杆，双脚脚掌踩住绳梯下部横杆。为保持身体稳定，身体移动过程中要遵循"三点不动一点动"的基本要领，始终有双手一脚或双脚一手处于支持状态。同时注意软梯的摆动。

2. 爬杆（绳）

爬杆（绳）悬垂方式，可分为上下两端固定和上端固定、下端不固定两种，可手脚并用或仅用双手向上攀爬。

3. 倒悬爬横杆

动作要领：两手前后依次握住横杆，两腿弯曲挂杆，两手依次换握前进。

4. 翻越障碍

动作要领：双手抓住障碍物上沿，根据障碍物的高低，用踏上法、蹬摆法、蹬拉法或骑撑法翻越障碍。

三、翻滚

（一）垫上滚翻

垫上滚翻的动作包括前滚翻、后滚翻及鱼跃前滚翻。

1. 前滚翻

动作要领：从蹲撑开始，提臀，身体前移，脚蹬地，同时屈臂、低头、含胸，用头的后部、颈、背、腰、臀依次触垫。当背腰触垫时，屈膝抱腿，上体向前成蹲立。

2. 后滚翻

动作要领：从蹲撑开始，重心后移，低头、团身后滚翻，同时双手置于肩上。当滚至颈部着垫时，两手用力推撑，抬头，两脚落下成蹲撑。

3. 鱼跃前滚翻

动作要领：从半蹲开始，两臂前摆，同时两脚用力蹬地向前上方跃起，身体在空中保持稍屈体姿势，手撑着垫时屈臂低头，团身前滚翻起。

（二）器械上滚翻

器械上滚翻主要介绍双杠前滚翻成分腿坐。

动作要领：杠端分腿坐，两手靠近大腿握杠，上体前倾，顺势提臀、收腹、团身，杠上做前滚翻。当臀部移过垂直部位时，两手前移握杠，两腿迅速分开压杠，两臂撑起成分腿坐。

练习时应注意三点：①练习前应做好充分的准备活动；②练习时应加强保护，特别应注重头、颈部的保护；③练习时应遵循由易到难，由地面到器材的循序渐进原则。

第三章 青少年体育公共服务的依据与属性

第一节 体育公共服务及其发展理念

一、体育公共服务体系的特征、结构与功能

（一）体育公共服务体系的特征

1. 系统性特征

为建立科学、高效的体育公共服务体系，以促进整体功能的发挥，应注重体育公共服务体系各子系统、各组分以及各要素之间在系统内的协同作用。体育公共服务体系的系统性特征有以下三点：

（1）整体性。体育公共服务体系是一个有序的系统组合，在建立和完善过程中，应注重其整体运筹和运作。

（2）联系性。体育公共服务体系由多个子系统构成，各子系统之间是相互联系的，子系统内部的组分、各要素之间也具有紧密的联系。

（3）有序性。系统的秩序是系统的组分有效整合的结果，主要表现在三个方面：①结构有序，要素内部、组分内部以及层次之间互动协同；②功能有序，通过和谐、动态的结构产生功能；③行为有序，要素、组分及子系统之间按照一定规则互动互应。和谐是有序的最高境界，包括组分内部的和谐、层次之间的和谐、系统运行中的和谐，系统与环境之间的和谐。体育公共服务体系的有序性是指，其内部各子系统具有一定的结构和层次，

具有明确的服务方向。

2. 公共性特征

公共性特征主要是指体育公共服务在供给、目标以及供给和目标之间过程、衔接方面的"公共性"。"民享"是体育公共服务体系的核心目标，最终体育公共服务的出发点和落脚点是让全体民众享受我国体育发展的成果，即面向的是广大人民群众。体育公共服务体系的公共性特征主要包括：利益取向的公益性、服务主体的公众性、服务供给的公平性、资源配置的公有性四个方面的基本内涵。

3. 统筹性特征

统筹性是体育公共服务体系的重要表现，在进行体系建设时，应统筹把握，促进相应目标的实现。具体而言，构建并建设良好的体育公共服务体系，必须以"两个统筹"为重点，具体内容如下：

（1）对不同行政区划之间和不同部门之间的体育资源进行积极统筹，去除无效的行政壁垒，促进不同行政区划、不同部门之间良好的交流与协作，加强对体育资源的共享，进一步促进体育公共服务的发展。

（2）对城乡体育发展的统筹。我国城乡体育资源在经济社会的发展过程中存在分布过度不均衡的现象，虽然近些年在农村体育的发展上有所侧重，但总体上，农村体育及农村体育公共服务相比较于城市体育及城市体育公共服务依然存在较大的差距。在体育公共服务体系建设时，体育资源应考虑在城乡之间整体布局、合理配置，在当前一定时期应适度向农村体育及农村体育公共服务有所倾斜，促进城乡之间的协调发展。

4. 服务性特征

在进行体育公共管理工作时，公共管理者具有服务性特征，相应的体育公共服务供给主体开展相应的服务工作，而其所提供的体育产品也是为大众服务的。这种服务应是政府制度上的"共性"，不仅强调理念上的服务，也强调政策、制度层面的服务；不仅体现在具体管理层面的服务，也应体现在对服务对象各方面需求满足上的服务。

5. 保障性特征

保障既可以是实物，如资金、场地、设备等保障，也可以是非实物，如制度和政策保障。保障并非是对整个系统某一个方面或层面的保障，而是对所有组分、要素的保障。体育公共服务体系的保障性特征，是为了保障公民的体育权利，满足其多方面的体育需求。

6. 创新性特征

创新性特征主要表现为服务理念的创新，需要根据实际情况进行发展和创新。政府、社会、市场组织与非营利组织协同运作，开拓思路，推进管理创新，对体育公共服务体系资源有效整合，强化体育公共服务体制创新和运行机制创新。

(二) 体育公共服务体系的结构

体育公共服务体系涵盖体育公共服务的供给和大众对公共体育服务需求的满足两个层面，作为一个科学的系统，其需要一定的逻辑顺序来开展相应的活动，这样才能够保证提供民众所需的服务质量。在体育公共服务体系建设过程中，应明晰体育公共服务体系的组分，进而明晰体育公共服务体系的组分与要素，从而形成体育公共服务体系所需求的结构。

1. 体育公共服务需求体系

体育公共服务需求体系的基本构架，以保证公民体育权利的实现作为重要方面，并将其作为政策层面的命题。为实现社会的进一步发展，应更好地满足公共需求。对于公民体育权利的尊重需要尊重其体育需求的表达权和公共决策参与权。

在市场经济体制下，从市场经济的角度，体育公共服务供给要充分考虑消费者对体育公共服务的需求状况，对体育公共服务的供给进行最优化，以满足大众对于体育公共服务的基本需求。因此，公众积极参与，让其需求得到充分的表达，是开展体育公共服务供给的重要逻辑起点。

在公共服务领域，需要建立相应的需求表达机制，通过多方博弈使需求得到一定程度的满足。通过相应的社会调查，听取公众的意见，确立体育公共服务标准，以大众的意见、建议和实际需求来提供相应的体育公共服务体系，以人为本，将民众的体质健康、对体育的切实需求作为体育公共服务的出发点和落脚点。

2. 体育公共服务供给体系

在计划经济时代，主要通过行政系统内部自上而下的方式对体育公共服务的供给进行管理，其管理的基本特征是行政命令。随着我国社会经济体制的改革，作为自身具有复杂性、综合性的公共服务系统，其复杂性和综合性主要体现在自身体系结构、参与各方之间关系、供给的方式及所在的社会环境等方面。体育公共服务供给体系应保证能够提升公众基本体育权益以及满足民众基本体育公共服务需求。

随着我国社会经济的发展，体育公共服务供给过程演变为由政府、市场、第三部门与私人部门等不同角色组成复杂合作网络的过程。但这些体育公共服务的供给主体，几乎都无法准确反映出公众对于体育公共服务的需要和诉求，因此，可能由于自身的价值标准、诉求及判断不一，导致供给结果与需求目标的不一致。所以，应积极促进社会效益和经济效益之间的平衡，约束市场主体之间的利益最大化冲动。

3. 体育公共服务保障体系

（1）组织保障体系。通过组织保障体系使得体育公共服务体系机构合理化，促进组织目标的实现。组织结构复杂性的理解：纵向的复杂性，主要是指层级的数量；横向的复杂性，指跨越组织和部门的数量；空间的复杂性，是指组织结构要素在地理位置上分布的数量。体育公共服务组织保障体系应注重纵轴结构、横轴结构、空间轴结构等方面的综合发展。

（2）政策法规保障体系。政策法规保障体系主要由法律、法规和部门规章条例三个层次组成，这属于正式的制度层面的保障。在体育公共服务均等化发展的过程中，要注重法律体系的建设，通过全国人民代表大会立法的途径将较为成熟的政策、法规上升为基本法律，提高政策法规的执行力度，进一步提升政策法规的权威性与统一性。

（3）财政保障体系。体育公共服务财政保障体系的建立和完善应注意行政化的资金拨付和使用方式，使得体育公共服务财政资金的使用缺少决策的科学性；应完善相应的财政政策，逐步增加国家在体育公共服务方面的投资；促进财政体制的改革和完善，应逐步壮大地方的税务体系，促进财政收入渠道的规范；应积极推进城乡公共服务均等化的财政制度建设，提升财政保障的运行机制效率，积极扩大乡镇体育公共服务领域的公共财政覆盖范围，不断满足乡镇居民的体育公共需求。

（4）信息保障体系。信息保障体系也是体育公共服务体系的重要方面，在建设时，需要明确信息机构的定位与机构之间的关系、各自的运行基础、资源和服务对象；应坚持信息共享原则；应促进信息沟通渠道的畅通，确保正式渠道的有效性，同时拓展其他多种渠道；应注重信息保障制度建设，完善相应的法律、法规，建立相应的信息服务权益监督体制，保护信息服务的经营权、产权,提高信息权益保护的自觉性,防止侵权行为的发生。

4. 体育公共服务评价体系

体育公共服务评价体系,具体来说必须明确和处理好以下三个问题:

(1) 体育公共服务绩效评估的内容。体育公共服务绩效评估的内容包括:对供给者的评估以及对其所提供的产品和服务的评估。体育公共服务绩效评估的内容不仅要考虑投入、产出的效率,同时要考虑效果、公平性,尤其要顾及公众的满意程度。

(2) 体育公共服务绩效评估的主体。体育公共服务绩效评估的主体构建是服务绩效评估的关键环节,评估主体应具有权威性、代表性、合法性和有效性,这也是建立科学的体育公共服务绩效评估体系的重要保证。在体育公共服务绩效评估的主体多元化发展过程中,政府评估、公众评估和第三方评估也应多元化发展。

(3) 体育公共服务绩效评估的方式和方法。体育公共服务绩效评估的方式和方法即为"如何评估",根据绩效评估的性质,可将其评估方式分为定性评估和定量评估两种。定性评估,就是对体育公共服务绩效进行质的鉴别和确定等级,主要是通过评审的方法进行。定量评估,是对体育公共服务在量的方面进行鉴别和等级评定,在进行充分调动、有效统计和科学测量的基础上,运用相应统计学方法对数据进行整理和分析。体育公共服务绩效评估需要设立一套科学的体育公共服务评估模型,并注重其评估的可操作性,在实践中逐步对其进行针对性的修正和改进,进而推动体育公共服务绩效评估体系的不断完善和发展。

(三) 体育公共服务体系的功能

1. 体育公共服务体系的系统功能定位

(1) 创新服务功能。体育公共服务体系的核心是公民都应拥有平等获得体育公共服务功能的权利,其目的主要是将服务共享功能的覆盖范围进一步拓展。创新服务功能在其结构优化方面的目标则是大众共享体育公共服务的满意程度,而大众对于体育公共服务广泛性的满意程度正是基于体育公共服务结果的定位。这需要积极扩大引入市场竞争机制,促进其与市场经济发展相适应,积极营造良好的协作机制和责任机制,以稳定的法制环境为基础,优化体育公共服务体系的服务功能。

(2) 资源整合功能。体育公共资源整合需要优化资源配置,实现其整体的优化，最大限度地满足公众体育公共服务需求。具体来说，应建立相应的资源共享机制，强化体育系统内部场馆资源和高校体育场馆资源的整合，使得其能够更好地满足大众的体育健身需求，促进体育公共资源配置的合理化，使其供给效率不断提升，使得当地居民的体育公共服务需要得到满足；积极鼓励大众加入社会体育指导员队伍，建立相应的政策，促进体育公共服务工作者素质的教育和培养，注重调动群众参与的积极性，发挥工作人员的潜力。

（3）激励约束功能。体育公共服务体系具有激励约束功能，主要表现为不仅能够促进体育公共服务数量与质量的快速发展，还使得体育公共服务的需求与供给之间有效衔接，促进体育公共服务需求的满足。

2. 体育公共服务体系供给主体间的功能关系

在体育公共服务体系内部，各供给主体依靠其自身所具备的资源优势分别承担着不同的功能分工，进而演化为体育公共服务体系的系列功能，具体的供给主体有以下四个方面：

（1）政府公共机构。在当前，体育公共服务体系的重要主体是政府的公共机构，政府公共机构在信息、技术、资金等方面发挥着带头作用，其主要在目标制定、政策引导、布局规划、战略研究等方面发挥不可替代的作用。

（2）市场组织。市场组织等主体在资本积累、管理运行效率和交易成本方面具备天然优势，能够在政府无法有效进入的领域实现生产要素的优化配置，使得各生产要素在适应外部市场与社会环境变化方面反应最为迅速，可以最先做出调整和进行变化。

（3）社会性组织。社会性组织通过调研等方式，汇集公众的多重体育需求，实现对公众需求的确认，将各种存在关联的因素整合到统一的体系下，以便协调需求、资源与供给之间的平衡，进而实现统一。

（4）相关科研机构及高等院校。它们不仅承担着部分公益性体育公共服务的供给功能，还通过体育理论以及相关科学技术的教育、培训与研究的推广和应用，在理论和实践层面维系着体育公共服务体系的有效运行，减少体育公共服务体系在运行过程中受到供给主体更替、经济社会环境发展变化等方面的影响。

二、体育公共服务体系的发展理念

科学的发展理念往往决定科学的行为和措施，有助于体育公共服务的良性发展，因此制定合理的发展理念就显得尤为重要。

体育公共服务设计理念包括以下内容：

第一，体育公共服务的出发点：以人为本，体现人文关怀。

第二，体育公共服务的价值基础：诚信与正义。

第三，体育公共服务的追求目标：团结与凝聚。体育公共服务渗透体育精神，展现体育精神的巨大魅力，进而增强民族凝聚力，提高我国民众的素质、综合国力及社会经济发展程度。

第四，体育公共服务的发展动因：以需求促供给。

第五，体育公共服务发展的均衡点：公平与效率之间的大众共享。

第六，体育公共服务实现的基础：完善的体育公共服务体系，为广大公民提供良好的社会环境和更多的自由空间，体现了保障公民文化权利的更深层次要求。

第二节 青少年体育公共服务的依据

一、青少年体育公共服务的理论依据

（一）新公共服务理论

新公共服务[①]理论核心观念是，政府应注重服务、关注社区、以人为本。公务员为当今社会生活和政治生活确定政策与规划，是许多不同集团

---

① 新公共服务是21世纪初兴起的关注政府治理的理论与模式，作为一种理论的新公共服务，以民主公民权和公共利益为核心，强调政府的职能是服务而不是掌舵、服务的对象是公民而不是顾客、重视公民权和公共服务而不是企业家精神。

和组织互动的结果,政府在公共服务过程中是一个参与者,它与私人的或非营利的团体和组织协同合作,寻求问题解决方案。我国体育公共服务的供给也需要政府与私人的或非营利的团体和组织协同合作,寻求问题解决方案,以构建多中心、多元化的体育公共服务供给体系。该体系的构建由政府负责,但并非由政府完全包办,其所依托的组织机构应是多元的,既可以是政府机构,也可以是专门的公共服务机构(在我国被称作事业单位)。学校正是这种专门的公共服务机构,一般由国家投资办学,具有不同程度的公共权力因素和公共资源因素,具有非营利性和公共性的特点。因此在现阶段,通过一定方式利用体育公共资源参与体育公共服务的生产,满足公民基本的、直接的体育需求,缓解体育公共服务的供给不足,可以说是学校的分内之事。

政府在管理公共组织和执行公共政策时,公共行政人员应承担为公民服务和向公民放权的职责。公共行政人员的重要作用在于帮助公民表达和实现他们的共同利益,而不是试图控制或驾驭社会,其工作重点既不应是为政府这艘航船掌舵,也不应是为其划桨,而是建立一些明显具有完善整合力和回应力的公共机构。新公共服务理论认为公民权至上,公民是拥有法律所规定的权利和义务的人。新公共服务所倡导的公务员扮演的角色在于为公民说话、创造平台,实现公共对话机制;帮助公民超越自身利益,发现公共利益;鼓励公民关注社会,关注社区的长期利益,为邻里和社区服务。换言之,新公共服务试图实现的是在政府—公务员—公民之间建立一种社会的同一性关系,从而实现这三者作为一个整体交流的互动式畅通,并在这样交流畅通的前提下,实现社会整体的公平和公正,实现公民对社会生活的积极参与。学校在政府的委托下,面向全体公民提供体育公共服务,则可以成为一个有效的交流互动平台。

新公共服务理论认为,政府公共服务为公民服务而不是为顾客服务,公共服务的目标在于公民公共利益的实现。公共利益源于对共同价值准则的认同,而不是公民个体利益的简单相加。公共行政人员既要回应公民的要求,更要注重建立政府与公民之间以及公民与公民之间的信任与合作关系。因此,必须建立政府和公民之间互动合作的服务型政府,这就要求政府须从政府本位、官本位向社会本位、民本位转变,扩大决策的公民参与性,体育公共服务亦应如此,公共利益亦是体育公共服务的最终目标,政府提供怎样的体育公共服务，怎样提供体育公共服务，应当事先听取公民的意见，将公民意愿作为第一价值取向，并建立了解民意、公民参与决策的渠道、规则及程序，不断完善公民参与机制，充分体现公民权。这就要求体育公共服务的供给拥有良好的政府与公民互动机制，而学校的参与为此机制的创建提供了一个平台。

新公共服务理论认为，国家公务员对当今社会政策与规划的确定是不同集团与组织互动的结果。在我国传统的政治体制下，政府是提供公共服务的中心，这很容易出现公共服务低效供给或垄断。而在以政府为中心的公共服务提供过程中，政府是参与者之一，政府、私人组织以及非营利组织共同合作，寻求问题解决的方案。解决问题的过程往往是以公共机构、私人机构以及非营利机构结成联盟的形式进行。因此，借鉴其他国家公共服务成功经验，构建"多中心"公共服务供给模式，已经成为提高公共服务供给效率和水平的需要。成为弥补政府供给不足，降低政府财政负担的需要，也已成为满足社会公民多样化与个性化公共服务需求的需要。青少年体育公共服务恰是构建"多中心"体育公共服务供给体系的主要部分，其本质正是在于"服务"。

（二）服务学习理论

服务学习是一种提高学生知识技能的尝试，服务学习试图将服务社会与课程学习相结合，以促进学生知识技能的获得及能力的提高，并培养学生的社会责任感。服务学习是通过学校与社会合作，将向社会提供服务与学校课程联系起来，使学生参与有组织的社会服务行动。学生在服务学习过程中，不仅可以满足社会的一定需求，还可以培养他们的社会责任感，提高他们与他人合作、分析问题及解决问题的能力。

服务学习与社区服务及志愿者行动、课程实习、劳动服务教育有明显不同。这些不同不仅仅体现在概念、着眼点、核心、要素、作用等方面，依据服务学习与社区服务以及志愿者服务过程中服务与学习的关系，服务学习与其他服务形式的区别可窥一斑。志愿服务与社区服务与第二种形态更加相似，是以服务为主的；学校课程实习与第一种形态更相似，是以学习为主的；劳动服务教育与第三种形态更加相似，是纯粹的服务；服务学习则与第四种形态更加接近，其服务过程中，服务与学习是同等重要的，且服务与学习能够相互加强。

第一，服务学习与社区服务的最大区别在于服务学习包含准备和反思的过程，而社区服务没有。或者说，服务学习与学校单纯社区服务的本质区别在于是否具有课程整合和反思的要素。

第二，核心是否与课程产生较强的联系是服务学习、社区服务以及志愿者行动等的根本区别。社区服务与志愿者服务的核心都是服务，但与课程没有正式联系，尽管在服务过程中服务者在知识技能等方面也会有所提高或收获，但这并不是其最主要的目标，满足社区需要才是。服务学习则不同，其核心不是服务而是课程、服务与反思的结合，其课程整合与反思是社区服务与志愿者服务所没有或不及的。

第三，在服务学习的整个过程中，服务活动是经过精心组织的，是为满足社区实际需要的服务活动。服务学习有明确的学习目标，在服务学习过程中必须为学生提供经验性的学习体验，即将服务与学术性课程整合在一起，使学生在社区服务的过程中能够应用所学到的新知识，不断对服务活动和课程学习进行反思，以促使他们应用课堂中所学到的知识与技能，逐渐培养与增强他们的社会责任感和公民意识。

可以看出，真正的服务学习是与课程紧密联系的，在服务学习过程中，课程学习没有被忽视而是有所增强。同时，服务学习课程必须符合社区真正的需要，结合课程知识、技能以及价值目标，并通过周密的计划与实施，以促进学生的学习和发展。

二、青少年体育公共服务的现实依据

（一）丰富的体育资源

学校具有相对丰富的体育资源，是学校提供体育公共服务的重要资源基础。

1. 体育场馆资源

就单个学校而言，其体育场馆的数量一般较多、质量和规格较高，塑胶田径场和风雨操场等较为常见。学校大都拥有大型体育馆，能承担相关体育项目的各种级别比赛和文艺表演等活动。可见，许多学校在人均占有面积、种类和质量等方面具有相当的优势。

2. 体育人力资源

在我国，大多数学校设有专门的体育院系，部分没有体育院系的学校往往也有大量的体育教师，以保证学校体育课的顺利实施。学校体育教师的学历层次一般较高，普遍为本科及以上学历，而且其学科专业较全，有的体育教师还拥有较强的运动能力或体育科研能力。另外，设有体育院系的学校，其体育管理人员的业务水平相对较高，学生的专业水平往往也比较高；一些没有设置体育专业的学校，往往也会有较多的学生体育社团。多数学校成立了体育俱乐部，甚至有专门的体育志愿者组织。这些组织的成员一般为学校的体育骨干，大多不仅具有较高的体育运动能力，而且具有较高的健身指导水平。因此，学校体育人力资源在数量和质量上都有比较明显的优势。

3. 体育信息资源

不管是开展体育活动，还是发展体育事业，都需要大量的体育信息。关于个人合理健身与科学运动、体育组织经营与管理、体育政策与法规以及体育赛事与发展动态方面的信息等都是被广泛需要的体育信息。学校体育普遍有多年的积累，具有相对丰富的体育教学、运动与组织经验，体育教师通常具有较丰富的体育基本理论知识和较强的实践能力，学校体育组织一般都有较强的管理经验，体育部门、体育社团及相关宣传部门对国家体育方针政策、体育发展动态以及体育赛事等信息掌握较为全面，可以通过课堂教学、学术讲座以及各种校园媒体等途径，对这些信息进行及时宣传和报道。所有这些都是其他行业群体，特别是社会公民很难及时了解或掌握的，这也正是社会公民、学生以及校内教职工及其家属希望学校提供的信息咨询服务内容和体育信息内容。

(二) 广泛的社会需求

随着社会经济的飞速发展以及生活水平的日益提高，"亚健康"现象已经成为困扰广大校外公民的一大问题，高血压、高血脂等患者的数量逐年增加，诸多疾病开始呈现年轻化发展趋势，青壮年人群的患病比例增长速度惊人。这种情况在近几年已经引起各界的反思和国家的高度重视。在对这种现象进行关注和反思的同时，社会各界也在积极寻求一种更加文明、更加健康、更加科学的生活方式。"健康第一""终身体育""花钱买健康"以及"生命在于运动"等新的观念和思想正逐步被人们所接受，并逐步促使人们变革传统的生活方式。在这种状况下,体育锻炼越来越成为人们改变传统生活方式的重要手段。

(三) 较高的重视程度

学校领导的重视及广大师生的积极态度是青少年体育公共服务的重要条件。大多数学校领导重视体育活动的开展,在积极调动师生的积极性方面采取了有力措施,积极树立了服务学生健康的工作理念。

另外,多数学校领导及师生赞同学校在不影响日常教学的情况下,与社会共享体育资源。随着学校体育场馆对外开放政策的出台,学校向社会公民开放场馆与体育服务的意识逐渐提高,为学校向社会公民提供体育公共服务提供了有利条件。

第三节 青少年体育公共服务的属性及外部性

一、体育资源、公共产品和体育公共产品

青少年体育公共服务是公共服务理论与体育公共服务实践发展到一定阶段的产物,从它产生的那天起就伴随着关于其属性的争论。认识青少年体育公共服务的属性,必须先深入了解体育资源、公共产品和体育公共产品。

(一) 体育资源

体育资源指一个国家(社会)用于体育活动,以增加体育活动人口数量和提高竞技运动水平为目的,在物质、资金、人力、时间和信息等方面的投入。青少年体育公共服务主要有体育师资、资金、体育设施、师资余暇时间、信息等几种形式。体育资源是体育事业发展的物质基础。发展体育,资源先行,为满足我国体育事业持续发展的需要,体育资源的生产和供应量亟待大幅提高。然而,我国的基本国情决定了我国在体育资源的供给方面将长期处于供不应求的状态,即体育事业发展对体育资源需求的不断扩大与国家体育资源相对不足之间的矛盾,且这一矛盾将长期地存在下去。

我国体育资源较为短缺且在体育系统内分布很不均衡，社会体育资源的匮乏也已凸显为构建全民健身服务体系的重要瓶颈。青少年体育资源相对丰富且时有闲置，应充分利用自身的体育资源优势，在不影响学校正常教学的前提下，尽可能地提供体育公共产品和服务以满足社会和公众的体育需求，切实做好体育公共服务工作，为完善全民健身服务体系做出应有的贡献。

青少年体育资源包括人力资源、体育设施资源、余暇时间资源和信息资源等。人力资源是指从事学校体育教学、运动、科研和管理等的专门工作人员，如教练员、科技人员、体育教师、体育管理人员及开展体育活动的辅助人员，还包括高水平的青少年运动员等。青少年体育设施资源包括体育场所和体育器材等物质条件。除了上午与下午的体育课及体育运动队的运动外，学校体育在早晚和周末以及寒暑假期都有丰富的余暇时间，有条件向社会提供资源服务。由于平时学校体育场地要应用于教学与运动，所以青少年体育资源在时间上与社会对接最合理也最具可能性的期限是在寒暑假期间。开展体育活动需要大量的信息，诸如有关个人的科学健身和运动的信息、有关社团组织的经营管理信息、有关企业的商品信息及有关政策法规等。青少年体育由于多年的积累，已具有一整套体育运动、教育和组织竞赛的经验，并且随着办学条件的改善将会更加及时地了解到国家乃至世界上在这些方面的动态，这些都属于青少年体育公共服务的信息资源。

（二）公共产品

公共产品，也可译为公共物品。公共产品是一个与私人产品相对应的概念，主要是指向全体社会成员提供消费或使用的产品与服务。某些事情的完成对个人来说并无多少好处，但对集体或整个社会却有好处，因而这类事情只能由政府来承担。公共产品理论的核心问题包括：①人们之间存在共同需求；②满足共同需求的供给中，客观存在坐享其成的心理；③这类问题只有政府参与才能有效克服。公共产品的利益和效用是由个人享有，但个人本身难以提供，而只能由政府或集体来提供。

为了更加清晰地认识公民需求的性质，并客观地把握公共服务职能的界限，经济学家创立了公共物品理论（也称公共产品理论）。公共产品是每个人的消费不会减少任意其他人对这种物品的消费的物品，归纳了公共物品在消费中的两个本质特征：一是非竞争性，二是非排他性。非竞争性指一个使用者对该产品的消费并不减少它对其他使用者的供应，非排他性则是指使用者不能被排除在对该物品的消费之外。公共物品理论认为能严格满足消费上的非排他性等特征的产品就是纯公共产品，不能严格满足消费上的非排他性等特征的物品就是准公共产品。

（三）体育公共产品

体育公共产品满足的是社会对体育的共同利益和共同需要，体现的是全体居民在体育运动上的共同利益，如公共体育场地设施、公益性社会体育指导员、群众体育活动、体育法律建设、体育公共信息平台建设等。体育公共产品具有公共产品的基本特征，如消费的非竞争性、受益的非排他性及效用的不可分割性等，也是社会公共产品的重要组成部分。

体育公共产品具有以下四点特征：

1. 公益性

作为公共利益载体的体育公共产品，服务的目标是满足公众的公共体育需求，服务的对象是全体社会成员，每个人都可以同等地拥有并可能享受。体育公共产品包括纯公共产品和准公共产品，但无论是纯公共产品还是准公共产品，它们的共同特征是公益性。国家通过财政拨款或是设立体育专项资金，通过建设公共体育场地设施，培养公益性社会体育指导员，建设各种体育信息平台，公众就可以免费享受这些体育公共产品；公众通过支付一定的费用，低成本享用体育公共产品，如公益性的体育健身俱乐部，并不以营利为目的，收取的费用主要用于体育场馆的日常维修支出，这种体育准公共产品仍具有公益性的特征。体育公共产品虽然存在有形与无形之分，但它们作为一种公共利益是所有的成员都能享受的，有形的体育公共产品由于资源的稀缺性与人们体育需求的无限性，难以使所有的人都同时受益，但人们使用体育公共产品的权利是无差别的、平等的。随着社会主义市场经济的逐步完善，公益性原则并不是表现为"平均主义"，而是要坚持效率与公平并重。

2. 两重性

体育公共产品的两重性主要体现在两个方面：一方面体育公共产品反映的是社会成员对体育的公共需求，这种需求主要表现为对物质形态的体育公共产品的满足，如当前人们对公共体育场地设施的迫切需要。但由于我国还处于社会主义初级阶段，国家的财力还非常有限，而我国人口众多，因此政府通过提供多样化的有形的体育公共产品来达到满足人们多层次体育公共产品的需求不可能一蹴而就，而是一个不断发展完善的过程。在现有的财力下，我们应该充分利用现有的体育资源，力所能及地提供更多更好的体育公共产品，以尽量满足人们的体育公共需求。另一方面，体育公共产品还体现着国家意愿。在不同的历史阶段下，国家及其代理人往往从自身的需要出发决定社会的共同需求，进而决定财政投入的优先顺序，以执行其选取的社会共同事务职能。我国实行的竞技体育举国体制，就是国家意愿的直接体现。作为体现社会共同需要的体育公共产品，其性质、内容和表现形式，同时也体现着国家的意愿。

3. 动态性

体育公共产品不是一成不变的，而是不断发展变化的，随着经济社会发展水平的不断提高，社会的公共利益和公共需求会发生新的变化，政府供给能力不断增强，体育公共产品的规模不断扩大、层次不断提高。

从需求角度分析，社会的经济发展水平决定社会的体育需求水平。在经济发展水平较低时，人们主要满足的是生存需求，对体育的需求都处在低水平层次，体育公共产品的内容简单，广播体操、健身操都是其中的重要内容。随着经济社会的不断发展，人们的体育需求不断提高，简单的广播体操、健身操已难以满足人们的健身需求，全民健身路径、公益性的公共体育场馆设施、公益性的社会体育指导员的供给越来越多，体育公共产品的内容日益丰富起来。

从供给能力分析，经济社会的发展水平不同，体育公共产品供给的差异比较大。由于社会的发展及人们需求的变化，同一国家在不同发展阶段的体育目标是不同的，因此体育公共产品的具体内容也会发生相应改变。改革开放四十多年来，政府在体育公共产品的生产建设与提供能力上有了很大进步，随着经济社会的发展，这方面的内容与范围会得到更为广泛的拓展。因此，体育公共事务的范围是动态的，是不断发展变化的。

4. 层次性

不同国家或同一国家不同地区体育公共产品的供给能力是不同的。我国地域广阔，由于经济社会发展水平、文化背景等方面的不均衡，东、中、西部及城市与农村之间存在着差异，使得我国体育公共产品呈现出一定的多层次性。经济发展水平较高的地区，人们从事体育活动满足的不仅是健身的需求，同时还有娱乐、交流、自我价值实现等多方面的需求，因此对体育的公共需求多样化，同时，政府及其他体育公共组织也有一定的能力供给多样化的体育公共产品，如公共体育场地设施、公益性社会体育指导员等，群众体育组织、群众体育活动和竞赛等体育资源类型也较多。而在落后的农村及偏远的地区，人们对体育的需求更多的是对公共体育场地设施的需求，公共体育组织不发达，政府提供体育公共产品的能力极其有限，农村体育公共产品需求及供给都处于较低水平。

体育公共产品有一定的受益范围及相应的供给主体。如果体育公共产品的受益范围惠及全国，那么这类公共产品就属于全国性的体育公共产品，应该由中央财政支持，如国家队就属于全国性的体育公共产品。国家队代表中国参加国际比赛，其所取得的成绩及荣誉全国公民都可分享，整体受益，因此国家队的训练、竞赛、运动场馆的建设等主要由中央政府提供支持。地方性的体育公共产品是指其受益范围在特定的区域，正外部性只惠及该区域的居民，因此该公共产品主要由其所在区域的地方政府提供。还有一类区域性的体育公共产品，其受益区域限定在特定的社区，属于社区体育公共产品。社区体育公共产品是地方性体育公共产品的一种类型。

二、青少年体育公共产品的属性

青少年体育公共服务已经成为一类特殊的体育公共产品，其公共性决定了它是由学校来供给的。现代人对体育的需求，公众对体育公共物品和体育公共服务的需求越来越大，学校应该站在新的历史方位，顺应时代和社会的发展，利用其优势，发挥学校提供体育公共服务方面资源、管理和信息等方面的优势，改变完全由政府提供体育公共服务的传统模式。

根据公共产品的特征，青少年体育公共服务具有公共产品的属性，主要表现在以下四个方面：

（一）青少年体育资源的公共性

青少年体育资源，特别是有形资源，大部分是由政府利用公共财政投资兴建的公共体育场地设施，具有不同程度的公共权力和公共资源因素，具有非营利性和公共性的特点。以学校体育场地设施来看，建设学校体育场地设施的最终目标应该是坚持为经济社会服务和实现体育资源共享，它是公共财政的产物，属于一种体育产品，可界定为公共体育产品，体育场地设施不仅保证教学任务，还承担着国家赋予的任务，弥补市场失效，保障人民群众的基本体育需要，其公益性、公共性属性很强。学校体育场馆的全面开放、依法经营和科学管理是青少年体育公共服务的公共性的体现。

(二) 青少年公共体育产品的非排他性

体育场地设施是开展体育活动最基本的物质载体，在体育场地设施方面，学校拥有相对的优势。学校体育场地设施通常由政府财政和学校筹资建设而成，学校体育场地设施隶属于国有资产管理范畴，体现着国有资产的内涵。建设学校体育场地设施是为了满足日常运动、运动竞赛和群众健身娱乐的需要。课堂上不仅开展体育教学，课后可以面向校内学生组织丰富多彩的校内外体育活动；在不影响日常体育教学工作的情况下，教职工及其家属可以通过体育场地设施进行相应的健身活动或运动竞赛；在不影响校内体育活动的情况下，学校可以向校外公民提供体育场地设施，充分发挥其作为一种体育优质资源的使用价值，这不仅丰富了人们的业余文化生活，更重要的是推动了全民健身的实施，服务于全民健身，为健康中国做出了应有的贡献，使中华民族的整体身体素质得以提高，而中华民族整体身体素质的提高可使每个公民受益，提高了人们学习、工作的效率，增加了抵抗疾病的能力，这种受益具有非排他性，每一个人都可享受到民族身体素质提高所带来的益处。

(三) 青少年体育公共服务的普惠性

现在人民的物质生活极大丰富，生活水平提高，对体育的需求越来越大。在目前，学校为提高公民身体素质和生活质量，保障社会生存与发展所必需的体育环境与条件，实现公民体育公共利益，在相关政策支持下，根据自身特点，在不影响校内体育活动的情况下，向校外公民提供健身设施、健身组织、健身指导、体质监测等最基本、最直接的体育服务内容，改变体育公共产品供给不足、不优的现象，各学校从本校实际出发，做好普惠性[①]、基础性的体育公共产品供给，不断提高体育公共服务共享水平，确保广大群众对体育公共产品和服务的需求，为健康中国打下牢固的基础。

---

① 普惠性指的是最多数人受益的政策或策略。

（四）青少年体育公共服务的社会公平

公共服务的开展是为"满足全社会公众或某一社会群体共同的、基本的、直接的需求"。公民有衣食住行、生存、生产、发展和娱乐的需求，这些需求可以称作公民的直接需求。学校体育公共服务的服务对象是社会全体"公民"，具体包括学生、教职工及其家属以及校外公民。学校应本着公平、公正的原则向所有服务对象提供体育公共服务，青少年体育公共服务正是以满足公民基本的、直接的体育需求为导向的基本公共服务。相应的，其服务内容应是满足公民基本的、直接的体育需求，主要包括学校体育场地设施与资源保障服务、体育组织管理与建设服务、体育活动与运动竞赛开展服务、体育健身指导与技能培训服务、体育信息宣传与健身咨询服务、体质监测与评价服务等。

三、青少年体育公共服务的外部性

外部性也称外部效应，是一个经济主体的行为对另一个经济主体的福利产生的外部影响，而施加这种影响的主体却没有为此付出代价或因此而获得补偿。根据外部性产生的后果对承受者是有益还是有害，可以分为正外部性和负外部性。如果一个经济主体的经济活动使其他经济主体获得额外的经济收益，而受益者却没有因此承担任何成本，这样的外部性就是正外部性或称外部经济性。

青少年体育公共服务具有很强的正外部性。因为青少年体育公共服务提供的人力资源（教练员、体育教师、体育管理人员、高水平的学生运动员等）、体育场地设施资源和信息资源（科学健身和运动的信息、组织竞赛的经验）等为健康中国、全民健身和人的全面发展做出了重要贡献；通过学校提供的体育公共服务，使人们增强体质、强筋健骨、调和心智、沟通人际关系，能为培育和谐社会发挥很大的作用；对促进群众体育组织建设、推进全民健身实施、强化体育公共服务能力也有强大的外部影响力，能够为政府服务型职能的转变添彩。

第四章 青少年体育公共服务的多方参与研究

第一节 青少年体育公共服务的企业参与

一、企业参与体育公共服务的兴起

20世纪70年代末新公共管理运动兴起后，公共服务责任界定出现范式变革，主流观点开始由传统的政府是提供公共服务的唯一主体、提供公共服务是政府的天职，转向公共服务供给应该整合政府与市场的力量。政府垄断供给的低效率、供给不足促使人们探寻通过市场力量来提供公共服务的可能性和可行性，从而推动了公共服务的市场化改革和供给主体的多元化。范式变革引发了企业公共服务责任理念的变迁，由传统的单纯以营利为中心转向更为注重以营利性为基础的市场性与公共性融合的趋势。"随着我国经济的快速发展，群众健康意识增强。目前我国体育发展主要矛盾是体育公共服务供需发展不平衡，提高体育公共服务供给水平是满足群众体育需求的关键点，有利于推进健康中国战略实施。"[1]

企业社会责任，这一概念最早于1924年提出。把公司社会责任与公司经营者满足产业内外各种人类需要的责任联系起来，公司社会责任含有道德因素；1953年，《商人的社会责任》一书中提出"商人应该为社会承担什

---

① 李井刚. 新时期我国体育公共服务供给主体多元发展研究［J］. 山西大同大学学报（社会科学版），2022，36（03）：137-139.

么责任"的问题，从而开启了关于企业社会责任的现代研究。企业在履行社会责任的过程中，也包含着复杂的动机，如经济动力、制度动力、道德动力等。同时满足经济、制度、道德三方面要求的状态就是理想状态。20世纪80年代，企业社会责任运动在欧美发达国家逐渐兴起，承担社会责任已不再是人们强加于企业的一种美好期望，而成为企业可持续发展的内在需求，是塑造企业形象、提升企业竞争力的有效途径。

在国际竞争日趋激烈的市场经济时代，单靠提高产品和服务质量显然已不能让企业获得持久的生命力，主动承担社会责任才是具有长远发展眼光的企业的立足之本。企业参与公共服务也因此成为一个实然的命题。

第一，企业要积极响应政府号召，参与到公共产品与服务的生产和供应中，并守法守信，与合作各方协调行动，确保公共产品与服务的质量。

第二，在生产和提供公共产品与服务的过程中，企业不要过分追求经济利益而忽视社会利益，要将社会责任评价纳入企业的经营绩效考核指标当中，重视社会责任给企业带来的无形的巨大效益。

政府在公共服务中面临资源缺乏或正面临着不断增长的无法管制的环境，政府对其他社会行为主体的依赖性也正在增长，传统意义上公共管理的主体——政府不再是社会公共事务的唯一管理者，公共事务由公共部门、商业组织和民间组织等共同承担。特别是为了有效地克服政府与市场失灵，弥补政府功能与市场功能的不足，企业也成为社会上提供公共服务内容的重要组织之一。那么，体育公共服务应该如何提供，许多经济学家主张合同外包、凭单制、合作供给、特许经营等服务方式，提出了体育公共服务供给"民营化"的创新性观点，以及主张市民们主动参与体育公共服务的供给过程，最终实现"服务社会化"的目标。

体育是社会公益事业，对于促进人类的健康，增强人类的体质具有重大作用，深受广大人民群众的欢迎。各类体育运动具备许多共同或独特的美好形象特征，如青春、健美、活力、竞争、创新、灵巧、刺激、坚韧等。

当一个企业持之以恒地赞助或参与体育事业时，不仅会引起人们对该企业的好感，而且会使人们产生联想，自然而然地把某些体育特征与企业形象联系在一起。企业参与公共体育事业的精髓在于将体育文化融入企业产品中去，实现体育文化、品牌文化与企业文化三者的融合，从而引起消费者与企业的共鸣，在消费者心目中形成长期的特殊偏好，使之成为企业的一种竞争优势;将企业产品与体育相结合,上升为一种企业特有的企业文化,一种与消费者针对体育产生的共鸣情感。

如今,企业热衷于参与体育事业的原因在于以下两点:

一是企业营销环境的变化。传统媒体的传播环境有恶化的趋势:一方面,媒体数量越来越多,分散了人们的注意力;另一方面,大量的广告充斥在强势媒体上,使这些媒体的空间越来越拥挤,使媒体与消费者的沟通出现了障碍。另外,媒体对广告的要价增高,相比较而言,体育赞助由于受众广泛,其成本比在媒体上做广告要低得多,企业从节约成本的角度,选择体育赞助作为营销手段。

二是体育商业化和职业化的发展趋势。体育的职业化要求体育组织利用赞助来积累资金、资源或服务,然后使用这些资金、资源或服务来运营这个组织。由于大型运动会的规模逐渐扩大,赛事组织者受到不断增大的财政压力,赛事往往在参与体期望值不断增大、越来越少依赖政府和有更多竞争对手的环境下进行,体育赛事受到经费的限制而不能以期望的水平运作,寻求赞助商的财政支持成为赛事组织者的一项很重要的任务。

品牌战略是企业的最高战略,是企业最终经营目标的体现,而体育营销是实现企业经营目标的方法。因此,体育营销服务于品牌战略。长期以来,通过赞助竞技体育提升品牌价值已成为跨国企业的惯例。

以奥林匹克全球合作伙伴计划为例。创立于1985年的TOP计划是为奥林匹克商业的传播而打造的顶级营销计划,因此国际奥委会对于合作伙伴有着严格的要求,只将权利授予那些国际型企业的顶级赞助商。奥林匹克组织的全球赞助商必须符合三个条件,才能获得奥林匹克全球合作伙伴资格:第一,该企业及其产品具有高尚的品质和良好的形象,在营销领域必须居于世界领先水平,并且拥有强大的消费者市场;第二,该企业必须是跨国公司,同时拥有充足的全球性资源;第三,该企业能够协助国际奥委会营销计划的推行。

凭借TOP计划的成功实施和对商业赞助的拉拢,奥林匹克组织在商业营销范畴大获成功的原因可以描述为将所有的权利捆绑在一起,形成了独家营销方案,为商业公司介入奥林匹克舞台提供了优越的"一站式购物"的便利条件,并且更加符合奥林匹克"重在参与"的精神,为奥林匹克组织增加商业利润增长点、传播奥林匹克文化铺平了道路。

对于所有 TOP 计划的赞助营销企业而言，真正吸引它们加入这一计划的原因并不仅仅是奥运会带来的巨大商机能够让它们在商业上获得一定的收益，TOP 计划所宣传和倡导的将奥运和商业结合的独特理念是这些赞助企业所看重的。借助奥运会的商业理念，赞助企业不但可以在营销活动中吸引更多的关注，更能够在宣传企业的品牌理念和文化价值上赢得更多消费者的肯定。

体育赞助的实施使赞助方（一般为企业）和被赞助方（体育组织或个人）各取所需，各自获益，赞助方依靠体育组织或个人的形象宣传了产品，提升了企业形象，体育组织或个人则从赞助方获得了从事体育活动的资金。体育赞助的出现有效地沟通了体育和企业等社会不同领域和行业的联系，使社会不同行业在分工的基础上实现了有效合作，极大地促进了体育经济功能的发挥。

事实上，面对多样的、复杂的、动态的社会问题，没有一个管理机构能仅靠自身实现有效的管理。共同治理是处理复杂、多样、动态的社会公共事务的良好方式。在体育公共服务领域，传统的单一向度的自上而下的管理方式也在逐步转向平等互动、彼此合作、相互协商的多元关系，政府和企业在相互依存的环境中共同从事公共事务的管理与服务。

体育公共服务的企业参与不是政府责任的推卸或让渡，而仅仅是实现政府责任的方式变更，是对社会资源的合理利用，是政府与市场双重优势整合、克服双重弊端的制度安排，是对政府主体责任的强化。

政府是第一责任主体，政府责任是发挥外包优势，克服弊端，实现目标的保障，是体育公共服务均等化、标准化的基础。而梳理国内外企业参与体育公共服务的实践经验对于我国体育公共服务体系的建设与完善具有重要的意义。

二、企业参与体育公共服务的实践

近年来，公共管理领域发生了两大革命性运动：以提高效率、效益以及注重管理结果为导向的新公共管理运动和注重多元主体参与和合作的治理运动。各国政府在实践中都发挥了重要作用。在这轮变革中，政府如何提高公共服务的效率以及打破政府部门供给公共服务的垄断性成为各国公共服务体系构建和改革所面临的主要问题。在社区体育发展过程中，英国政府通过构建"公共服务协议"，与市场建立既相互合作又相互约束的伙伴关系，以提供多元而优质的体育服务。此外，公私合作在西方还较多地应用在公共体育设施领域，政府资本和市场资本共同投资建设公共体育设施，实现了多元投入、互利共赢的局面。

从 20 世纪 80 年代开始陆续出台的一系列政策法规为我国企业参与体育事业提供了法理依据。特别是 1995 年颁布的《中华人民共和国体育法》明确指出，国家鼓励企业事业组织和社会团体自筹资金发展体育事业，鼓励组织和个人对体育事业的捐赠和赞助。在中国境内举办的重大体育比赛，其名称、徽记、旗帜及广告吉祥物等标志按照国家有关规定予以保护。这些规定既确立了体育赞助活动的合法地位，又鼓励了单位和个人赞助体育事业，同时也为赞助者享有作为赞助回报的各种体育无形资产的合法性奠定了法律基础。体育赞助是社会办体育的重要途径之一，是我国体育事业未来发展的重要保障。

伴随着体育产业的迅速发展，相关体育赞助法规的出台，主管部门对体育赞助市场的宏观规划和调控，体育部门自身市场化运作的加强，高素质体育经营人才的培养，体育赞助中介机构的加强，以及体育赞助从业者素质的提高，体育赞助所固有的广阔的发展潜力和无穷的商机正渐渐显露出来。

三、企业参与体育公共服务的意义

（一）主动承接政府转移的体育公共服务

完善公共服务，转变政府职能，建设服务型政府的公共服务价值理念意味着公共服务由企业承接已经成为提高服务效率的需求，企业则是承接这些转移职能的载体之一。因此，企业参与承接政府转移的体育公共服务是建立服务型政府的方式，是实现体育公共服务主体多元化的途径，也是我国体育公共服务组织体系建设发展的趋势。

随着社会经济的转型发展，体育管理体制也需要适应市场经济环境。体育管理体制的改革既要符合现代体育的发展规律，又要符合社会主义市场经济体制，从而形成具有时代性和活力的运行机制。因此，要特别鼓励政府以外的力量参与体育资源的配置和体育公共服务的供给。不同的企业在体育公共服务的各个环节发挥着不同的功能和价值，并具备一定的运营和协调能力来承接政府转移的体育公共服务。

企业参与体育公共服务打破了政府包揽体育公共服务的格局，分担了政府提供体育公共服务的部分职能，从而形成政府、市场以及社会组织共同提供体育公共服务的多元化供给模式。企业参与体育公共服务不仅有利于政府自身的改革与发展，而且能够为公众谋得更多的福利。

（二）灵活调动体育公共服务的运行方式

在政府单独供给的体育公共服务模式中，"自上而下"的供给模式往往与公众的实际需求脱节，与政府直接提供体育公共服务相比较而言，企业参与体育公共服务更具针对性和实效性，企业能够快速了解公众的需求，并根据公众的需求快速、灵活地做出反应，这对于促进体育公共服务与公众需求之间的沟通具有积极作用。

企业参与体育公共服务能够提高服务效率，在具体运行中，企业谙熟市场运行机制，按照企业的生产规律向公众提供服务和产品，能在第一时间觉察公众的需求趋向，信息反馈到实施的过程时间短，实施目标明确，能够以公众最喜欢的方式提供公众最想要的产品和服务。

企业组织的活动能提高公众参与的积极性，企业多样化的供给方式和途径能够提供丰富多样的公共体育产品和服务，有助于为全民健身事业的发展营造良好的社会氛围，在体育公共服务系统的完善中发挥作用。

因此，企业参与体育公共服务具有很强的灵活性，能够满足公众对体育公共服务"自下而上"的需求。企业参与体育公共服务，成为我国体育公共服务的供给主体之一，对于体育公共服务组织体系的完善和体育公共服务运行机制的健全有着不可替代的作用。

（三）有效促进体育公共服务的均等化

社会公平是城市与农村、东部与西部，以及不同社会阶层之间普遍存在的社会问题，公共服务均等化是解决这个问题的重要途径。体育公共服务均等化是在公共服务规律下，寻求解决目前体育公共服务中存在的城乡差距、地区差异等各种不平等问题。实现体育公共服务均等化，才能不断提高政府保障公民基本体育需求的水平。

体育公共服务供给主体单一、效率不高以及满意度较低的现状，对制度创新提出了迫切的要求，其核心就是要把满足群众的体育公共服务需求建立在促进资源配置效益最大化和公平合理化的制度架构上。

企业参与体育公共服务可以有针对性地满足公众体育需求，提供更大的服务平台来协调体育公共服务供给中的均等化问题，甚至能够反映政府在提供体育公共服务中未能关注到的区域和潜在问题。

公平地配置体育资源是体育公共服务均等化的核心问题。企业在参与体育公共服务的过程中，能更好地将体育资源直接地分配到公众中，让所有公众都能均等地享受体育发展成果，这样才能真正实现体育公共服务的价值。

四、迈向合同制治理：政企合作供给

（一）政企合作与合同制治理

企业参与体育公共服务，推动公共部门与私人部门之间建立了一种平等合作、互惠互利、共同得益的伙伴关系，为发展体育事业创造了有利的前提条件。公共服务供给分工强调市场机制在公共领域的运用，政府的作用在于充分发挥市场的自我调节能力，降低市场中的信息成本，降低交易成本。

要警惕公共服务领域推卸政府责任的"伪市场化"，强调政府在公共服务中的规划、财政、监管等职责。就政府而言，公共服务供给是政府的本质，面对企业的公共服务诉求，政府积极、正面的回应强化了政府的正当性。与此同时，企业作为公共服务供给方，不仅对现实中的政府组织职责提出挑战，也有助于推动政府思考如何在更高层次重塑政府职能。

当前我国正在推动服务型政府建设，政府职能的转变不只是更好地服务于企业，还需要敞开胸怀接纳企业参与公共服务供给，充分释放企业在公共服务供给中的正能量，并以此推动政府职能的转变。

不同国家所重点推崇的市场化手段不同，但合同承包是西方国家市场化改革中最常见的方式。随着我国地方政府职能的转变，提供公共产品与服务的方式也普遍采用合同制治理。

合同制治理是政府在民主政治的框架下，以平等、自由、合作、互惠为原则，以合同为内在协调机制，形成的一种有效治理社会的公共行动形式。它要求以各种不同的合同构成一个复杂的网络，通过实行合同制来实现政府公共管理、创造公平竞争环境以及整合资源配置和公共管制。

政府向企业购买公共服务的合同制治理是公共需求不断增长、建设服务型政府的必然要求，是一个复杂的过程。将政府购买公共服务与市场竞争机制和现代化科学管理有机结合，加强对政府责任、公平竞争、合同管理、合同监督及合同参与者关系治理等方面机制的构建，是政府购买公共服务合同制治理成功的关键。

当前，我国体育公共服务已进入"服务整合"的时代。政府的优势是利用公共财政提供相应的硬件服务，提供公众参与体育活动的全民健身场地、器械等，而市场则利用专业化的服务满足公众的多元需求，提升公众参与体育的质量。但资本是趋利避害的，有收益的地方，资本才会流动进来。

从体育公共服务特性来看，目前市场直接投资、自主经营赢利的空间较小，市场难以直接参与这类服务的供给。发挥好政府与市场两个机制的优势，既可以吸引社会资本投入，又可以实施财政补贴政策，通过直接补贴、间接补贴或亏损补贴等方式，带动社会资金的流入，丰富体育公共服务供给渠道。

事实上，企业参与体育公共服务供给，不是市场替代了政府，而是竞争代替了垄断。市场能充分引导使用者和消费者可以在市场提供的体育公共服务中进行自我选择，这对转变政府职能、提高体育公共服务供给效率具有重要意义。从目前公共服务的热点进程来看，合同外包、凭单制、政府购买等各种公私合作形式在政府各种公共服务项目中频繁出现，标志着公共服务在实践中也有较大进展。

(二) 合同制治理的应用与展望

在推动市场嵌入体育公共服务体系的过程中，要让企业在追求市场利益和实现公共利益间实现利益的整合，为市场参与体育公共服务供给提供正向激励。政府可利用税收、法律等制度对相关的市场主体进行补偿，对居民满意度较高、成本控制明显和体育公共服务质量较高的市场主体，政府可以给予相应的税收优惠，并在信贷支持和政策优惠领域提供相应的补偿措施。

此外，我国体育公共服务体系建设是政府体育行政部门有效作为和市场积极参与的双向互动过程。在这一互动过程中，政府必须从一些体育公共服务的微观领域退出，给市场留出相应空间，并建立相应的"行政契约""社会契约"和"民事契约"，以健全的"委托—代理"行为供给高质量的体育公共服务。

当下体育行政部门和其他行业的行政部门一样，都是以行政命令式为特点来交代工作、安排任务的。这样的管理方式并不适应第三方参与的协作式模式，因为第三方与政府并不具有行政隶属关系，体育行政管理部门不可以对第三方力量各主体发号施令，只能通过平等协商或其他行政命令色彩不浓的方式进行。

因此，体育行政管理部门转变行政管理方式也是体育行政管理部门适应体育公共服务体系建设的任务之一。体育公共服务体系的特点在于更多的力量或资源都在社会上，体育公共服务体系的建设任务更多的也在社会上，体育行政管理部门必须学会"开门办体育""创新办体育""平等办体育"。企业参与体育公共服务体系建设，必将推动政府管理模式的转变，强化政府的服务观念，促进政府执政能力的提升。

在公共事务治理中，合同制治理模式与传统的权力驱使治理模式迥然不同。传统的权力驱使治理模式是建立在规则、机构和政治等级之上，以权力为基础的纵向模式，它指示行动，对违规者进行制裁，运用一些具体的责任形式来限制管理者以及控制由他们领导的机构。虽然合同制治理模式的基本关系也是权力，这些关系的实质也是纵向的，但合同关系又有横向的一面，双方制定规则，任何一方都能执行合同的要求，合同运行的基础是互相承诺。

建议政府部门通过这些措施积极支持体育服务业发展：一是深入推进商事制度改革，为社会资本投资兴办体育服务业市场主体提供便利。二是优化服务措施，扶持体育服务业市场主体做大做强。在对体育服务业的市场准入、退出和经营监管工作中，积极支持全民健身服务产业化经营，鼓励发展多种所有制、多种经营形式的体育健身和运动休闲行业企业。积极参与大型体育场馆运营管理工作，支持大型体育场馆管理优育机制改革创新，推动完善体育产业市场运营机制。三是引导体育服务业市场主体实施商标战略。积极探索创新商标战略实施工作平台和载体，支持小型、微型企业和民营企业通过商标权质押拓展融资渠道，缓解企业融资困难。

目前，虽然国家相继出台了一系列政策鼓励私人部门参与公共服务供给，但这些政策只是在一定程度上解决了私人部门公共服务领域供给的"进入"问题，大多还侧重于开放服务项目及引进非公企业时的审批程序的简化上，其主旨更多的是吸引资金支持，政府独揽、国有企业和事业单位供给的格局还没有被打破。

今后，政府应在鼓励民间投资进入公共服务领域的基础上，进一步制定公平公正的行业资格准入制度、公开择优的采购承包制度、规范完善的合同管理制度、科学可行的评价考核制度和动态调整的激励约束制度等操作性规则体系，实施更开放、更灵活的市场化运行模式，逐渐打破行业垄断，改变将公共服务与政府行为捆绑起来的成见，增强对企业从事公共服务业的信任，鼓励企业壮大成为公共服务供给的有力主体。

作为一种新的治理理念，合同制治理意味着政府依靠私人代理商的管理去追求公共利益，它们并不是彼此的替代品。这种治理模式需要社会契约精神和守约文化的滋养，需要对守约和履约行为的制度保障和鼓励，需要政府与社会对合约治理模式的认同和支持。

对于公共部门的管理者而言，合同制治理是以契约化为基础的优化公共服务资源配置的治理工具，而这种契约化的建构是一个充满着冲突的动态过程，并不是一个完美策略。合同制治理的有效运行应以互利共赢为基本原则，以公众参与和社会监督为社会基础，充分考虑多方的利益需求，处理好各方的利益关系。对于合同制治理中的各个参与主体，地方政府应在合同制治理框架中构建规则使其互相制衡，规避治理风险使其良性互动，注重声誉使其重复合作，实现经济、均衡、高效的目标。

五、企业参与体育公共服务的建议

紧紧围绕使市场在资源配置中起决定性作用，深化经济体制改革，彰显了市场在资源配置中的优势地位，为体育公共服务市场供给的现实演绎提供了政策依循。现阶段，体育公共服务发展过程中的市场力量并未呈现出与政府部门和社会组织并驾齐驱的态势，这与理论预设的"体育公共服务多元供给"略显背离。

公共服务引入市场机制必然冲击政府固有的管理理念、方式和模式，政府须顺应市场发展规律，不断改革和创新。从这个意义上看，公共服务市场供给实际上是政府管理变革的阶段性成果。

整体来看，我国企业参与体育公共服务的经验仍然较为匮乏，企业对于如何选择参与对象、如何具体实施赞助、如何对参与效果进行评价、如何借助体育事业进行全面宣传和营销等一系列问题还缺乏经验积累。经验不足增加了企业的疑虑，最终抑制了企业参与体育公共服务的积极性。因此，企业在参与体育公共服务的过程中，建议应注意将体育赞助作为企业的战略性营销手段。企业应根据体育项目与企业文化和品牌的关联度，确定赞助对象。

体育活动要与企业的品牌定位紧密联系，与企业产品的消费目标群体巧妙而紧密地联系起来。企业还应制订长期而完善的执行计划，计划一般分两个部分：一是中长期赞助战略计划，在这个计划中系统地说明其在公司整体战略中的地位，需要达到的目标，分几步走，每一年的目标计划如何，大致预算为多少；二是每年的详细执行计划，一般包括当年的赞助目标，传播核心，配合此项目需要分几步走，如何配合（促销推广、媒体投放、产品配合等）人员组织等。同时，每次赞助活动，企业都要制订详细的实施计划，包括准备、实施、控制、评估和风险预测以及应急方案等方面。只有这样，企业才能真正通过参与体育公共服务实现自身的价值和目标。

企业体育公共服务角色的实现离不开政府的作用和高质量的政企关系，良好的政企关系有助于提高企业体育公共服务供给的绩效。我国民营企业的成长是一个从小到大、从弱到强的过程，随着企业的壮大，民营企业家也逐渐地成熟起来，企业家精神也正是在这个过程中培养出来的。企业作为公共服务供给者大致经历了"政府的合作者—政府的竞争者—独立供给者"的发展历程。尽管这一过程只是趋势，尚未成为主流，但企业在公共服务供给中的主体地位日益凸显。

民营企业是体育公共服务体系建设的延伸力量，其优势在于其强大的市场竞争力和体育物品生产能力。随着经济、社会和体育事业的发展，民营企业参与体育公共服务的机会越来越多，企业根据与政府的合约生产优质服务产品，获得了经济利益以外的社会价值，改善了投资方的公众形象，提高了社会知名度。

如今，在全民健身上升为国家战略的大背景下，鼓励民间资本参与体育公共服务的理念在中央政府的政策文件中已经有所渗透。在地方政府层面，将"充分发挥市场机制，采取政府购买、政策扶持等多种方式，扩大公共服务覆盖范围，提高公共服务水平"作为体育发展的重要措施。上海、福建、新疆、内蒙古等地的《全民健身实施计划》均提出将发展全民健身事业、建设全民健身公共服务体系纳入经济和社会发展规划，采取直接提供、委托提供、购买服务或政策扶植等多种形式，提高公共服务水平。

从中央到地方，在探索民间资本进入产业发展、基础设施、社会事业等领域上均取得了一定成效，民间资本参与体育公共服务已成为我国体育事业发展的关键环节。体育公共服务体系建设不仅依靠国家自上而下的推动，而且需要民众自下而上的参与。在这一过程中，政府除了提供传统意义上的公共体育物品和服务外，更为重要的是为民间资本参与体育公共服务搭建平台，通过提供体制机制、法律政策，把各类市场主体参与公共体育事业的积极性、主体性调动起来，推动基本体育公共服务提供主体和提供方式多元化，加快建立"政府主导、社会参与、公办民办并举"的基本体育公共服务供给模式。民间资本具备进入体育公共服务领域的意愿和动力，公共体育事业也有引进民间资本的需求和空间，二者有机结合的关键在于消除体制机制障碍，形成促进民间资本参与体育公共服务体系建设的良好政策环境。

（一）完善制度设计，提高对民间资本参与的认识

民间资本参与体育公共服务是公益性体育事业主渠道的重要补充，体育行政部门要把引导和鼓励民间资本参与体育公共服务摆在重要位置，加快形成全社会共同参与体育公共服务体系建设，共同为群众提供公共体育物品和服务的良好局面。建立健全群众体育投资管理体制将是我国全民健身视野良好发展的重要保障，政府可以通过自身良好的信用保证和雄厚的资财基础，营造促进民营体育经济发展的公共行政服务环境，吸引民间资本进入群众体育事业当中，为民间资本参与群众体育项目提供政策支持。

具体而言，要逐步扩大体育公共服务领域行业准入范围，拓宽民间资本参与体育公共服务的领域和渠道，公平、公正地引导和鼓励符合条件的企业和民间组织参与体育公共服务。

第一，坚持统筹规划、政策指引，根据各地需要，研究制定有针对性的政策措施，引导和鼓励民间资本有序参与体育公共服务，避免因工作的盲目性而造成的资源浪费。

第二，坚持完善制度、规范运行，建立公共体育场馆设施的盈利机制和风险应对机制，保障民营企业基本权益，提高服务绩效。

第三，坚持以公益为主，讲求实效，突出公益性特征，政府部门充分履行好规划、指导、管理、协调职能，不断提高民间资本参与体育公共服务的实际效果。国家标准化管理委员会等相关单位应结合促进民间资本参与公共服务的精神，加快制定体育服务业的国家标准，组织实施标准化的规章制度，建立健全体育公共服务标准体系。

（二）放宽市场准入限制，推动体育产业市场规范运行

民间资本不管是个人、企业或集团，基本都是以利益为出发点，以公益和服务为载体的。PPP（Public-Private Partnership），又称PPP模式，即政府和社会资本合作，是公共基础设施中的一种项目运作模式。针对PPP成功实施的关键因素，强化对民间资本进入体育公共服务领域的有效监管，为维护投资者和消费者的利益提供可信承诺，对于长期吸引民间资本以满足对充足可靠的基础设施服务的需求是十分重要的。因此，推动体育产业市场规范化进程势在必行。

政府部门，一方面要加强政策引导，及时公布体育行业相关投资信息，降低体育市场准入门槛，开放各类体育产业市场，建立起公开、透明和管理规范的市场准入和监管制度，为民间资本参与体育公共服务创造更加优越和宽松的条件，鼓励民间资本积极参与体育市场竞争；另一方面要加快制定、出台适合我国国情的民间资本投资公共体育设施建设的法律法规，取消差别性待遇保护，建立公平的政策环境，保护民间资本投资公共体育设施的基本产权。此外，推进中介信用体系建设，加强政府对中介机构的引导和监督，使之具有规范的市场信息引导功能，切实解决民间资本参与体育公共服务过程中存在的市场信息不灵、进入领域过窄、低水平重复建设等问题。

（三）建立激励机制，促进政企互动良性循环

私人组织是依赖于社会而存在的，并且只有在社会发展的基础上才能

够使自身得到进一步发展，它本身也具有维护社会公共性的要求。在现有制度框架下，民营企业公共服务责任总体上并不能有效地满足公共需求，如果没有配套的激励机制，就无法实现公共服务责任由政府向企业的顺利转移。因此，需要重构公共服务市场化改革进程中的政府与民营企业之间的公共责任关系，通过政府激励来寻求企业利益与公共利益的协调统一。

在体育公共服务体系建设中，政府也要善于运用激励手段，充分调动和发挥民间资本的参与积极性，为包括民营企业在内的非政府服务主体提供宽松的社会环境和足够的政府资源，使民营企业家乐于通过多种途径承担体育公共服务职能。有效的激励机制应包括：营造舆论氛围，加大对企业参与体育公共服务的宣传；对民办体育场馆的基础设施、人才队伍、活动情况等进行综合考评，通过专项资金扶持、以奖代拨等财税手段予以奖励，表彰企业赞助体育公共服务的行为。

对于民营企业而言，应该转变观念，加强与体育行政部门的互动交流，从企业战略选择、企业文化建设等方面进行参与机制的建设，形成可持续的政企联动关系，实现政企双方优势互补，形成公共部门与私人部门之间的良性互动格局，帮助政府回归到"掌舵"的角色上来。

广大群众基本体育权益的制度性保障和资源配置的市场化机制是建构体育公共服务体系的根本着力点。未来我国体育公共服务的发展必须以强化政府的体育公共服务职能为保障，形成以政府为主导，由市场、社会组织等多元主体共同参与的体育公共服务发展格局，建立健全体育公共服务的供给机制和配套政策，形成由设施体系、组织体系、运行体系、政策法规体系、监管评价体系共同构成的完善体系。

在公共服务供给的合作机制中，政府应当促进自身从具体微观事务操作转向更加注重宏观管理与引导整合社会力量，注重与企业、非营利性组织建立水平式的伙伴关系，共同构建多元化、多层次的体育公共服务供给体系，全方位促进我国体育事业发展的转型升级。

第二节 青少年体育公共服务的社会团体参与

一、社会团体参与体育公共服务

社会团体是指在政府部门和以营利为目的的企业之外的一切志愿团体、社会组织或民间协会、基金会和公益性事业单位，主要包括教育、文化艺术、环境保护等领域的协会，慈善基金会，志愿者团体等机构，具有以非营利为目的，以自愿性、半自愿性或强制性的方式实现体育公共利益的特点。社会团体参与体育公共服务的供给提高了体育公共服务的供给质量和效率，实现了体育公共服务供给主体的多元化和供给方式的多样化。

正如20世纪30年代西方"大萧条"让人们深刻地认识到"市场失灵"问题一样，公共服务的市场化背后同时隐藏着"合约失灵"现象，即由于市场的供给能力或特殊消费者的购买能力限制，某些服务的供需存在着不平衡现象。必须承认，由于受资产专用性和交易费用的影响，市场竞争的优势并不必然能在公共服务领域内得到实现。

在公共服务改革的过程中，如果忽视市场化供给模式发挥作用的关键性假设条件，非但不能降低公共服务的成本，反而会使公共服务的提供处于一种不确定的情境之中。"政府失灵"与"市场失灵"为社会团体参与公共事务奠定了理论依据，有力地推动了社会团体的快速发展。尽管社会组织也存在"志愿失灵"问题，但其独特的组织性质和社会优势赋予其在公共服务中的重要地位。

政府和市场在提供公共物品方面的局限性导致了对社会组织的功能需求，这是社会组织存在的主要原因。在社会物质财富极大丰富、人们生活状况显著改善的同时，公民的自由空间大大拓展，公民对社会事务的参与热情也空前高涨。在这种情况下，各类民间组织通过吸纳各种社会资源并动员广泛的志愿参与，开展多种形式的社会服务，形成一个有别于国家体系和市场体系的日益庞大的公民社会体系。

自 20 世纪 90 年代以来，随着全球性社团革命的兴起，学术界对社会团体提供体育公共服务的研究也越来越多。单纯依赖政府、市场或社会一方都难以实现公共服务供给中公平与效率的两全，因而国内外学术界基本达成了构建政府主导下多元竞合性体育公共服务供给模式的共识。

与仅仅依靠政府提供体育公共服务相比，政府与非政府组织的互动合作可以把政府作为资源动员者的优势和私人部门作为服务提供者的优势结合起来，这对双方开展活动和组织目标的实现都是有利的。在体育公共服务供给主体多元化的改革过程中，不同供给主体在提供体育公共服务的过程中应该各有侧重，尽量避免相互重叠和覆盖。

对于政府与非政府组织关系的最经典阐释，不同学者通过对多个国家公共服务供给的比较研究提出了公共服务供给模式理论。

政府与非政府组织的关系模式可从两个层面加以区分：一是服务的资金筹集和授权，二是服务的实际配送。由此发展出政府与非政府组织的关系模式：一是竞争模式，又分为政府主导模式和第三部门主导模式；二是合作模式，又分为双重模式和协作模式。

政府与非政府组织之间并不完全是单方面的顺从与服从的关系，而是由于它们都掌握着某种重要的资源而形成的相互依赖关系，其中一致认可的目标是政府与非政府组织分工合作的基础。政府和非政府组织的关系模式取决于二者的战略性制度利益，并从双方追求的目标以及政策偏好两个维度将二者的关系划分成合作型关系、冲突型关系、互补型关系和吸收型关系。志愿失灵理论指出非政府组织在公共服务供给过程中存在慈善供给不足、慈善特殊性、家长作风、慈善工作业余化等弊病，然而这些弊病同时也是政府的优势之处，二者正好对应互补。把"多中心"引入公共事务研究中，构建起多中心理论体系，强调政府、私人部门、公民个人共享权力、共担责任，参与治理的各方建立起相互依赖、相互协商、相互合作的关系。

不同的学者由于研究的视角以及选择的维度不同，所得的关系模式也不尽相同，但都可以为我国处理政府和非政府组织的关系提供有益的参考。相比于"社会管理"，"社会治理"更聚焦于激发社会组织活力、预防化解社会矛盾、健全公共安全体系，更突出地强调"鼓励和支持各方面的参与"，更好地发挥社会力量的作用。

国家治理面临的核心问题是构建有效应对或化解公共问题的公共领域的理性秩序，而治理能力现代化建设的重点便是处理好政府、市场、社会的关系。作为国家治理的一支重要力量，社会团体以其特有的价值诉求与功能表达影响着公共治理的成效。

体育社团的发展与国家政治、经济和文化的变迁息息相关。中华人民共和国成立前，体育社团继承了传统文化的特质，寻求与国家权力和政治保持平衡的关系；中华人民共和国成立后，体育社团的数量大量增加，但由于在形式上与政府行政部门"同构"，其性质依然较为模糊。

在传统体制下，政府扮演全能角色，包办体育事业，抑制了社会办体育的积极性，这种体制在短期内具有迅速动员有限资源、集中力量办大事的功能，但是从长期来看，政府没有能力满足群众个性化、丰富化的体育需求，体育事业的运行只能处于高投入、低效率状态。一方面，在登记管理机关和业务主管单位进行"双重管理"的制度背景下，单项体育协会等非政府组织只有具有严格的制度嵌入才能成为合乎体制要求的组织形式；另一方面，政府部门对体育类社会组织空间实施的强控制约束了它们应有功能的正常发挥，妨碍了体育社团的成长壮大。

当社会团体越来越趋向于成为公共治理的主体时，其责任的含义就不仅仅止于志愿者个人的无私奉献精神，而是治理的责任。利益相关者的多样性意味着责任对象的多样性，对象间的角色冲突、利益冲突和权力冲突极易造成体育非政府组织的公共责任难题。内化与参与网络中的合作精神和公共责任感是互惠与信任产生的源泉，体育社团公共精神的缺失是合作机制形成的最大障碍。

随着我国社会转型的推进，如何满足居民需求、激发社会活力是创新体育事业管理的现实课题，而倡导改变政府主导模式、让社会团体参与体育公共服务的多元治理理念正好契合了这一需要。

二、我国体育社团的基本概况与职能

（一）体育社团的基本概况

体育公共服务的主体正逐步突破政府垄断的单中心结构，走向多元化格局。大力培育发展体育社会组织、加强体育社团规范化、社会化、实体化建设，是深化体育体制和机制改革，转变体育发展方式的重要举措；是促进政府职能转变、建设服务型政府和创新社会管理的必然要求；是建立健全体育公共服务体系，提高体育公共服务水平，有效满足人民群众不断增长的个性化、多样化体育需求，加快体育事业发展的客观需要。"随着我国体育社团管理体制改革的不断深化，运用社会资本的能力对体育社团的健康发展至关重要。作为经济社会发展水平居于全国前列的直辖市，其体育社团在社会资本利用方面具有先天的优势，这对于全国体育社团社会资本的培育和利用具有典型的前瞻性意义。"[1]

20世纪80年代，在行政体制改革特别是政府职能转变过程中，我国各级政府部门直接或间接地建立了许多体育社团。这些自上而下成立的体育社团与政府部门关系密切，在各类大型体育活动中发挥了重要作用，成为政府体育行政部门与职能机构的有力助手。它们具有典型的"半官半民"性，往往被视为国家行政体系的延伸。

20世纪90年代中后期，随着我国政治经济改革的深化，自由流动资源和自由活动空间进一步增加，为适应社会的多元化需求，自下而上成立的民间体育组织大量出现。这些团体成为群众性体育活动的主要载体，在推动城乡体育发展中发挥了极其重要的作用。这些自发形成的基层体育社团和"半官办"体育社团有本质上的区别，它们在组织、资金、人员上和政府没有任何联系，其存在和活动已经构成了一个相对独立的社会自治领域。鉴于近年来我国各类体育俱乐部和民间体育组织的快速发展，体育社团逐渐成为我国体育公共服务供给的重要主体，其专业化、差异化的体育服务能够为政府供给提供有效补充。

从我国当前社团发展的现实来看，在社会转型时期中，各类非正式的社团（即没有在民政部门注册的自组织社团）得到了极大的发展，民间自发组织、自我生存的体育群体在社区体育发展中占有极其重要的地位（如小型多样的民间单项俱乐部和健身协会、晨晚锻炼点等）。在类属上近似于互益性的社会性体育社团表现出自发、自愿、自我生存、组织松散、管理不规范、人员流动性大、活动随意性强等特点。根据性质，可以将其划分

---

[1] 周爱光，周进国，叶松东，等. 我国直辖市体育社团社会资本的现状及完善路径[J]. 北京体育大学学报，2017，40（01）：7-15.

为完全公益性体育社团、准经营性体育社团、经营性体育俱乐部三大类。

(二) 体育社团的主要职能

目前我国体育社团的主要职能包括：体育赛事的组织与管理、社会体育骨干预专业人员的培训、体育活动的组织与策划、体育产业的经营与开发、基层群众体育活动的组织与开展、体育场地设施的维护与管理等。其作用主要表现为：宣传和推广全民健身活动；组织各种群众性的活动竞赛；促进群众体育的社会化；推进项目集团化、协会实体化；增强民族凝聚力。

三、体育社团的兴起、发展和供给模式

(一) 我国体育社团兴起的背景与兴起

随着计划经济体制下单极权力结构开始向多元发展，集中于政治领域的权力向经济领域和社会领域分权，"小政府大社会"的目标模式使政府全能管理的形象发生变化完全出于完善市场经济体制的需要，社会发展的大趋势要求在组织结构分化的基础上，赋予不同主体相应的职能。

从历史演进看，我国体育领域内政府和社会的关系经过了政府全面控制、政府同社会因素相混杂的过渡时期之后，必然走向政府主导下，政府、社会各司其职的共同管理阶段。体育社团自身的发展逻辑也要求其只有在不断满足社会需求，为社会提供服务的基础上才能获得社会资源和拥有某种权力。

从社会环境来看，改革开放以来，社会团体逐渐成为我国社会公共事务的主要管理机构，这是我国体制改革的必然发展趋势。实行市场经济体制后，我国的社会管理体制出现了分化的趋势。国家通过社会团体这种新的组织，以非行政的联结方式将政治组织与社会组织重新整合起来，在弥补原来单一行政手段不足的同时，建立起新的管理体系，逐步确立社会团体在社会领域中的管理职能。

社会领域中的改革，包括体育改革，都必将顺应这一趋势。而从体育运动本身的发展来看，体育团体的兴起还是体育运动扩大化的必然要求。一方面，体育运动的扩大化带来了体育运动的国际化。由于体育的社会性、公益性，以及现代体育运动发展之初对政治介入的排斥，世界上绝大多数

国家的体育管理组织和所有国际体育组织都是民间社团组织。另一方面，体育运动的扩大化必然带来体育运动的复杂化。单纯依靠政府部门兴办体育已经不能满足人们日益增长的体育需求和体育运动自身发展的需要。

市场经济体制不仅把政府的控制权限定在为社会提供体育公共服务的范围内，同时也为体育社团的发展提供了可能的渠道。

第一，国家体育的权威将会发生变化，政府机构不再是唯一的权力中心。社会的进步与发展已经证明，体育社团成为不同层面的权力中心的前提条件是其行使的权力得到公众的认可。

第二，政府与体育社团合理分担责任和权利。体育社会化使得体育社团逐步形成独立、自主管理体育的模式，在这一过程中，体育社团逐步承担了政府过去所承担的责任。

第三，由于市场机制的导入，体育社会化可以使政府与体育社团在"掌舵"与"划桨"上各就各位，有助于体育市场竞争的形成。

第四，为了满足社会对体育的多方面需求，体育社会化的发展目标应该是多方面、多层次的。体育社团在承担了相关职能之后，已经成为实现当前体育多元化目标的重要主体，相应地，体育社团的建设工作也必须符合体育社会化的要求。

体育社团的兴起与发展也呼应了服务型政府建设的新趋势。构建服务型政府必须实现管办分离，把办体育的许多职能转移给社会组织，让社会组织独立行使它们的职能，政府在宏观政策制度层面、环境培育方面给予社会组织良好的服务。

体育社团可以承担原来归属于政府的诸如组织群众参与体育活动、举办各个级别的体育赛事等大量直接的体育业务，而政府则将其微观的体育职能下放，引导社会组织参与各类体育事务，壮大社会组织的影响力，促进体育社团等社会组织做大做强，形成强有力的"大社会"局面。而政府自身更加专注于引导、协调和监督全社会体育事业的良性运行，成为体育事业"强政府"的核心和枢纽。相较于政府和企业，体育社团具有独特的非营利性、自治性和志愿性等功能优势，在情感注入、目标公益、内容弹性和绩效取向等方面，能够纠正政府与企业在体育公共服务供给中存在的由于其绩效导向与利润导向所导致的"去公共化"趋势。体育社团作为独立于政府和市场的第三方，可以弥补体育资源配置中的"政府失灵"和

"市场失灵"所带来的缺失,为社会提供更多的体育公共服务。

(二)体育社团参与体育公共服务供给模式

在提供体育公共服务时,社会组织要以社会和民众的需求为出发点,以提供体育公共服务和改善体育公共服务供给为目标,鼓励各种民间公益事业和社会服务组织参与到各类体育公共服务供给中。从民众对于体育公共服务的需求出发,社会组织参与的体育公共服务包括组织服务、设施服务、活动服务、指导服务、体质监测服务和体育信息服务等。

以市民体育健身需求为出发点,体育公共服务社会组织供给者包括市体育总会、体育设施服务协会、活动服务协会、体育指导员协会、体质监测协会和体育信息协会等社会组织,这些社会组织既各司其职又协调统一,促进全民健身事业的开展。体育社团参与体育公共服务供给的具体路径包括以下方面:

1. 授权式合作路径

政府将社会服务与管理的权限通过参与或民主的方式下放给体育社团,让它们自我管理,自我服务,激发创新精神。如国内很多赛事都是主办单位委托地方政府或是协会承办而进行的,这其实是授权委托模式的一种实践方式。这种路径主要包括两种具体方式:一是授权合作式,二是项目合同式。授权合作式是由政府授权或出资,体育社团提供人力、技术、管理和服务的一种合作方式,是转变政府职能的重要表现形式。从目前供给来看,一些群众性赛事由体育行业协会主办或是地方体育协会承办。

项目合同式是通过专业团体和协会签订合同协议等方式实现职能的委托,也可以理解为政府将一些体育公共服务项目外包给特定的体育社团来完成的方式,与授权合作式相比,项目合同式增加了制定、签订合同这一环节,更加规范化和专业化。

2. 导向式合作路径

体育社会组织当中的一些社会自治团体或机构通过独立自主、积极主动地开展活动,替代政府履行部分体育公共服务的职能。在这一过程中,体育社团自主开展公益性体育活动,无须政府特定地给予授权或出资,政府只需给予一些政策上的认可和支持。

第三节 青少年体育公共服务的公民参与

一、公民参与的内涵与理论依据

（一）公民和公民参与

在现代社会，公民是一个被广泛使用的词汇。最早的公民概念可以追溯到古希腊城邦国家，它随着城邦的建立而出现，本意是"市民"，"属于城邦的人或城邦的人""若干公民集合在一个政治团体内，就成为一个城邦"。现代意义上的公民属于宪政概念，指具有一国国籍的人，其享有法律规定的权利，并依法履行特定的义务。这就意味着现代公民不仅仅是依自然生理规律出生和存在的生命个体，而且还是一个国家的基本成员，并且拥有着一定的法定权利，包括政治权利、经济权利、社会权利等。这些权利并不是社会精英团体赋予的，公民并非被动地、消极地等待权利，而是积极地去影响权利、创造权利，这种过程就是公民的参与过程。在政治学意义上，公民的本质就在于参与，公民的身份实际上在参与过程中反映出来，公民参与保证了公民身份。

公民参与是公民的参与权利在社会生活中的具体实践，最早提出"公民参与"概念的是一些研究政治的西方学者。公民参与有许多相近的名词，如"公众参与""公共参与""大众参与""群众参与"等。这些概念使用的时期和层次是有差别的，但所指涉的参与行动和意义大致类似，都表述了公民参与政治和公共事务管理的含义。在公民参与中有以下三个基本要素：

一是参与主体，即拥有参与需求的公民，既可以是公民个体，也可以是公民所组成的组织。

二是参与客体，即公民可以合法参与的基本公共领域。

三是参与途径，即公民通过什么渠道和方式来影响公共管理。

对于三个基本要素内容理解的不同，可将公民参与分为广义的公民参与和狭义的公民参与。广义的公民参与，参与内容较为广泛，将其等同于公众参与或者公共参与，泛指一切公民试图影响公共政策和公共生活的活动。中国公民的基本权利和义务有选举与被选举权、言论自由权、批评建议权等。国家的一切权利属于人民，那么在我国的公民参与就应该是更为广泛的参与，参与内容要普及到与公共利益相关的所有公共事务管理。狭义的公民参与，指的是公民的政治参与。

可以将体育公共服务体系建设中的公民参与，理解为公民或者代表公民利益的社会组织与体育行政部门，就体育公共服务体系建设问题而进行的互动。在这个互动的过程中，包括体育行政部门、公民、体育协会（社团）等社会组织在内的"公民参与共同体"在博弈过程中相互学习，共同推动体育公共服务发展。具体表现为体育公共服务体系建设中公民参与事务管理、政策制定、监督反馈、绩效评估、服务供给等内容。

（二）公民参与的主要理论依据

1. 治理与善治理论

20世纪末兴起的治理理论对政府独自管理公共事务的传统公共行政模式进行了挑战。治理理论是针对社会资源配置中市场和国家的失效而提出，提倡用治理来代替政府统治，主张政府的权力中心应由公共机构和私人机构替代公共机构；政府的权力运行方向应由多元的、上下互动的替代单一的、自上而下的；政府管理的手段应由合作、协商替代控制、操纵。

治理意味着统治的含义有了变化，意味着一种新的统治过程，意味着有序统治的条件已经不同于以前，或是以新的方法来统治社会。目前对于治理理论，主要有以下五种观点：

观点一，治理意味着一系列来自政府但又不限于政府的社会公共机构和行为者。

观点二，治理意味着在社会和经济问题需求解决方案的过程中存在着界限和责任方面的模糊性。

观点三，治理明确肯定了在涉及集体行为的各个社会公共机构之间存在着权力的依赖。

观点四，治理意味着参与者最终将形成一个自主的网络，它与政府在特定的领域中进行合作，分担政府的行政管理责任。

观点五，治理意味着办好事情的能力并不仅限于政府的权力，不仅限于政府的发号施令或运用权威。

治理可以弥补国家和市场在调控和协调过程中的某些不足，但治理也不可能是万能的，它也内在地存在着许多局限，它不能代替国家而享有政治强制力，也不可能代替市场而自发地对大多数资源进行有效的配置。

由于治理也存在着失效的可能，因此，善治理论便应运而生。概括地说，善治就是使公共利益最大化的社会管理过程。善治的本质特征，就在于它是政府与公民对公共生活的合作管理，是政治国家与公民社会的一种新颖关系，是两者的最佳状态。一般认为善治的基本要素包括：①合法性，它指的是社会秩序和权威被自觉认可和服从的性质和状态；②透明性，它指的是政治信息的公开性；③责任性，它指的是人们应当对自己的行为负责；④法治，指法律是公共政治管理的最高准则，任何政府官员和公民都必须依法行事，在法律面前人人平等；⑤回应，指公共管理人员和管理机构必须对公民的要求做出及时的和负责的反应，不得无故拖延或没有下文；⑥有效，主要指管理的效率。概括来讲，善治以政府和公民的良好合作为基础，只有公民积极地参与和合作，才能保障公共管理的科学性。

总之，治理与善治理论强调了公民参与国家管理的重要性，为公民参与的理论发展和实践奠定了理论基础。

2. 人民民主理论

人民民主理论是经典作家在批判资本主义民主的过程中提出的，并以此将以大多数人为主体的人民民主制度与资产阶级少数人的民主相区别。人民民主理论思想理论继承了卢梭人民主权理论的合理内核，并在此基础上对于卢梭的天赋人权、主权在民思想的抽象性和乌托邦色彩进行了彻底的改造和本质性的超越。人民民主理论的主要内容和特点如下：

第一，人民民主是真正的人民的统治，人民民主就是要实现人民自己管理自己的事情，实现人民当家做主的权利。

第二，人民民主强调人民的广泛参与，人民民主是要让广大的工人、农民、知识分子等当家做主，管理国家。

第三，民主的产生、发展和消亡是一个客观的历史过程，人民民主是民主的最高形态。

第四，实现人民民主的国家形式，就必须建立健全一系列制度。

第五，人民民主强调要实现人民在政治、经济、文化、社会等各领域的民主权利。

总之,人民民主理论的核心就是人民当家做主,充分体现人民对于自己和国家事务的管理权。

二、公民参与青少年体育公共服务体系建设的基础性

(一) 公民参与的条件

公民参与青少年体育公共服务体系建设受许多条件的制约,其中最主要的是以下方面:

首先,公民的参与跟社会的经济发展水平以及公民自己的社会经济地位密切相关。在不同的经济条件下,公众参与的程度及政策偏向可以极不相同。虽然经济发展的程度与公民参与的程度不存在简单的对应关系,但从各国政治发展的长远过程来看,一般而言,经济发展程度越高,公民的参与程度也越高。

其次,公民的参与也跟其传统文化背景密切相关。鼓励公民参与的政治文化会促进公民的参政热情,相反,遏制公民参与的政治文化会导致公民的政治冷漠。

再次,公民的参与程度跟其教育水平密切相关。教育程度越高,公民的参与积极性也越高;反之,教育程度较低,其参与积极性也越低。

最后,公民的参与状况与其所在国家或地区的政治环境直接相关,特别是国家的政治制度和政治当局的民主精神。公民参与必须有相应的政治制度保障和政治宽容精神,否则就难以有真正的公民参与。国家的政治制度为公民的参与提供合法的渠道、方式、场所,并且公民的参与行为受到非法侵害时,应当保护公民的正当参与权。一些技术性的手段和工具也会影响公民参与的质量和效果,例如,大众媒体和现代通信技术能够在多大程度上服务于公民参与,直接关系到公众参与的效率和效果。

(二) 公民参与体育公共服务体系建设的必然性

1. 公民是体育公共服务体系建设的主体

体育公共服务,就其本意而言,是体育行政部门为满足社会公众的体育需求,提供公益性体育产品和体育服务的行为。体育行政部门以其独特

的地位和功能充当体育公共服务体系建设的主体，是理所应当的。然而，从整体性上来看，它并不应该只是唯一的主体，利益相关者公民也应该成为相关主体。之所以这样说，是因为以下方面：

一方面，我国是人民民主专政的社会主义国家，中华人民共和国的一切权力都属于人民。政府以为人民服务为宗旨，在社会公共领域代表公共意志、行使公共权力、处理公共事务、谋求公共利益。因此体育公共服务体系建设中的相关政策制定、监督等，实质上是公民参与权的具体表现，公民是体育公共服务体系建设的根源性主体。

另一方面，随着经济发展，公共问题日益凸显，公共事务越来越复杂，由于精力所限，"掌舵"的政府已成为必然态势，体育行政部门不可能参与到体育公共服务体系建设的各个细微方面，依靠公民的力量是必然选择。加之公民自身素质有所提高、公民诉求渠道有所增多等因素为公民参与提供了根本保障，动力与压力同时推动着公民广泛地参与到体育公共服务体系建设中来。

2. 公民参与和体育行政部门参与

公民参与和体育行政部门参与，构成体育公共服务体系建设的两个有机部分。既然体育行政部门与公民同时充当着体育公共服务体系建设的主体，那么，体育公共服务体系建设也必然由两部分构成：体育行政部门参与建设与公民参与建设。

体育行政部门参与就是指拥有管理国家和社会公共体育事务权力的组织和个人为满足公众体育需求而进行的具体工作。而公民参与是指普通公民通过一定的渠道、以一定的方式参加体育公共服务体系建设，以维护自己权益的过程。两者的不同主要体现在以下四点：

第一，主体地位不同。体育行政部门参与的主体是政府部门及其人员，具有权威性和强制性；而公民参与的主体是普通公民，只在公民权利允许的范围内进行。

第二，目标不同。体育行政部门的目标是体育公共服务体系服务于全体公众的整体效果，而非单纯性满足特定主体的需求；而公民参与是从公民自身利益出发，以公民个体或团体利益、愿望的表达和实现为目标。

第三，程序不同。体育行政部门参与遵循既定的流程和方法，规范性很强；而公民参与具有多样性、随意性和灵活性。

第四，效果不同。由于体育行政部门的权威性，其对结果具有较高的影响力；而公民参与的实际效果受到各种条件的制约。

在一个科学的体育公共服务体系建设过程中，应该充分考虑到体育行政部门和公民的各自利益，二者相互协商共同参与决策、供给、评估等方面的内容，这两个主体的参与过程既相互矛盾、又相互依存，共同构成了推动体育公共服务发展的两个有机部分。

3. 公民参与与体育公共服务体系

公民参与与体育公共服务体系的多元化特征密切相关。体育公共服务的核心功能就是满足社会公众的体育需求，然而公众的体育需求并非是一成不变的，它随着社会的发展而变化，不同经济发展水平、不同社会阶段、不同地域的公众体育需求都有自身特点，呈现不同的态势。因而，体育公共服务体系的建设就一定要考虑到社会发展水平、地域特点等等问题，呈现多样性。

在建设初期，由于精力所限，体育行政部门只能考虑最普遍的体育需求，体育公共服务基本上都是围绕最基本的公共体育健身需求展开的，体育公共服务体系建设相对较简单，在这种情况下，只依靠体育行政部门的力量是不会有大问题的。

近年来，我国经济迅猛发展，社会各层面都正在发生着巨大的变化，基础性的建设将不能满足青少年体育需求，多样化需求将成为主流，使得体育行政部门不可能单纯依靠自身服务来满足社会多样化体育需求，这样就为公民参与提供了实践机会，公民应该参与到体育公共服务体系建设中来。

(三) 公民参与体育公共服务体系建设的重要意义

公民参与体育公共服务体系建设是公民与体育行政部门的良好互动，二者在实践中一起影响着体育公共服务的效果。广泛的公民参与是体育公共服务体系建设科学、有效发展的基础，它对于公民个体和体育行政部门来说都具有重要意义。

1. 从公民个体角度看

体育公共服务的出发点就是满足社会公众，尤其是青少年的体育需求，公民是最终受益者，其自身参与到体系建设中来有着重要意义。

第一，保障公民权、提升公共责任感。我国宪法规定了公民享有的各项权利，但这种权利并不会自然存在，只有通过积极的政治参与才能得到表现，换句话说也就是公民参与能够保证公民权利的具体实现。尊重和保障公民体育权利，是体育公共服务体系建设的根本原则。当公民最大限度地参与到体育公共服务体系建设中时，公民通过实际行动争取各项体育权益，潜移默化中受到了积极的正面教育，提升了自身的民主意识和权利意识，发展了在民主生活中必备的素质和技能，从而更好地保障了公民权。

公民参与能够增强公民的"主人翁"意识，提升公共责任感。公民参与既是权利，同时也是责任。当公民广泛的参与到体育公共服务体系建设的各个领域，他们依靠自身力量影响结果，感受到个人有让体育行政部门改变行为的能力，这本身就是一种良性的互动。通过参与增强了公民对体育部门的亲切感，强化公民在公共体育生活中的"主人翁"意识，增强认同感和凝聚力，在弥补政府管理不足的同时，提升了公民的公共责任感，从而更好地调动公民参与社会管理的积极性，为公民自觉履行公民责任奠定了基础。

第二，更好地满足公民公共体育需求。体育公共服务满足的是公众的体育需求，然而公众的体育需求并非单一。公众可以有多元需求，但是并不能要求全部由体育公共服务来满足。因为体育公共服务强调的是"公共性"，首先要保障的是满足公众最基本的体育需求，例如向社区居民提供社区健身设施等，而个性化的需求则不应该属于体育公共服务的供给内容，如某个人特定的健身需求。要满足社会公众的公共体育需求，就需要体育管理者多倾听民意，了解大多数公众最普遍的需求，如果没有积极、有效的公民参与，是无法实现的。

公民参与能够从不同角度、不同层次为维护和扩大自身的利益对公共体育政策提出不同意见和建议，有利于政府"体察民情，了解民意"，把民众的体育意愿和需求转化为体育管理者的工作要求。

公众的体育需求随着社会经济发展而变化，只有公民参与进来及时反馈，才能对相关内容做出调整，以适应新的环境。

总之，公民参与能够更好地满足公民的公共体育需求，保证了体育行政部门提供体育公共服务的公共需求方向，从而为公民提供高质量的公共体育产品与服务。

2. 从体育行政部门角度看

对公民参与的价值判断不能只限于公民利益的获取，其实有序的公民参与对于体育行政部门来讲，更可谓意义深远。

第一，公民参与是体育公共服务体系建设的基石，能够保证体育公共服务的公共利益取向。体育公共服务就是要满足社会公众的体育需求，它不同于其他体育服务，它更加注重"公共性"，这意味着谋求公共体育利益是体育公共服务体系建设的出发点和落脚点。体育行政部门是公民体育权利的代理者，应该按照大多数公民的意愿和利益，面向公共需要，提供体育服务。然而体育行政部门的工作人员也是这些公民中的一员，难免会在某些方面有自私动机，而忽略了其他群体的利益。

公共服务型政府建设强调人民民主，坚持"为人民服务"，这也要求体育行政部门要不断听取公民的意见和呼声，所建立的体育公共服务体系要以真实满足公民体育需求为目标，而不是个人功绩、个人利益为目的。

因此，为了解决价值冲突，并防止体育行政部门的自利倾向，就需要公民参与体育公共服务体系建设。公民参与能够促使体育公共服务体现的是大多数人的需求，保证公民自身合法体育权益不受侵害，能更有效地使体育行政部门趋于理性，对于保证体育公共服务的公共利益取向有着重要的推动作用。

第二，公民参与能有效弥补体育行政部门缺陷，增强体育公共服务体系建设的科学性。体育公共服务体系建设是一项庞杂的系统工程，如果单纯依靠体育行政部门自身的力量，难免会出现偏差。体育行政部门只有广泛听取、吸收社会各阶层的利益诉求，才能对各类体育需求进行协调和综合，使分散的利益转化为国家和公民的整体利益。

公民参与就是要确保将公民反馈的各种信息进行整理，并纳入决策体系，形成一个体育行政部门与公民相互交流的网络，有效地改善体育行政部门盲目构建、信息不畅等缺陷。具体表现为：开阔了体育行政部门的视野，为体育公共服务体系建设提供了最为真实、全面的信息；吸收了广大公民的集体智慧，为体育行政部门提供了智力支撑；及时纠正工作偏差，减少失误所带来的公共体育利益损失；及时调整工作方向，更好地应对社会发展所带来的公共体育需求变化。

总之，公民参与使体育行政部门与公民建立正常的沟通渠道，正确反映社会公众的体育需求,从而保证了体育公共服务体系建设的科学性。

第三,公民参与是有效监督的重要形式,能够防止公共体育权力滥用。由于信息的不对称,体育行政部门相对公民来讲具有绝对优势地位。绝对的优势地位,带来绝对的权力集中,体育行政部门如果始终保持权力的集中性,在体育公共服务体系建设中既可能导致官员本身的腐败,也可能损害公民的合法权益,最终损害社会公平和社会正义。

因此,制约权力是民主政治发展的基本要素。有效地制约公共权力,一方面需要权力体系自身内部的相互制衡,如国家的立法、行政、司法权力之间的相互制约;另一方面也需要权力体系之外的制约,即公民和公民社会的制约。公民和公民社会的制约依靠公民自治能力的提高,而公民参与正是这样一个提高公民自我管理和参与社会管理的重要方式。

公民能够提高参与意识,采取实际行动,公共体育权力的使用就会在严密的社会监督体系下进行,公民始终在为了自己的合法体育权益而努力,保证了体育公共服务的公共属性,遏制了公共体育权力被滥用的危险,从而保证公共体育权力在正确轨道上协调高效地运行。

第四,公民参与可以提高体育公共服务政策的执行力,从而维护体育行政部门的公信力。科学的政策方案只有通过政策执行才能变成现实。政策的执行常常需要施政者与目标对象之间的密切合作,如果目标对象是被动、消极的,那么政策的效果会大打折扣或成本大增。

公民是体育公共服务政策的直接作用对象,政策能否有效推动体育公共服务体系建设良性发展,除了取决于政策的科学性、政府的执行力度外,作为政策客体的公民支持程度高低也不容忽视。

公民参与本身就是公民意愿的表达,所推行的政策也一定参照了公民的意见,这样公民对体育行政部门的信任感会大大提升,从而以积极的态度来推动政策的执行,减少了体育行政部门推进的成本投入,大大提高了体育公共服务政策的执行力。

公民参与政策制定过程改变了传统的体育政策制定中体育部门与公民自上而下的单一沟通路径,形成上至下、下至上的双向沟通路径,增加了体育行政部门与公民的交流,特别是公民最真实的公共体育需求能够有效传达到体育部门,这样体育部门构建起了"亲民、为民"的良好形象,从而维护了公信力。

三、青少年体育公共服务体系建设中的公民参与模式设计

（一）决策型参与：参与体育公共服务政策制定

决策型参与，指的是公民参与到体育公共服务政策的制定过程，并对政策的最终形成产生实质性影响力的参与模式。在实践中，体育行政部门就公共体育方案设计所召开的讨论会、论证会，公民代表将协商、谈判所达成的统一意见与体育行政部门交涉争取权益，这些都属于决策型参与。它要求体育行政部门要充分发扬民主，最大限度地扩大参与人群，充分吸收各利益相关者对未定方案的意见，在共同协商的基础上达成一致。因此，从参与效果来看，决策型参与对体育公共服务体系建设的影响程度最强。在决策型参与运作中，要明确参与人员、参与深度、参与环节、参与层面。

1. 参与人员

参与人员不仅要包括传统决策主体（体育行政人员），该领域的专家学者，而且还要包括相关公民。这些相关公民中，其中一部分其利益与该方案直接相关，参与决策是为了维护权益，争取更多的政策倾斜，来更好地满足公共体育诉求；另一部分并非直接相关，而是更大范围内的公民代表。他们的参与是对体育公共服务的强烈关注，能够保障政策制定的公正、公平。

2. 参与深度

在参与深度上，有些决策需要体育行政部门与公民共同协商，公民意见对决策结果有较大影响。还有些政策在制定时，体育行政部门自主性较强，只是有限性地吸纳公民意见。

3. 参与环节

参与环节要求公民参与在决策的问题识别与确定、情报收集、方案设计论证即决策的前三个环节中尽量充分地发挥应有的角色，并且较为鲜明地反映到方案决策结果中。

4. 参与层面

在参与层面上，越是宏大的公共体育政策制定，因其要求较高，所以纳入公民参与的可能性越小，越是微观的体育公共服务政策制定，由公民来决定的可操作性就越大。重视基层体育行政部门的公民参与建设，是在

体育公共服务体系建设中推行公民参与的关键。

因此，在体育公共服务体系建设中推行决策型参与，一定要综合考虑，在科学规划的基础上妥善实施。

（二）校正型参与：对体育公共服务进行监督反馈

校正型参与，指的是公民为维护其公共体育权益，通过监督和反馈的形式，来校正体育公共服务体系建设中出现的偏差的参与模式。在体育公共服务体系建设中，体育行政部门所提供的公共体育产品和服务并不一定能符合公民的期待和要求，因此需要公民通过主动参与来对出现的问题进行及时的纠正和改进。同时在体育公共服务体系建设中体育行政部门以政府形象行使公共体育权力，如果单纯依靠其自身的监督体系，可能会有监督盲点，所以要发挥公民参与的力量，促使公共体育权力"在阳光下运行"。

在校正型参与模式中，公民扮演的是反馈和监督主体的角色，因此会对体育行政部门形成"威胁"，所以该参与模式得以实现的前提是体育行政部门有较高的服务意识，能够为公民参与提供必要支撑，这种支撑包括信息公开、渠道畅通等。

在公民参与实践中，校正型参与被运用的最为普遍，例如政务公开专栏里将体育行政领导的办公电话、常用信箱进行了公开，只要公民有反馈意见便可以拨打电话、发送邮件进行投诉；又如各地的行政服务中心均设立了体育服务窗口，体育局派专人负责管理，为市民反馈提供便利；还有些地区借助网络媒介，通过政务微博或者地区论坛与公民进行互动，对市民反映的问题进行追踪改进。这些举措充分发挥了公民的监督主体作用，值得借鉴。

但是，校正型参与并不能解决所有体育公共服务出现的问题，因为当公民有反馈意见时已经属于体育公共服务政策的执行阶段了，这时的意见很难改变大的决策方向，只能在既定框架中进行调整。所以推行校正型参与模式时，既要看到其优点，也要明白其不足，科学地把握其发展时机。

（三）合作型参与：参与体育公共服务供给过程

合作型参与，指的是公民或体育协会（社团）等社会组织和体育行政部门共同努力，来完成体育公共服务供给过程的参与模式。在这里公民不只扮演着"消费者"的角色,而是"生产者"和"消费者"的双重角色。虽然体育行政部门是体育公共服务的责任主体,但是无论从投入资金还是精力来看,体育行政部门的资源毕竟有限,所以在体育公共服务体系的建设中,除了体育行政部门单方面努力外,还应当创新体育公共服务的供给机制,让公民以"生产者"的角色参与供给过程,使供给主体多元化,从而提升体育公共服务的有效性、公平性和社会公众的可选择性。

合作型参与既减轻了体育行政部门的工作量,又实现了公民的特定利益,所以相比于其他参与模式运作起来会更为顺畅。

现实中,社会体育指导员教授体育技能,公民个人出资建立的体育场馆向公众开放,体育协会(社团)承办各项公共体育活动等都属于合作型参与。在运作中为提高公民参与体育公共服务供给的热情,体育行政部门可以通过"有偿供给"的形式给予公民和体育协会(组织)相应的补偿,这种补偿既可以是经济补偿,也可以是相应的政策倾斜,例如减免税收、特许经营等。

运作合作型参与模式需要注意以下内容:

第一,公民参与供给并不是意味着体育行政部门提供体育公共服务的职责发生了改变,体育行政部门依旧是体育公共服务供给的绝对主体。

第二,公民资源毕竟有限,并不是所有的体育公共服务领域都可以由公民参与来供给,体育行政部门应该细化体育公共服务方向,根据实际需要确定公民参与供给的领域。

第三,体育行政部门一方面要降低准入门槛,吸纳更多的社会资源,另一方面也要对参与供给的公民和体育协会(社团)做好监管和约束,确保体育公共服务的公共属性。

(四)回应型参与:对体育公共服务进行绩效评估

回应型参与,指的是公民对体育公共服务的质量、效率、内容等多方面内容进行单项或者综合评估,以积极回应的形式来提高体育公共服务效能的参与模式。体育公共服务所包含的内容非常多,其中大部分都很难通过明确的投入产出来进行衡量,比如体育活动的举办、体育场地设施的建设,很难通过一套明确的指标体系来进行测量。引入公民参与,把公民感受作为绩效评估的着力点,以公民满意度作为衡量体育公共服务体系建设情况好坏的标准,这样既促进了公民与体育行政部门的有效互动,又为下一步建设提供了参考。回应型参与的技术点只在于搜集公民满意度，通过发放问卷，电话采访的形式就能实现，操作起来相对简单，如果体育行政部门有意推动，其被广泛应用的可能性较大。

当然对体育公共服务进行绩效评估，也可以有其他评估主体，例如体育行政部门自我评估、上级单位评估、专家学者评估等，但相对于其他评估主体而言，公民具有独特的优势。

第一，与上级单位评估相比，公民参与体育公共服务评估更为现实具体。上级单位作为体育行政部门的监管机构，大都从宏观上对体育公共服务建设情况进行整体性评估，而不像公民一样对体育公共服务的具体政策、执行情况、合理与否进行细致化评价。

第二，与体育行政部门自身评估相比，公民参与体育公共服务评估更为真实。体育行政部门自身评估难免会为了自身利益而美化评估结果，公民评估则不同，能够客观地将体育公共服务的真实情况反映出来。

第三，与专家学者评估相比，公民参与体育公共服务评估更为直接。专家学者是通过整理各种信息和数据，并采用多种研究方法来对体育公共服务进行评估的，而公民则是通过自身感受来进行评估，虽然这种感性的判断缺乏一定的科学性，但相比之下更为直接。因此，公民参与评估是对体育公共服务进行评估的最佳形式。

虽然回应型参与属于事后参与，但其重要价值在于对后续公共体育政策制定、公共体育方案设计提供了参考依据，所以说对体育公共服务体系建设也有一定的影响力。

（五）认可型参与：优化体育公共服务管理环境

认可型参与，指的是体育行政部门在体育公共服务管理中，对于拟推行的政策、拟实施的举措已经有了倾向性的意见，但是为了获得公民认可，提高贯彻执行力度，在正式公布之前，通过一定方式倾听公民意见的参与模式。这种参与模式属于"假性参与"，公民的参与对于最终结果并没有产生实质性影响，但也并非毫无意义，其能够提高执行力，便于体育公共服务管理。

公民是体育公共服务的最终受益者，所以推行的公共体育政策、实施的公共体育举措会直接影响到每一个相关公民个体的利益，但是又因为每个公民的个性需求不同，所以只能从公共性出发考虑大多数公民的需要，而放弃少数公民的诉求，这些未得到满足的公民必定会成为政策、举措执行的阻力。

体育公共服务体系建设依赖于一定的经济条件,体育行政部门推行的政策、实施的举措一般都是在综合考虑的基础上形成的,也许并不能最大限度地满足公民需要,此时公民难免会产生抵触心理。这个时候,就需要通过公民的参与来让其了解这些政策、举措的出发点,在参与过程中潜移默化般的就提高了认可度,进而确保执行到位。

从参与实践来看,有些体育行政部门就某一公共体育问题所召开的听证会就属于典型的认可型参与,尽管听证会制度本意并非限于认可,而包含着获取信息和公众意见,并将公民纳入决策体系的作用。但实际运作中,体育行政部门在组织听证会时,拟实施的举措就已经基本确定,只是为了获取公民认可,便于管理而已。当然,这里将听证会认定为认可型参与的方式,并不是支持其如此运作,而是说从实际的效果来看,召开听证会并未发挥其应有作用,这只能是体育行政部门获取公民认可的一种举措。当然,如果参与制度进一步完善,听证会必定会发挥吸纳民意,参与决策的作用,从而推动体育公共服务体系建设科学发展。

在体育公共服务体系建设中引入公民参与是提高体育公共服务质量的重要手段,在实践运用中还有以下三点需要注意:

第一,这五种参与模式有其特定的推行时机,体育行政部门要根据体育公共服务体系建设的实施进度合理安排。

第二,并非所有的体育公共服务体系建设环节都需要公民参与,因此在公民参与模式选择时,需要把握公民参与的范围。

第三,并不是公民参与程度越高越好,在公民参与模式的选择中,体育行政部门要根据自身情况综合考虑,把握公民参与的程度,以免难以控制公民参与的结果。

四、青少年体育公共服务体系建设中公民参与的发展和完善

无论是公民和体育行政部门自身的不足,还是参与环境建设方面的不完善,都使得公民参与体育公共服务体系建设受到了很大程度的制约。要摆脱困境,必须从实际出发,针对性的给参与主体、体育行政部门、参与环境建设分别提出合理化建议,从而保障公民参与体育公共服务体系建设

中的科学发展。

（一）参与主体层面

1. 提升公民参与意识、培育公民参与技能

从公民个体来讲，公民自身必须明确其在体育公共服务体系建设中的作用，弘扬公民精神，不断地提高自身文化素质和政治参与能力，这是提升公民参与水平的基本要求。

首先，要提升公民的主体身份意识，明确其不再是被动管理的对象，也不再单纯是体育公共服务的"消费者"，而是可以通过参与决策、监督反馈、绩效评估以及体育公共服务的供给等多种形式的参与行动，直接成为某些特定体育公共服务的自主管理者和"生产者"。主体身份的确认，让公民认识到自己才是公共体育权力的真正拥有者。

其次，要提升公民的主动参与意识，使公民能够将公共体育诉求付之于行动，主动地争取体育权益。主动参与是公民意识的直接体现，主动参与意识越强，参与行动就越广泛、越深入，主动参与意识的增强，会让公民更加深刻地体会到自己在体育公共服务体系建设中的重要作用。

最后，还要提升公民的理性参与意识，使公民有序地参与体育公共服务体系建设。如果公民的参与没有了理性约束，那么非合理、非合法的参与行为便会应运而生，长此以往反而影响体育公共服务体系的建设进度，背离了公民参与的初衷。

在参与技能方面，虽然有些公民有很高的参与热情，但是由于其能力有限，也使得参与效能低下。公民参与体育公共服务体系建设应该发展以下基本能力：

第一，发展公共体育管理的相关知识，既具备一定的政治常识、政策知识、科学知识和实践经验，同时对当前的政策背景有一定的了解。知识和科学素养的增加，能够增强公民自信、自制和表达思想的能力，政策背景的了解能够帮助公民根据实际情况具体分析问题。

第二，发展信息获知的能力。公民的有效参与建立在一定的信息基础之上，而信息的获知需要公民具备一定的收集、整理和辨析的能力。

第三，保持对公共政策的敏感性。

第四，具备一定的理性判断和分析能力等。这些知识和能力的获得一方面通过学校的教育、政府的宣传教育来实现，另一方面则需通过公民的

自身学习和实践来积累知识和经验。

当然，公民参与意识和参与技能的提高并不是一朝一夕的事情，在实践中也要积极创造条件，努力营造良好的公民参与氛围，充分发挥学校、家庭、社区、体育协会（社团）等环节的教育作用，重视大众媒介的传播效应，从而对提升公民参与意识、培育公民参与技能产生积极影响。

2. 发展体育协会，成为公民参与的组织依托

公民参与的主体既可以是公民个体，也可以是代表公民个体利益的社会组织。从参与效能来看，社会组织的聚合作用解决了公民个体权力分散的问题，使公民参与的影响力变得更大，所以说社会组织的发展和壮大，也是公民参与良性发展的重要保障。

在体育公共服务领域，这种社会组织可具体为各类体育协会（社团），为了充分发挥体育协会（社团）的作用，使其成为公民参与体育公共服务体系建设的组织依托，需要做好以下方面的工作：

第一，完善体育协会（社团）的内部管理，提高其独立性。体育协会（社团）要逐渐摆脱参与"形式化"态势，真正有效发挥公众体育权益表达的功能。以提高自治能力作为组织建设的目标，改变日常运作资金单靠体育行政部门拨款的形式，并在此基础上科学地进行机构设置、人员配置和工作安排，以达到公民参与组织依托的要求。

第二，发挥组织作用，重点吸纳弱势群体的公共体育诉求。体育公共服务体系建设应该以全体公民的公共体育诉求为基础，但是在现实中部分弱势群体因自身原因难以完全表达其诉求，最终会使得体育公共服务政策向强势群体偏移，影响体育公共服务的公共性。所以体育协会（社团）要重点关注弱势群体，帮助其通过组织来表达诉求。

第三，减少体育行政部门的干预，营造有利于体育协会（社团）参与的外部环境。体育行政部门要改变过去对体育协会（社团）过多干预的做法，建立与其平等交往的机制，把本该属于体育协会（社团）的职能归还给体育协会（社团），并在实践中鼓励体育协会（社团）代表公民表达公共体育诉求。

（二）体育行政部门方面

1. 践行现代行政理念

在推进"服务型政府"建设的进程中，我国政府在管理国家事务时，

始终坚持"以人为本""服务于民"的原则。在体育公共服务体系建设中，体育行政部门也要坚持这一原则，改变过去的传统行政工作风格，践行现代行政理念。具体要做到以下两方面：

第一，体育行政人员正确看待公民参与。体育行政人员是体育公共服务体系建设的主导者，其对公民参与的态度将直接影响到参与效果。因此，体育行政人员必须树立正确的参与理念。

充分认识公民在体育公共服务体系建设中的主体地位。现阶段，虽然公民参与的呼声很高，但是体育行政人员依旧将体育公共服务体系建设看作是体育行政部门自己的事情，忽视公民权力。因此体育行政人员要改变观念，确立公民的主体地位。只有这样，在体育公共服务体系建设中体育行政人员才会主动提升公民参与意识和参与技能、发展公民参与组织、积极推进公民参与实践，为公民营造良好的参与环境。

理性看待公民参与的不足之处。公民参与并非完美，其在实践中也有一些难以避免的弊端：仍难彻底解决代表性缺失的问题，因为在实践中采取参与行为的公民代表往往具有较高的参与能力，这些公民只是众多公民中的一部分，其公共体育诉求实际上只反映了这部分群体的意愿，并不能代表公共体育利益取向；增加成本，因为公民的介入，势必会造成公共体育管理的拖延，导致人力、财力、时间等消耗增大，影响效率；如果公民参与了体育公共服务体系建设，但对结果毫无影响，会使公民对体育行政部门产生不满，影响政府公信力。所以说，体育行政部门既要认识到公民的主体地位，又要理性看待公民参与，要在科学规划的基础上来开展。

第二，体育行政人员不断地优化自身能力结构。为了保证公民参与体育公共服务建设能够长效化发展，体育行政人员自身也要努力，提升综合管理能力：①价值判断能力，体育行政人员要把握体育公共服务的公共性内涵，在吸纳公众意见时，始终以是否满足公共体育利益为价值标准；②沟通能力，体育行政人员要注意倾听公民的诉求，与公民形成有效互动，能够有能力整合公民反馈的信息，形成一致的公众意见；③组织管理能力，体育行政人员必须有能力在多种参与模式中做出正确选择，并在实践中科学管理，防止无序化参与的形成。

2. 确保信息及时公开

信息公开是公民参与的前提条件，只有公民真正拥有了知情权，全面了解了相关信息，公民参与的实践才有针对性。而公民要想更多地获取体育公共服务的信息，在很大程度上依赖于体育行政部门的信息公开化程度。

合理化的信息公开制度就是要将体育公共服务体系建设的相关信息、内容以及公民参与的方式、条件、理由等公之于众，使体育行政部门的工作处于透明的环境中，接受公民的监督，避免暗箱操作而损害公共体育利益。

各级人民政府及县级以上人民政府部门应当建立健全本行政机关的政府信息公开工作制度，并指定机构负责本行政机关政府信息公开的日常工作。应当遵循公正、公平、便民的原则对涉及公民、法人或者其他组织切身利益的，需要社会公众广泛知晓或者参与的，反映本行政机关机构设置、职能、办事程序等情况的，其他依照法律、法规和国家有关规定应当主动公开的内容进行主动公开。

现阶段，体育行政部门要加大信息公开的力度，按照《中华人民共和国政府信息公开条例》的有关内容，建立起具有回应性的信息公开体系。具体要做到以下四点：

第一，确保公开的规范化。对于体育公共服务的相关政策、举措，应对公开内容、公开方式、公开步骤、公开要求、公开时间等部分做出明确规定，避免因体育行政人员的自利心理而导致的公开随意化。

第二，提高公开的有效性。信息公开并不意味着没有选择的全部公开，体育行政部门要根据参与内容只公开那些影响参与效果的重要信息，减少公民对信息进行甄别的工作量。

第三，优化公开环境。改进运作方式，广泛地运用多种传播媒介作为信息公开的依托，扩大信息的辐射面。

第四，特别要注意公开时效。在公共体育政策决策时，信息公开一定要在最终决策前的一段时间，为公民参与预留必要的时间。

（三）参与环境建设方面

1. 拓展参与领域、丰富参与形式

理论上来讲，为了保证体育公共服务体系建设的科学性，公民参与的领域越广越好，但从实际来看，全面推广还很不现实，所以现阶段的主要任务是选择体育公共服务体系建设中的主要环节来进行参与。

具体来说，要不断加大公民在体育公共服务政策制定、体育公共服务监督、体育公共服务绩效评估、体育公共服务供给中的影响力，丰富参与实践。参与体育公共服务政策制定，通过公民的参与来保证体育公共服务政策的科学性和公共性；参与体育公共服务监督，通过公民的参与来校正体育公共服务体系建设中出现的偏差；参与体育公共服务绩效评估，通过公民的参与来提高体育公共服务的效能；参与体育公共服务供给，通过公民的参与来保证体育公共服务的有效性。

在过去的公民参与实践中，涌现出很多可供选择的参与形式，但是在体育公共服务体系建设中运用的却很少，所以要在实践中不断丰富发展。本研究结合实践，认为在体育公共服务体系建设中有以下具体公民参与形式可供选择：

第一，关键公众接触。体育行政部门利用座谈会或者电话访问的形式向公民代表了解情况、征询意见。

第二，有偿供给。体育行政部门对参与体育公共服务供给的公民给予一定的经济补偿，以此来进行鼓励。

2. 完善参与制度、拓宽参与渠道

公民真正参与到体育公共服务体系建设中，实现对体育公共服务的共同管理，需要有相应的制度作为实施的保障。在公民的参与资格方面，我国宪法已明文规定，中华人民共和国的一切权力属于人民。人民依照法律规定，通过各种途径和形式，管理国家事务，管理经济和文化事业，管理社会事务。但是公民资格的法律确认，并不意味着公民参与行为就事实存在了，这还依赖于具体的参与制度建设。鉴于目前体育公共服务体系建设中公民参与制度建设现状，建议完善以下方面的制度体系：

第一，完善体育公共服务体系建设的社会公示制度，对信息公开的具体时间、具体内容、具体方式等进行明文规定，来保障公民的知情权。

第二，完善体育公共服务的决策制度，对决策信息的公开、决策的形式和范围、公民代表的选拔、决策结果的反馈等方面进行明文规定，来保障公民的表达权。

第三，完善体育公共服务的监督管理制度、绩效评估制度，对监督的方式、内容、途径等做出规定，并建立科学的绩效评估指标体系，来保障公民的监督权。

第四，完善体育公共服务的服务供给制度，优化供给结构，降低准入门槛,来保障公民的参与权。

对于以上制度的完善,最重要的是优化相应的程序和配套措施,增强其可操作性,从而使公民参与体育公共服务体系建设能够具体贯彻实施,避免参与的形式化和偶然性。

建立起完善的参与制度,还要拓宽公民参与的渠道。因为只有渠道多了、路径宽了,才能保证公民在体育公共服务体系建设中有效地施加影响力。拓宽参与渠道不能只浮于表面,而要落到实处:一方面,搭建公民参与平台,为公民提供多种参与渠道。渠道畅通了既有利于体育行政部门了解真实的公民体育需求,科学地进行决策,也有利于改善体育行政部门与公民之间的关系,增强信任感。例如"政务公开""局长热线""领导信箱""信访接待日"等都是比较好的途径,体育行政部门要在原有基础之上,进一步充实完善。另一方面,充分利用现代媒介,为公民参与提供更为便捷的参与渠道。如今,网络、电视、报纸等现代媒介已经无处不在,无时不有,成为了我们生活的一部分。在公民参与渠道建设上,要抓住现代媒介影响面广、影响力强、信息传送快的优点,建立更为广泛的现代参与渠道,例如网络渠道、电视渠道、短信渠道等。

总之,公民参与的渠道建设要贴近公民生活,争取做到方便、及时、有效。

第五章 青少年体育公共服务组织体系建设

第一节 体育公共服务组织的类型及其内容

随着我国改革开放步伐的加快,国民经济持续发展,城乡居民人均可支配收入持续增长,群众生活水平显著提高。人民群众对精神方面的追求要高于对物质方面的追求,因此对生活质量有了更新、更高的追求。体育运动由于其具有健身、娱乐、教育等多项功能,能满足人们提高生活质量的要求,越来越受到人们的关注与推崇。如何优化我国体育公共服务体系已成为备受关注的问题。

体育公共服务是在社会经济总体水平发展到一定阶段后出现的,它建立在一定的社会共识基础之上,是保护个人最基本的生存权和发展权,满足基本尊严、基本能力和基本健康的需求,实现人的全面发展所需要的基本社会条件。综观世界各国体育公共服务体系的类型,主要有两种:"公平—效率型"和"公平导向型"。"公平—效率型"的主要特点是在政府调节分配的前提下,构建以个人自助为主,财政补助、商业保险为辅的体育公共服务体系;"公平导向型"则是突出公平的价值理念,遵循"政府主导、全民普惠、公平公正"的原则的体育公共服务体系。

我国采取的体育公共服务类型为福利型,政府是体育公共服务的核心部分,对体育公共服务有绝对的管理和控制权,在"大政府"的管理控制下,体育公共服务真正服务到人民群众的非常有限。因此,为实现我国体育公共服务体系的健康发展,我国政府必须在转变职能的同时,积极帮助我国非政府组织成长,二者统筹协调起来,协同合作,保障体育公共服务事业为民众服务。

体育公共服务是事关民心工程的社会大事,对提升国家综合竞争力、文化软实力以及建设幸福中国、体育强国有巨大的推进作用。"青少年体育在体育强国建设中占据着战略性、基础性地位。"[1] 体育公共服务不但能够增进青少年健康,还能推动体育产业发展,成为我国新的经济增长点。体育公共服务的组织保障体系能够引导、扶持、保障社会资源投入全民健身事业,有助于解决社会预期不明、措施乏力以及管理非不为、实不能的主要问题,并且组织保障体系是为了实现社会管理的目标。

一、政府体育组织

(一) 政府体育组织的组织结构及职能

政府体育组织中,管理国家体育公共服务的行政部有:国家体育总局、省体育局、市体育局。

1. 国家体育总局的组织结构及职能

(1) 制定体育公共服务发展规划并组织实施。根据社会经济发展规划,制定体育公共服务发展规划并组织实施,是政府的一项重要职责。政府部门应该根据不同时期经济和社会发展计划,修订体育公共服务发展规划,保障和推动体育公共服务事业发展。结合访谈、调查、文献研究体育公共服务发展规划的总体目标是:建立起适应社会经济发展要求、适合生产力发展水平的比较完善的体育公共服务保障制度,使广大青少年享受较为充分、良好的公共体育服务。

(2) 调整公共财政支出结构,增加体育公共服务的资金投入。公共财政是体育公共服务建设的核心,增加对体育公共服务的资金投入是市场经济条件下建立公共财政的重要内容,是大力发展"民生工程"的重要标志,也是政府职能转变的重要方式。"财政措施作为政府购买体育公共服务的重

---

[1] 刘扶民. 新时代青少年体育当有新作为 [J]. 青少年体育, 2018 (02): 12-13.

要保障，其不断完善对于提高政府办事效率、转变政府职能有着深远的意义。"① 政府实现职能转变，要真正转变观念，不仅要"经济好"，更要"健康"，不能仅仅凭眼前的经济效益来决定发展思路，而是要实现"人的全面发展"。统筹考虑公共财政中的体育资金投入。进行年度财政预算时，宜根据体育公共服务的合理需求，把当年的体育公共服务资金投入、投足，并与地方财政收入增长挂钩，列入地方社会经济发展计划，以确保体育公共服务的资金投入。

（3）监督检查体育法律、法规和政策的贯彻落实。体育公共服务可适当实施政事分开的管理体制，政府负责制定法律、条例，具体事务由社会机构承办。基于这种模式，政府履行体育公共服务保障职能的重要方面，就是要监督检查我国相关政策的落实情况。政府依据有关法律、制度和条例，监督有关单位依法履行义务，委托、授权并监督体育公共服务承办机构认真履行职责，确保公众享受良好的体育公共服务。

另外，国家体育总局作为制定体育发展战略、编制体育事业中长期发展规划的国家机关，在体育公共服务目标制定与普遍推广中具有不可代替的作用。其制定相关政策法规推行体育公共服务，同时还积极指导和开展群众体育活动，加快体育公共服务在我国的普及速度，满足青少年日益增长的体育需求。

国家体育总局的组织部门中，与体育公共服务工作相关联的部门主要为：内设部门——政治法规司、群众体育司；直属部门——社会体育中心（社会体育指导中心）、体育器材装备中心、体育基金管理中心、运动项目管理中心。

国家体育总局政策法规司，其主要职能是研究拟定体育工作方针、政策、法规，并对体育工作和体制改革中的重大问题进行调查研究并提出解决方案。在体育公共服务过程中政策法规司的主要职责为：根据我国体育公共服务的实际情况，提出体育公共服务工作的总目标，并制定相关政策、法规以保证总目标的具体落实与实施。通过群众体育司的反馈机制，将总目标与具体开展情况进行比较，并做出及时应对，保证公共体育服务目标

---

① 赵静，葛超. 体育公共服务财政保障存在的问题及对策[J]. 体育文化导刊，2019（08）：38-42+71.

的顺利达成。

国家体育总局群众体育司，其主要职责为拟定群众体育工作的发展规划；推行全民健身计划，监督国家体育锻炼标准的实施，开展国民体质检测；指导和推动学校体育、农村体育、城市体育及其他公共体育的发展。因此群众体育司有拟定体育公共服务发展规划的职责，与各省、市、县群众体育处相联系，逐级推广体育公共服务，并对体育公共服务真实开展状况及实施效果予以合理监督与评估。

国家体育总局的直属单位中，社会体育中心是根据国家体育总局对体育公共服务的总策划，领导、组织、实施全民健身计划的群众体育组织，其主要职能在体育公共服务中体现为健全社区体育组织的有关规章制度，制订社区体育发展规划，科学地组织社区体育活动，组织培养社会体育指导员，开展社区服务，促进社区体育建设。其部门的管理重点主要为构建社区体育公共服务，培养合格体育指导员，服务于公共体育事业，并制定相关法律法规，从人员、制度等方面全面保障社区体育公共服务的顺利开展。体育器材装备中心与体育基金管理中心相互配合，保障我国体育公共服务所必要的供给，例如投资一些大型运动场地的建设并支付一定的维护费用、提供体育公共服务基础设施等。

体育基金管理中心还要管理好资金的计划、运行工作，因为体育基金不仅要用于基础设施的建设，还要为公共体育活动的开展做资金保障。因此体育基金管理中心是我国体育公共服务的财政保障单位。运动项目管理中心是针对提高竞技项目而设的主要部门，体育公共服务是"大众公益性活动"，竞技体育是"小众竞争性活动"，但体育作为一项具有强烈观赏性的运动，观众会被竞技体育的精神所感染，激发其对体育运动的热爱，提高群众体育参与的积极性。

2. 省体育局组织结构及职能

省体育局隶属于国家体育总局，省体育局接受其思想指导，听从其任务安排，国家体育总局领导着省体育局的部分工作。并且省体育局的机构成员组成大部分需要接受国家体育总局的安排，因此从人员配备上不难理解省体育局与国家体育总局对目标任务理解的共通性。此外，省体育局根据本省的发展特点，发挥主观能动性，开展相应的、有特色的体育活动。体育公共服务作为国家体育总局在群众服务中开展的重要服务性工作，各省体育局都要主动配合，积极发展。

省体育局内设机构——群众体育处，其作为推行体育公共服务工作，监督体育服务效果的主要职能部门，对体育公共服务真正得以贯彻实施起重要组织保障作用，并且群众体育处与国家体育总局群众体育司有紧密的联系，根据群众体育司制定的有关体育公共服务发展的总任务、总目标，省群众体育处确定符合本省公共体育发展的分级任务要求，结合实际情况，创造条件，努力完成其分级任务，达成其分级目标。因此省体育局群众体育处受国家体育总局群众体育司的领导，接受群众体育司对目标管理的分解方式，在本省范围内开展有关体育公共服务的活动，保证体育公共服务工作落实到省，并发挥其监督职能，及时反馈。

3. 市体育局组织结构及职能

市体育局是省体育局领导下的又一级别的体育管理部门，在省体育局的领导下，贯彻体育公共服务总目标，完成其分配的体育任务，具体完成情况结合实际。市体育局的群众体育工作处与本市开展体育公共服务有密切的联系，它是体育公共服务推广、实行、监督工作在市一级的具体操作部门。

市体育局的二级单位有市体彩中心、市国民体质监测中心、市体育局下辖单项协会。市体彩中心是募集体育活动基金的重要部门，体彩是除国家体育拨款外的保证体育公共服务工作顺利开展的又一财政保障。市国民体质监测中心是反映我国体育公共服务效果的一面镜子，其体质监测结果不仅对市群众体育工作处体育服务工作具有评判作用，也可以作为反映我国体育公共服务发展情况的有效数据，更是国家体育总局制定体育公共服务发展规划的主要依据。

市体育局下辖单项协会，是具体开展体育公共服务活动的部门。其直接面向广大人民群众，进行运动组织与指导。

4. 政府体育组织运行中的挑战及优化

我国政府体育组织的组织结构类型采用直线职能制。以国家体育总局、省体育局、市体育局直线体育管理部门为基础，在各级体育公共服务管理上直线设置相应的职能部门（群众体育司—群众体育处—群众体育工作处），分别从事各级体育公共服务工作，这个结构的优点在于：国家体育总局作为政策制定者，实行主管统一指挥，各级职能部门参谋，指导相结合，具体贯彻实施体育公共服务战略。

但国家政府体育组织结构中仍然存在不足之处。作为服务型政府体育组织，在其组织结构中并未体现"管办分离"制度的职能划分，即国家政府体育组织作为体育公共服务的决策者，不仅掌握着体育公共服务的决策权，还掌握着体育公共服务的执行权。

例如，在国家体育总局的组织结构中，群众体育司不仅要拟定群众体育工作的发展规划，还要指导和推行学校体育、农村体育、城市体育及其他社会体育的发展。各级政府体育组织部门的职能实行决策与执行相结合，并不能真正发挥政府体育组织部门在体育公共服务中的作用，反而会因为"管办不分"的职能分工，导致在出现政府体育组织部门冗员现象的同时，其服务工作也未能深入开展并惠及每位群众。因此体育公共服务的执行职能应从政府组织部门剥离出来，那样政府体育组织部门的职能就可以调整为：在做好体育公共服务发展规划的同时，注重对各级体育公共服务工作的监督，而非实施具体服务工作。

政府体育组织部门作为具有严格"等级制度"的组织结构基础，实行"管办分离"的管理制度。那么国家体育总局在加强宏观调控职能的同时，也要将"职权下放"，让省、市体育局能更加自主地结合本省、市特色，开展体育服务工作。而政府组织部门也要将更多的执行职能"下放"到更小的体育事业单位即实际操作单位，而不是让其依附于政府组织部门，以免束缚其开展公共体育活动的能力。而政府体育组织部门的管理方式则可借鉴有关企业目标管理的理论。

国家体育总局根据体育公共服务开展的实际情况，制定出一定时期内所要实现的体育公共服务总目标，然后由省体育局群众体育处、市体育局群众体育工作处层层贯彻各级体育公共服务目标，而省、市体育局群众体育工作处又将体育公共服务目标分割成更小的目标，由其下属部门及工作人员根据上级制定的各层次、各等级的体育公共服务目标具体落实和实施，这样一来形成完善的体育公共服务目标体系的同时，具体的任务分布也落到了实处，而各级体育公共服务目标的完成情况也可作为考察部门工作的重要依据，完善监督、反馈系统。

（二）政府非体育组织

1. 政府非体育组织结构及职能

我国体育公共服务的政府非体育组织部门主要有市体育局下辖体育协

会、市教育局、团市委、市妇联、市总工会等,这些组织部门共同协作以提供和管理体育公共服务。其下属部门有区(县)体育局,街道文化站、居(村)委会等,这些组织部门的工作也分别由相对应的部门或机构落实;在其各自的职权范围内管理好体育工作,积极开展体育公共服务活动,全面做好体育公共服务工作的实施。由于它们都是政府非体育组织部门,各有其责,因此基本上它们都是在内部设置一到两个主抓体育公共服务工作的组织部门,组织并落实体育公共服务的具体工作。这些组织部门是体育公共服务的具体执行单位,直接面对大众与青少年,召集体育指导员,指导群众体育活动,是落实我国体育公共服务不可缺少的组织部门。

2. 政府非体育组织运行机制中的挑战及优化

市体育局下辖的体育协会、市教育局、团市委、市妇联、市总工会、市行业协会等在体育公共服务过程中都是相对独立、平行的小组织结构。在实施体育公共服务时,要根据其特点,保证体育公共服务的质量,相互协作,节约资源,并在组织活动中对体育活动的具体操作进行适当控制,以达到活动预期效果。因此它们可以根据将要开展的某一活动机动组织联系起来,共同完成开展体育活动的目标,或将具体活动分派到更小的实施部门,例如街道文化站、居(村)委会、街道体育组织。

在实现公共体育活动的这个过程中,由于受到各种各样自然因素、人为因素的影响,活动的原定目标与实际情况往往发生偏离,因此作为活动的管理者,必须随时随地关注体育活动的运行情况,动态地保持管理控制的完整性、有效性,保证活动的顺利开展。

根据控制过程的不同环节,主要采用观察控制法,并将政府非体育部门对活动的控制分为现场控制、前馈控制、反馈控制。

现场控制是在活动开展过程中进行的,活动主管人员深入现场,亲自监督检查、指导和协调下属的活动。

前馈控制是根据以往活动开展的经验以及未来信息,对即将开展的互动进行认真的预测,一旦发现可能影响活动的因素,采取适当的处理措施,预防问题的发生。这是各组织部门在活动前就应该采取的有效控制手段。

反馈控制,是在工作结束后进行的控制,它把注意力集中在工作结果上,通过工作结果进行评估,采取措施,从而矫正今后的活动。这种反馈控制不仅可以运用在具体实施部门开展活动的过程后,还可以作为政府体育组织对政府非体育组织进行评价、监督的手段。政府体育组织通过对反馈信息进行评估,评定政府非体育组织的工作成效,并予以一定的奖惩,激发其工作积极性。各类反馈信息的逐级汇总,将会成为我国政府体育组织制定发展目标的重要参考指标,因此反馈系统在政府非体育组织中的建设还有待加强,这是体育公共服务系统成立的有效保证。

二、非政府体育组织

体育俱乐部、体育协会都属于非政府体育组织,但由于体育俱乐部属于营利性组织,而体育协会属于非营利性的公益组织,因此二者的组织结构不同。

(一)体育协会组织

1. 体育协会组织结构及职能

体育协会是公民和法人以从事和发展体育事业为目的,自愿结成的群众性体育组织。其主要职责是:宣传和组织群众参加体育运动,团结和动员社会力量参加体育运动,推动体育事业的发展。

常务理事会具有代表协会签署重要文件,召开、主持协会部门大会,检查理事会决议的落实情况,行使人事任免权等职权。会长是协会一般事务的决策和管理者,向管理委员会汇报工作。

秘书处职能是管理协会的人事档案和活动档案;联系成员举办会议,并做好会议记录;活动期间人员协调调用;将协会的最新信息传递给会员;将会员的意见和建议及时反馈至常务理事会;全权处理社团财务管理工作。

副会长协助会长监管全面工作,监督协会财务,会长不在职位时,代理会长行使职能,向会长和管理委员会汇报工作。

各副会长分管其下属部门,具体操作实施。培训处制订切实可行的培训计划,对体育指导人员进行培训,提高其业务能力。会员管理中心对协会会员进行统一登记、管理。

技术部负责技术创新与开发。宣传部的职责为宣传本体育协会的宗旨、计划,负责活动的宣传,为活动开展创造良好的氛围,并设计海报、宣传画、横幅,从而建立良好的群众基础。

外联部则负责与商家联系,为协会开展各种活动争取资金等方面的支持，此外还负责与其他协会联系，以促进良好的社团关系，提升协会知名度，负责与其他协会、单位的合作事宜。

2. 体育协会组织运行机制的挑战与优化

体育协会的组织结构展示了体育协会运行的主要部门，着重展示体育协会自身的完善程度，但不能反映体育协会实体化进程。

首先，由于政府对同类体育协会的登记、成立有明显的限制，因此体育协会之间缺少竞争机制，体育协会自我完善积极性低。并且我国政府对体育协会实行双重管理体制，我国非政府组织要接受登记管理机关和业务主管单位的双重管理与监督。民政部门侧重对体育协会的登记管理，业务主管单位侧重对体育协会的业务活动和人事管理进行指导。民政部门与业务主管单位是相互独立的两个部门，同时对非政府组织进行管理，不可避免地存在利益的冲突和观念的差异，从而造成责任不清的状况，阻碍体育社团的发展。

其次，一部分体育社团是通过获取自上而下的资源建立和发展起来的，一个机构两个牌子，它们或者由各级体育行政机构直接创办，或者本身就从体育行政机构转变过来，或者由原体育行政官员及与体育行政关系密切的知名人士所创办，因此这些体育协会对政府的依赖性强，形成难以割舍的裙带关系和依存关系，导致体育协会应对市场化挑战能力弱，面临着政策、管理、财政等挑战。

最后，社会团体发展的优惠政策和培育发展等方面缺乏相关法律法规，这使得体育行政部门过于强调监督管理，忽视体育协会的培育、资金扶持和实施优惠政策，更不利于独立性本来就不强的体育协会的发展，阻碍协会实体化进程。

为了使体育协会健康发展：①应规范社团组织的运作，加强社团组织的建设：完善理事会、委员会和会员代表大会制度，加强社团工作人员的业务培训，提高其业务素质，拓展资金来源，加强自身的宣传力度；②明确政府在体育公共服务中的职能、理顺政府与体育协会之间的关系，采取购买或授权方式，在实现体育行政组织简政放权的同时促进体育协会的发展；③创造有利于体育社团发展的外部法律法规环境，明确各类体育社团组织的法律地位，完善体育社团登记注册等制度。

（二）体育俱乐部组织

体育俱乐部是经政府部门核准登记，由社会自发兴办的开展体育活动、实行独立核算、自负盈亏的一种体育经营实体或体育组织。

1. 体育俱乐部的组织结构及职能

体育俱乐部主要由董事会、总经理、商务运营部、财务部、会员部、宣传部、各运动项目部等人员或部门组成。

董事会的职能包括：①出台俱乐部的战略规划、经营目标、重大方针和管理原则；②挑选、聘任和监督经理人员，并确定给经理人员的报酬与奖惩；③协调公司与股东、管理部门与股东之间的关系；④提出利润分配方案供股东大会审议。

总经理为俱乐部最高行政管理领导人，对俱乐部全局业务全面负责，主持俱乐部的日常经营、行政和业务活动，努力营造良好的发展运营环境。总经理助理则协助总经理处理俱乐部的内部事务。

商务运营部根据市场发展趋势，提供体育服务，推动俱乐部的市场化运营。

财务部负责收取会费，做好预算与结算工作，对各项经费进行登记和管理，保证俱乐部财政方面正常运转。

会员部负责会员档案的登记、管理等。

宣传部负责本俱乐部的形象宣传工作，吸引更多会员。

各运动项目部门负责俱乐部项目的开发，以会员需求为主，科学安排体育锻炼活动。

2. 体育俱乐部组织运行机制中的挑战

体育俱乐部组织运行机制中的挑战。体育公共服务中，准体育公共服务主要是针对社会个体和特殊群体提供，个人受益大于公众受益。因为个人的消费具有竞争性，那么体育俱乐部应该是提供这类体育服务的主要部分。但体育俱乐部这种社会化组织形式遇到如下挑战：

首先，管理者缺乏先进的管理理念，缺乏自己的经营管理理念。因此管理者应不断提高管理及业务能力，做好市场定位，增加市场竞争优势，不能总是提供同质化的体育活动，而是要以会员的需求为本，结合本俱乐部的特色，开展满足会员需求的体育服务。

其次，不能只注重会员管理部门的登记职责，还要加强其部门对会员建议的收集工作，将这些信息统计起来，传递到管理部门，建立人性化的会员管理系统，满足会员要求，提高会员的忠诚度。

再次，体育俱乐部要严格接受业务主管机关和登记管理部门的监督、检查，这无形中限制了体育俱乐部的开展，因此政府部门在加强宏观调控的同时，还要给体育俱乐部自由的发展空间。

最后，大多数体育俱乐部最终会资金链断裂，因此在体育俱乐部引进市场竞争机制的同时，政府部门应该予以一定的支持，例如减少税收，或在场地设施和人才培养等方面采取积极的扶持政策，以推动俱乐部尽快走上轨道。

3. 体育俱乐部组织运行机制中的优化

（1）多元化的组织形式。由于体育公共服务表现出明显的群众性、广泛性，其组织形式也应当突出多元化、灵活性的特点。构建社会化、网络化的组织框架，是体育公共服务发展的组织保障。具体实施中要以政府组织引导、社区站点为基础、社会体育指导员为抓手，并且加强纵横联系。

首先，政府组织主要发挥引导、监督、保障的作用，提供基础设施、活动场所，在一些重要的群体性活动中起主要作用。其他更多的事务性工作交由社会组织操办，政府组织不能过多干涉社会组织的活动，必须保持社会组织在公共体育活动中的相对独立性。

其次，社区体育站点是深入群众的网络组织的基础，和群众贴得最近，交流更多。市区内的相关部门、单位、企业可在政府统筹规划的前提下，对这些社区组织从人力、财力、物力等各方面积极引导，扶持一些以街道、居委会为单位的小型的社区体育组织。由于这些组织具有规模小、独立性强、便于运作的特点，可将有限的资金有针对性地投入，从而使更多的青少年参与公共体育活动，更好地促进公共体育事业发展。另外，大力推行协会实体化改革，健全以现存的各种体育俱乐部为基础的项目协会、人群协会、行业协会的社会化的组织体系，也是完善网络化、社会化组织的有效方式。由于不同人群、不同行业具有广泛、多样的社会关系，这些联合组织更有利于加强纵向与横向的联系。

最后，社会体育指导员是发展体育公共服务的重要抓手。进一步加强社会体育指导员的队伍建设和管理，努力实现培训、管理服务一条龙的战略格局，使其在群众性体育活动中更好地发挥积极作用，是一项重要的工作。社会体育指导员常年活跃在社区，担负起组织群众进行健身活动、传授体育健身知识和方法的责任与义务，成为体育公共服务体系不可或缺的重要环节。社会体育指导员在服务活动中，既增长了能力和水平，也增强了社会公共意识。

（2）多元化的投资方式。区分公益性与经营性体育公共服务，采取多元化的投资方式，促进体育公共服务建设。相对于政府财政投入不足，社会上存在大量资金寻找投资出路，如何引导和扶持社会资金投入体育公共服务是一项意义重大的课题。发展体育公共服务的根本之计在于充分发挥市场配置资源的优势，广泛动员各方力量，当然，市场介入的领域和范围应当视不同性质的体育服务而区别对待。公益性体育服务应当以政府为主，经营性体育服务应当以市场为主。其中，部分经营所得上缴，纳入体育公共服务专项资金系统，做到专款专用。

对于公益性体育服务，政府应当进一步加大财政投入，可以安排部分体育彩票公益金作为引导资金，吸引社会资金，建设更多的体育公共服务设施和场地。对非经营性体育事业单位要积极引入竞争机制，面向社会提供服务。

对于经营性体育服务，应当加大市场作用的广度和深度，积极探索公共体育设施与场地建设的多种方式，支持企事业单位和个人兴办体育公共服务经营实体。

首先，政府可以委托社会组织从事一定的公共体育设施建设，并给予相应的资助或补偿。政府还可以将其投资的体育公共服务设施通过竞标方式，转让给企业或个人来提高服务质量和节约资金。另外，政府可以通过购买的形式把某个公共事业服务项目交由社会组织委托办理，政府对承担建设的社会组织进行资助，资助方式主要通过服务委托和服务购买的形式进行。

其次，新建场馆还可引入业主负责制，即由企业或社会组织以资本投入方式参与公共体育设施建设和赛后利用，可准予若干年的特许经营服务权，从而改变政府"包建"的做法。还可以采取合同出租的方法，吸纳社会力量参与体育公共服务。另外，充分利用自然环境，开发体育资源，也是弥补公共体育活动场地不足的有效途径。

（3）多元化的活动内容。体育公共服务的目的就是提升国民身体素质水平，健康群众体魄。因此，开展多种多样的体育活动是体育公共服务的生命线，以活动激发参与者的兴趣，以活动发展特色，以活动培育品牌。开展群众性体育活动要坚持大型与小型结合，以小型为主；集中与分散结合，以分散为主；临时性与经常性结合，以经常性为主。另外，开展群众性体育活动既要重在参与，更要贵在坚持；既要形成传统，又要具有特色。青少年体育活动主要包括经常性体育健身活动、特色体育活动和品牌体育活动。

经常性体育活动是基础，特色体育活动是传承，品牌体育活动是精神。经常性体育活动以社区体育站点、广场、公园为主要场所进行，活动以跑步、打球、散步、踢毽子、打拳为主。大部分青少年认为，公园环境相对安静，空气较好，大家愿意来公园锻炼。这种锻炼形式具有简单、灵活的特点，政府应当予以重视。

特色体育活动是经过民间较长时期的发展积淀而成的，与群众生活联系紧密，易于被青少年理解和发扬光大。群众喜闻乐见的、健康文明的特色体育活动不但有利于增强市民的体魄，而且有利于建立健康、科学的生活方式，有利于提高青少年的生活质量。舞龙、武术以及踢毽子等项目是特色体育活动，每年的活动吸引了广大市民参与。再者，民间传统体育活动还可以进一步挖掘、创新，扩大其在国际上的影响力，可以推动旅游业的发展，为地方经济发展做出更大贡献。

品牌体育活动，通过打造精品体育活动，扩大社会影响，提升市民的健身意识，吸引更多的青少年参与公共体育活动。例如，可以推行全市体育周、社区体育月等活动形式。体育品牌形成后，能够提升城市知名度和影响力。另外，部分城市应当致力于打造国际体育都市，品牌一旦形成，将给城市配上一张国际健康名片，给城市发展带来更多良好的机遇。

第二节 青少年体育公共服务组织体系的结构

体育组织是推进青少年体育工作的重要保障，是青少年体育事业发展的重要依托。建设体育组织，既是建立体育公共服务体系的内在要求，也是健全体育公共服务体系的动力所在。建立健全体育公共服务体系，体育组织是重要的环节与抓手。

体育公共服务组织体系的建设与完善，既要契合当前我国青少年体育发展的整体发展需要，亦要体现组织建设在体育公共服务体系中的角色与职能，通过体育公共服务组织的建设，从根本上满足青少年健身参与过程中的组织服务需要。体育公共服务组织体系的建设主要有政府、社会、市场这三个动力来源，社会、市场力量在政府的主导下，与政府一道构成体育公共服务组织建设的整体框架。

一、体育公共服务的责任主体

（一）明确作用

计划经济体制下，体育系统是我国政府行使体育管理职能的唯一系统，这个系统不仅自成体系、相对封闭，而且与系统外环境交流较少。在当时的历史条件下，由于竞技体育得到国家的政策倾斜，体育系统在很长一段时间内发展较为稳定。但是，财政拨款大多被用于发展竞技体育，群众体育没有得到应有的重视，因为竞技体育的业绩容易衡量，而群众体育的成效难以测度，因而我国的体育事业在结构上长期处于失衡状态。政府体育公共服务的供给内容简单、方式单一，与社会需求相比差距较大。建立市场经济体制以来，这一系统的外环境发生了翻天覆地的变化，原先的政策优惠难以为继，系统的稳定性受到了很大的影响。受原有体制路径依赖效应的影响，当下政府体育管理职能总体上变化不大。

我国的政府体育管理职能主要由体育系统承担，尽管机构形式在县级层面有所不同，但管理职能较为相似。人类理性的有限性、信息不完全使得作为起源于一系列有形或无形契约签订的政府，是一个有限理性人契约的结合，制度的建构是不完全的。虽然在理性能力和信息完全程度上政府占有较大的优势，但仍然囿于有限理性的宿命之内。在这个意义上，政府应当是有限的，其职能也应当是有限的，无所不包的政府职能注定是要失效的。有限政府必须处理好政府与市场、社会的关系，这就需要由全能政府向有限的公共服务型政府转变。从政府机构本身的构成来说，由于公务员制度以及人员编制的限制，其人力资源本身是有限的。从财政投入的角度来看，即使体育管理部门能够准确把握公共体育需求，科学制定区域体育发展规划，但还是要受到地方财政投入的约束。因此，面对复杂的体育公共服务供给问题，单纯依靠政府部门本身解决是不太现实的。

第一，政府需要进一步调整理念，实现由"划桨"向"导航"职能的转变。体育公共服务并不需要政府亲力亲为地执行和办理，否则就会把大量的人力、物力和财力浪费在低效率、不公平、不均衡的体育公共服务生产上。政府部门要习惯于宏观管理和调控，在体育公共服务供给上有所为、有所不为。在具体工作过程中，要坚持依法办事，不能按照官员个人或领导意志、遵循个人利益或部门利益的原则进行体育公共服务的生产和提供。应加强调查研究，把公众利益作为工作指向，积极引进市场、社会组织共同提供体育公共服务。

第二，转变政府职能，由管制向服务转变。在建立市场经济体制和构建和谐社会的今天，政府应加强体育市场的培育、规范和监管功能，重视体育公共服务的供给。根据公众需要决定政府体育管理职能的着力点，明确各级政府之间在体育公共服务供给上的分工，在此基础上考虑体育公共服务供给的方式和机制。同时，加强对群众体育需求的研判，使政府提供的体育公共服务能够有效对接公众需要。

(二) 厘定内容

从全民健身的角度，我国体育公共服务体系中主要有场地设施、体育组织、体育活动、体育指导培训、体质监测等需要政府的供给和保证。从我国体育公共服务体系建设实际来看，体育公共服务应该包括以下方面的内容：

第一，经费投入。体育公共服务经费投入、人均体育公共服务经费。

第二，政策制定。体育公共服务政策法规修改与完善、体育公共服务政策法规执行情况、体育公共服务"三纳入"情况。

第三，人员配备。负责体育公共服务的专职人员、参与体育公共服务的志愿者。

第四，公共体育场地设施建设。已有公共体育场地面积、人均已有公共体育场地面积、公共体育场馆的开放、学校场地设施开放。

第五，体育活动。体育活动的具体规划、举（承）办体育、活动参与情况。

第六，体育组织。体育社会组织、体育社会组织会员、体育社会组织活动、民间健身团队、民间健身团队成员、民间健身团队活动。

第七，体育指导。社会体育指导员、体质监测站（点）、开展体质监测。

第八，体育信息等服务。体育信息网站、体育科学健身讲座。

随着我国经济社会的不断发展，体育公共服务的国家基本标准相应的提高，体育公共服务内容也会更加丰富，尤其在竞技体育、体育产业领域也应制定相应的国家基本标准，来提升体育公共服务水平。我国地域广阔，各地经济发展程度不一，各地政府体育公共服务基本标准的制定也会有较大差异，体育公共服务的基本标准是各级政府关于体育公共服务的底线。

二、体育公共服务的优化配置

（一）市场参与体育公共服务的必要性

从一般意义上说，市场存在的价值在于追求最大经济效益，随着企业理论的扩展，企业的社会责任问题被广泛提及。公共服务的市场供给主要假设在于政府供给体育公共服务的低效和垄断。按照新公共管理的相关理论，通过竞争性理念的引入，各种市场主体参与公共服务供给，可有效地回应公众的需求。

第一，体育公共服务中市场参与的必要性——弥补低效。在政府供给中，政府综合公民的公共体育偏好，提供体育公共服务产品。政府失灵是在现实的生活中，由于政府也不具备完全理想化的条件，在进行宏观调控的过程中也可能出现失效，导致资源配置的非优化结果。政府失灵主要有四种类型：公共政策失误；公共物品供给低效率；政府扩张或膨胀；政府寻租活动。用这四种类型来反思我国当前的公共体育发展现状，可以说体育行政呈现出典型的政府失灵。公共政策方面，对公民急需的体育公共服务供给不足，但是竞技体育产品却是非公民自愿选择的超量供给。公共体育物品供给低效率方面，由于体育公共服务评价困难，竞争机制、激励机制和监督机制的缺乏，导致公共体育产品不仅总量不足，而且结构失衡，城乡差距持续性增大。政府改革在体育领域步履维艰，运动项目中心和各种体育协会成为政府改革的避难所，变相造成了政府扩张。

第二，体育公共服务中市场的优势——市场机制。市场机制是指在市场运行中形成的以价格、供求和竞争三位一体的互动关系为基础的经济运行和调节的机理。市场机制分为价格机制、供求机制和竞争机制。从供给和需求的角度分析，政府提供公共产品并不一定能够找到一个供需均衡点，以实现社会资源的最佳配置。在"提供什么"常常变动、"提供多少"不反映真实需求的前提下，即使"如何提高"问题圆满解决也未必能够实现最优。既然如此，发挥市场优势，借助市场配置资源的方式，成为一个提高政府供给效率的有效尝试。

与私人产品相比，公共服务的提供和生产具有特殊性。在公共服务供给过程中，提供和生产的分离使得公共服务供给多元化变成了现实。体育公共服务是指为满足公众的公共体育需求而提供的各种产品和行为的总称，从组织角度可分为体育公共服务提供者、体育公共服务生产者和公共体育服务消费者。在传统体育公共服务供给过程中，由于政府天然上承担了全部责任，因此，政府成为体育公共服务的提供者和生产者。但伴随着公民需求的逐渐扩展，和社会各类组织的成长，基于职能限定的政府组织和慈善追求的社会组织在体育公共服务发展中的角色，越来越明显，且作用日渐明确。

（二）市场在体育公共服务供给中的角色

市场是指在商品生产和交换领域扮演重要角色，以追求经济效益为主要目标的组织类型，其主要的表现形式是企业组织。由于企业组织以追求经济效益为主导，所以在实践运行领域，体育公共服务的公益导向一定程度上与企业的目标造成一定偏差。但在现实生活中，企业参与公共服务供给确实存在并逐渐发展。市场在体育公共服务中主要扮演以下四种角色：

1. "提供者—生产者"角色

从一般意义而言，市场不会承担体育公共服务的"提供者—生产者"角色，主要因为企业不会主动承担发展体育的公共责任。但是在企业发展过程中，企业承担"繁荣企业文化、增强企业活力"的实践，一定程度上体现了市场的角色。

企业职工体育就是市场在体育公共服务中的具体体现。企业职工体育是由企业投资、企业管理和运行的组织形态，以服务企业员工为宗旨，具有体育公共服务"提供和生产"联合的特征。承担体育公共服务提供和生产者的市场主要有国有企业、商业健身俱乐部等。

一般承担扮演此类角色的企业，规模较大，职工众多，经营能力较强，具有对企业职工长期回报的能力和动机，在满足职工体育需求方面，发挥着极为重要的作用。企业组织集体育公共服务提供者和生产者为一身还可能是商业性健身俱乐部。基于社会责任的呈现，商业性健身俱乐部通过特定时段的免费开放，让民众利用健身设施进行锻炼。

2."生产者—被采购者"角色

有的企业生产的体育公共服务产品，需要体育公共服务提供方支付一定的费用来购买，才能让渡给对方，从而惠及全民。这类企业组织主要是指提供各种专业化服务的企业或组织，通过提供专业化较强的服务项目，由其他组织支付费用，使之成为体育公共服务项目。如相关市场提供较为专业化的服务，这类服务需要付费使用。但是最终的消费者不需要付费，付费者根据服务对象的不同而不同。

针对社会普通公民的体育公共服务，付费者就可以是政府体育行政部门，如政府采购商业组织的健身指导服务，为辖区社会体育指导员提供职业培训的机会。目前，市场有专门提供企业趣味运动会的公司，此类公司主要的服务项目是销售给社会上的各类组织。因为其他组织没有举行趣味运动会的技术和设备优势，因此将举行趣味运动会的任务向相应的组织采购。

3."生产者—合作者"角色

公共管理过程中，合作主义是一个阐述多元主体合作的重要理论。在体育公共服务供给过程中，有些服务项目的供给需要多元主体参与。不同组织形态基于自身的管理优势，提供不同类型的服务项目，呈现出市场参与体育公共服务供给的合作态势。为实现青少年参与健身实现健康促进的目标，政府组织推动相关体育场馆对外开放，倡导相关社会组织参与服务供给，通过政策引导企业组织提供民众需要的"健康体检服务""专业化的健身指导服务"等。这样企业组织提供的服务类型就成为民众消费的体育公共服务的一部分，成为合作生产者。

在奥运、全运争光服务供给中，个别项目政府管理体制下的运动队没有生产优势，但体制外很多人基于兴趣爱好却在从事此类运动，且运动水平较高，所以此类服务的提供就可以由相应的商业性俱乐部合作供给。

4."购买者—提供者"角色

市场供给体育公共服务,具有一个特点,就是其服务对象基本都是组织内部成员。很多企业为了提高工作人员的体质健康状况,不仅对员工,而且对员工家属也给予相应的体育补偿,如购买相应商业健身服务提供给企业员工。

综合而言,在体育公共服务供给过程中,市场承担的角色可以从"安排者"与"生产者"的角度来认识,市场通过与其他组织的合作,共同实现体育公共服务供给的目标。

(三) 市场在体育公共服务供给中的实现

市场参与体育公共服务供给,本质是一种基于委托代理下的协调分工制度,从而引起政府与公民及社会之间的良性互动。因此,在推动市场在体育公共服务发展中,尤其需要注意伙伴关系、利益保障、方式创新和严格问责等形式。

1. 重视服务整合,构建新型合作关系

当前,我国体育公共服务已经进入"服务整合"时代,国家体育总局倡导的"大群体"就是服务整合的具体佐证。政府的优势在于供给利用公共财政建设相应的硬性服务,如提供民众参与体育活动的全民健身场地、器械等,而市场则能够利用专业化的服务提升民众参与体育服务的质量。

公共服务协议是英国公共服务在供给领域的创新方式之一。英国在社区体育发展过程中,通过构建"公共服务协议",约束包含市场在内的各种合作伙伴来提供体育服务合作关系。研究以英国社区农村体育公共服务供给为例,在推进农村体育发展过程中,与"郡县伙伴关系"合作,无论哪种企业、社会组织只要承诺能够按照英格兰体育理事会的要求提供体育服务标准,均可以申请政府的相关项目和资金扶持。在市场供给体育公共服务过程中,要充分利用和发挥市场具有的竞争价值、管理和技术优势。

2. 重视利益诉求,建立利益补偿机制

社会转型期,基于对普遍体育权利的重视,所以倡导体育公共服务的全覆盖发展。在培育市场供给体育公共服务过程中,需要重视各方面的利益诉求。无论是政府组织还是市场,其参与体育公共服务发展都脱离不开"利益驱动"。因此,在推动市场嵌入体育公共服务体系过程中,要建立有效的利益补偿机制,让市场能够在追求部门利益和实现公共利益之间实现利益的整合，为市场参与体育公共服务供给提供正向激励。市场供给体育公共服务利益补偿机制的建设，需要政府利用税收、法律等制度对相关市场进行补偿，对居民满意度较高、成本控制明显和体育公共服务质量较高的市场，政府可以给予相应的税收优惠，并在信贷支持和政策优惠领域提供相应的补偿措施。

3. 推进方式创新，建立多元方式体系

市场参与体育公共服务，不是市场替代了政府，而是竞争代替了垄断。市场能够充分引导民众实现"用脚投票"的权利，公共消费者可以在不同市场提供的体育公共服务中进行自我选择，从而提高民众的体育公共服务满意度。针对不同性质和类型的体育公共服务，采取针对性的供给方式。尤其是针对政府体育公共服务职能的改革手段，诸如政府购买、伙伴关系等，对转变政府职能、提高体育公共服务供给效率具有重要意义。在体育公共服务供给过程中，强调政府与市场合作的"公私合作"逻辑，对推进政府职能的改善和提高民间资本进入体育公共服务领域的积极性发挥着积极作用。

4. 引导退进意识，确立公私契约关系

我国体育公共服务体系建设，是政府体育行政部门的有效作为和市场积极参与的双向互动的过程。"政府—市场"范式双向互动也是西方公共服务改革的趋势之一。在建设服务型政府过程中，基于有限政府诉求，就要保证政府在很多既往体育公共服务的微观生产领域退出，给市场和社会组织留出相应的空间，这就是政府组织与市场的"退进"关系。在体育公共服务供给过程中，面对政府退出留下的空间，同时要通过制度建构营造合适的环境。

5. 确保问责态度，建立问责监督制度

公共服务型政府建设过程中，对各种行为主体的约束除了从法律规范、经济惩处等方面以外，组织问责制度是必要的选择路径。而在体育公共服务过程中，既然介入体育公共服务生产与提供的相关环节，就需要履行必要的社会组织，并将公共利益置于较为重要的地位。消费者和安排者要对体育公共服务生产主体进行问责监督，坚决制止体育公共服务供给中的消极行为，约束市场在合同约束下提供高质量的体育公共服务。

三、体育公共服务的重要载体

民间组织这一称谓涵盖了社会团体、民办非企业单位、基金会这三类组织。党的十七大报告中第一次使用"社会组织"一词代替使用多年的"民间组织",这个信号让固有的传统非政府组织、非营利组织、第三部门和民间组织等称谓面临一场新的改造,肯定了社会组织在社会主义民主政治建设中的积极作用,为社会组织的发展提供了政治保证。"社会组织"取代原来的"民间组织",在业界成为一个流行词汇,并获得民政部的确认。我国体育社会组织主要有体育社团、体育类民办非企业单位和体育基金会三种形式。

(一)体育社会团体

社会团体是指中国公民自愿组成,为实现会员共同意愿,按照其章程开展活动的非营利性社会组织。我国体育社团组织体系庞大、种类繁多。既有规模巨大、层级较多、会员众多的大型正式体育组织,诸如各行业的行业体协、体育单项协会等,也有规模较小,结构松散、成员较少的社区健身组织。

1. 行业体育协会

行业体育协会是我国群众体育组织体系中的重要组成部分。自中华人民共和国成立起,我国便在各个行业系统内部建立了体系较为完备、覆盖较为全面的体育协会。伴随我国体制改革的深化,单位制逐渐走向式微,由此深刻地影响到行业体协的发展。尽管行业体协在群众体育发展中的身份与角色已经发生了一定程度的改变,但基于我国是一个以公有制经济为主体的社会主义国家,各事业、行业部门的体育协会依然在动员本行业职工开展群众体育中具有其他社会组织无法比拟的组织优势,它们依然是我国体育公共服务组织体系的重要构成部分。

2. 人群协会

人群体育协会是指在各社会阶层、社会群体内部建立的社会性体育组织。诸如农民体育协会、老年人体育协会、残疾人体育协会、青少年体育协会等。

(1)农民体育协会。1986年,经国务院批准,中国农民体育协会成立。

中国农民体育协会是在农民这一社会阶层内部成立的群众性、社会性体育组织，是动员与发展广大农民参与体育活动的有效载体与组织形式。农民体育协会成立以来，在全国动员与发展了大量的农民朋友积极地参与体育活动，并举办了全国农民运动会和多届其他形式的农民体育活动。

（2）老年人体育协会。我国人口基数大，老年人人口众多，随着人口平均寿命的延长，我国正逐步迈入老年化社会。老年人特殊的身体特征对体育提出了较高的要求，运动健身成为老年人生活方式的重要组成部分，由此也使得老年人成为群众体育发展中的一支主力军。1983年6月，经国务院批准，中国老年人体育协会成立。由于老年人群体具有较多的闲暇时间，且老年人较高的社会地位与话语权力，使得老年人在群众体育动员、发展中具有较为独特的动员功效。老年人不但在动员老年人发展体育中具有十分积极的作用，在动员其他社会群体参与体育中的作用也十分显著。当前，各社区的健身组织，以老年人为主体的健身组织占据了数量规模的绝大多数。

（3）残疾人体育协会。体育在提高残疾人身体社会适应能力、锤炼残疾人的意志品质、促进残疾人向正常社会生活回归中具有十分重要的作用。我国具有数量众多的残疾人人口，基于体育在残疾人人群中发展有着十分重要的作用，为了联系与动员广大残疾人参与体育，1983年，在天津成立了中国残疾人体育协会。

（4）青少年体育俱乐部。体育对于青少年有着十分重要的教育与健身价值，青少年由此成为除老年人之外重要的体育运动参与群体。我国一贯重视青少年体育运动的开展，也十分注重青少年体育俱乐部的建设与发展。在中央政府的积极关怀与鼓励下，各地纷纷组建基层青少年体育俱乐部。当前各地的青少年体育俱乐部主要依托地方的体育系统与教育系统，以学校、体校（含业余体校）、体育场馆、单项体育协会、社区等为依托单位，成立各种类型的青少年体育俱乐部。各地的青少年体育俱乐部采取会员入会与登记制度，一般在当地的体育、民政部门进行了相应的注册登记，获取了法定的民间组织身份，并依据相关管理制度来实现青少年体育俱乐部的运作。

3. 单项体育协会

改革开放以来，我国体育单项体育协会得到了迅速的恢复与发展。近年来，除了各单项体育协会蓬勃发展，各区域的民族传统体育项目亦成立了相应的单项协会，这些民族传统体育项目单项协会的成立既起到了抢救、保护民族传统体育项目及其文化的作用，亦在当地起到了较为良好的群众体育动员与参与的作用，依靠各种类型的民族传统体育项目组织，各地长期化的举办开展各种民族传统体育活动。

4. 基层体育组织

改革开放以来，经济体制转轨，传统单位制逐渐式微，国家开始不断向社会让渡治理空间，由此使得社会力量得到不断的孕育与生长，各种类型的社会组织如雨后春笋般生成。为数众多的基层体育组织以其独特的结构与功能优势，在基层群众体育运行中扮演着十分重要的角色。

从结构来看，较多的基层体育组织采取的是"召集式"的运行模式，即依靠少数社区社会精英的个人动员，联系组织一批健身爱好者，由此而形成组织，这类健身组织结构松散，内部没有严格的科层划分，组织对于成员的进入与退出并没有结构性的限定，由此使得组织的生命力较强；同时也由于组织的结构小型，组织运行的成本相对较低。此类组织往往依靠组织精英个人的资源背景或者成员互助的资源来维系组织的运行。

从功能来看，由于为数众多的健身组织是基于共同的"趣缘"关系而自发形成的组织形态，"趣缘"关系是一种情感性的社会关系，具有共同"趣缘"的社会成员往往具有很高的组织认同感与归属感，组织内部的整合程度与一体化行动的程度较高，组织运行的稳定性也比较好。当前的社区，其社会关系逐渐由传统的血缘、地缘、业缘多缘合一的关系形态向单一的地缘关系形态转变。尤其是依靠市场化机制而聚群形成的现代商品房小区，由于社区成员之间缺乏多样化的社会关系纽带，社会成员之间的陌生感比较强。

依靠"趣缘"关系的带动与聚合作用，原本陌生的社区成员基于共同的体育爱好走到一起，形成了组织，由此强化了社区成员之间的互动与交往，也提高了社区的整合度。基于基层体育组织具有较强的情感联系与社会互动的积极功能，能够为现代社区的居民提供社会支持，由此而受到社区居民的认可与支持。

近年来，基层体育组织发展迅速，体育指导站、晨晚练点等遍及城乡，数量众多的基层体育组织契合了基层群众的体育需求，为群众提供了便利的体育组织服务，极大地推动了我国城乡社区群众体育的发展。

（二）体育类民办非企业单位

体育类民办非企业单位，是指由企业事业单位、社会团体、其他社会力量和公民个人利用非国有资产举办的，以开展体育活动为主要内容的非营利性社会组织。如民办的体育俱乐部、体育场馆、体育学校等，这些体育类民办非企业单位缓解了政府财政资金不足的压力，为社会提供日益增长、多元化的体育服务。

（三）体育基金会

基金会是指对国内外社会团体和其他组织以及个人自愿捐赠资金进行管理的民间非营利性组织，是社会团体法人。我国现有体育基金会大多集中在体育系统，少部分综合性体育基金会则分布于政府各个部门；非公募体育基金会属于体育系统、民政部门、工会和侨联主管；另有属于境外注册或是正在完成注册中的境外体育基金会。

四、体育公共服务组织的合作模式

在我国计划经济体制下，政府通过体育部门以及作为其延伸的体育企事业单位承担着各种公共体育产品的供给。随着我国市场经济体制的确立，公共资源的配置逐步由国家政府一元主导转化为政府、市场和社会三元化结构，政府包揽社会事业、支配所有社会资源配置的"机械式团结"社会渐渐发展成为三元结构均衡协调的"有机式团结"社会。进入社会转型期，体育公共服务垄断式传统供给模式越来越难以适应体育公共服务组织体系建设的需要，寻求市场、社会多元力量的合作，探索体育公共服务的市场化和社会化道路成为呼应现实需求的逻辑原点。广大青少年的体育需求是创新体育公共服务组织体系的动力，而建构政府主导、社会参与、市场配置的多元参与合作模式也势在必行。因此，处理好政府与市场、社会组织和体育事业单位之间的关系，显得尤其重要。

（一）政府与市场

政府要加强发展战略、规划、政策、标准等制定和实施，加强市场活动监管，加强各类公共服务提供。推广政府购买服务，凡属事务性管理服务，原则上都要引入竞争机制，通过合同、委托等方式向社会购买。长期以来政府体育部门供给体育公共服务，从投资、生产，到供给、评估整个过程无法满足人民群众日益增长的公共体育需要。将体育公共服务外包给市场进行运作，这种做法在体育领域也越来越常见。政府应该集中精力、时间，为体育公共服务"掌舵"，牢牢把握其目标性、根本性任务。一方面，政府应从繁冗具体的体育公共服务事务中脱离出来，专心于体育公共服务法律法规和政策环境建设；另一方面，充分调动市场主体的积极性和专业性，引入竞争机制，从公众体育需求出发，提高体育公共服务的满意度和绩效。这样，政府采用委托生产、合同外包、特许经营等方式，将体育民生项目交给市场化的公司来承担，充分发挥政府和市场的各自优势，这样既节省了人员、经费，提高了效率，又能确保体育公共服务的社会效益。

在体育公共服务中应如何发挥政府和市场的作用，行之有效的方法是政府在进行体育公共服务中要改变原有的全能式的领导和干预方式，在体育公共服务上政府要改变角色，把一些本该由市场提供的职能返还给市场，并同市场机制形成一种良性的"互助"关系。市场参与体育公共服务仍然面临着许多障碍，无论是参与体育设施建设、承包经营体育场馆，还是受政府委托推广体育项目、组织业务培训、组织群众性体育竞赛等方面还有巨大的市场开拓空间。首先，建立起一套有效的激励机制，提高企业参与体育公共服务的积极性，提高政府体育公共服务行政效率；其次，政府科学研制体育公共服务的标准及规则，加强过程监督，确保体育公共服务的效率和公平，对市场本身的自发性和盲目性予以规范和制约；最后，政府要尊重市场规律，尽可能少做关于调控体育公共服务市场的决定，除非市场无法自己调整。只有政府和市场相互依存，良性互助，体育公共服务的构建才可能成为现实。

（二）政府与社会

体育社会组织具有政府和市场都不具有的独特能力，它更加贴近普通民众，了解公众的体育需求，能够灵活、多样地提供体育公共服务。政府提供的体育公共服务往往具有基本性、公共性和普惠性，也就是说政府在基本体育公共服务供给方面具有优势，能够发挥规模经济优势和资源动员优势，但面向特定人群提供个性化的体育公共服务时，政府有时就会显得信息不灵、定位不准。相比较而言，我国无论是在法律上还是在政策上对体育社会组织还有许多限制，一方面希望体育社会组织在某些领域发挥作用，另一方面又担心其发展壮大可能会削弱政府职能的发挥。

体育社会组织数量众多、形式多样、覆盖面广、渗透力强、灵活机动，可以填补体育公共服务供给的空白地带，发挥其独特作用。

第一，树立官民合作共治理念。政府在某些体育公共服务领域有选择性地、部分性地退出，主动寻求与体育社会组织在体育公共服务建设方面的合作，形成"优势互补、相得益彰"的发展格局。

第二，明确政府与体育社会组织权责。体育社会组织同样也有追求自身利益的冲动，在体育公共服务供给的过程中也存在"志愿失灵"的潜在风险。政府通过进行规章制度的顶层设计并委托、购买体育社会组织体育公共服务等方式，防止体育社会组织供给出现偏差。界定政府管辖范围，设计委托、购买、评估、问责等相关程序，明确体育公共服务项目、标准。

第三，积极培育体育社会组织。政府在不断提高对体育社会组织扶持力度的同时，还要综合运用政策、经济、法律等手段对体育社会组织进行规范和管理，确保体育社会组织能向广大群众提供高质量的体育服务，满足多样化的体育需求。

（三）政府与体育事业单位

长期以来，我国的体育事业单位承担了大量的公共体育管理和体育公共服务，甚至是公共体育产品生产供给的职能。随着我国市场经济体制的不断完善和改革的不断深化，计划经济体制之下那种政府几乎掌握全部社会资源的格局已经彻底改变，政府、市场、社会出现了分化，政府对体育组织和体育机构不再具有绝对的控制和支配力。

20世纪末，地方政府体育行政"管办分离"进入操作性阶段，主要标志是事业单位社会体育指导中心的设置，形成主管部门、事业单位直接对接（群众体育处—社会体育指导中心）的"政府管、单位办"的模式。政府机构改革将国家体委更名为国家体育总局，体育总局机关仅设置竞技体育司负责对运动项目的发展进行宏观管理，而正式运动项目全部划归到运动项目管理中心，实行了管办分离。如篮球、排球、足球等运动管理中心，不仅承担着组建国家队参加各级国际比赛、建设各级运动队、培养后备人才等，而且还承担着篮球、排球、足球等运动项目在全社会的推广、普及开展等体育公共服务，这也是各运动项目管理中心义不容辞的责任。

在县级以上体育部门设立的社会体育指导中心，其主要任务则是根据国家的体育方针、政策、法规，全面管理和指导全国社会体育指导员、青少年、企业职工等人群体育活动。

事业单位是指国家以社会公益为目的，由国家机关举办或者其他组织利用国有资产举办的，从事教育、科技、文化、卫生等活动的社会服务组织。事业单位的实质就是提供公共服务，换言之，体育事业单位其实质也就是提供体育公共服务。在构建适应社会主义市场经济体制的新型体育公共服务组织体系时，应该明晰政府与体育事业单位之间的权利、义务关系，理清政府对体育事业单位到底应该怎样管、管什么、管到什么程度。

首先，体育主管部门强化制定相关体育公共服务的政策法规、行业规划、标准规范和监督指导等职责，切实落实体育事业单位法人治理。

其次，不断强化体育事业单位公益属性，按照政事分开、管办分离原则进行科学分类，依据体育事业单位职能分工与产出性质，并积极推进体育事业单位改革。

最后，创新管理方式、改进管理手段、提高行政效能。体育部门应综合运用行政、经济、法律、技术等多种管理手段，努力提升政策调节、市场监管、社会管理和公共服务能力，为体育事业单位提供体育公共服务创造条件。

第三节 青少年体育公共服务组织体系的实施

一、体育公共服务体系组织建设的价值

（一）契合青少年体育整体发展需要

青少年体育是我国体育事业的基础与重要的工作内容，其规模与发展水平是反映我国体育事业发展水平的重要指标。"新时代青少年体育公共服务体系需要以满足青少年体育需求为目的，扎实推进公共服务供给侧改革，

建立完善的服务体系，为体育强国的早日实现筑就坚实的基础。"[1] 基于青少年体育的发展事关全体国民的健康素质，一直以来，党和政府都较为重视青少年体育的发展问题，不但在各级政府内部成立了专门的管理机构，政府还颁布了一系列旨在推进全民健身工作发展的政策文件。

近年来，在体育强国的战略指引下，依据国家建立健全公共服务体系的总体部署，我国提出了全面构建体育公共服务体系的体育发展战略。构建体育公共服务体系，其核心则是抓住群众身边的场地、组织、活动三个环节。

从政府体育工作的战略部署来看，体育组织建设是体育公共服务体系建设的重点领域之一，由于体育组织在动员青少年参与体育、为体育提供组织活动的平台等方面具有重要的作用，因此，体育组织建设在体育公共服务体系构建、在青少年体育事业发展过程中具有十分重要的地位与意义。

当前，推进体育公共服务体系建设的重点是确保体育公共服务的均等化，也就是说要通过进一步完善体育公共服务体系，从而确保全国各族人民都能平等的享受到基本的体育公共服务。为此，国家体育总局提出要从保基本、强基层、建机制三个方面出发，来积极推进体育公共服务均等化。作为体育公共服务体系构建工作的重点领域——体育组织体系建设应当契合我国当前群众体育发展的整体需求，具体而言，就是应当在组织建设的过程中完好地体现"保基本、强基层、建机制"这一整体的工作思路，通过体育组织体系的建设，推动体育公共服务体系的健全完善，推进我国群众体育发展水平的整体提高。

（二）体现体育公共服务体系建设诉求

体育公共服务体系构建是一个庞大的系统工程。从结构来看，体育公共服务体系包含场地设施体系、组织体系、服务供给体系、政策法规体系、监管体系五个子体系，组织体系是体育公共服务体系的重要构成，在体育公共服务体系中具有十分重要的意义，是体育公共服务体系结构与功能实现良性耦合所不可或缺的重要元素。

建设体育公共服务体系，组织建设是十分重要的建设领域与着力点。

---

[1] 杨国庆，刘红建，郇昌店. 新时代我国青少年体育公共服务体系建设研究[J]. 北京体育大学学报，2018，41（04）：9-15.

体育公共服务的重点是群众体育——加强基层公共体育设施建设。全面实施全民健身计划，健全基层全民健身组织服务体系，扶持社区体育俱乐部、青少年体育俱乐部和体育健身站（点）等建设，发展壮大社会体育指导员队伍，大力开展全民健身志愿服务活动。建立国家、省、市三级体质测定与运动健身指导站，普及科学健身知识，指导群众科学健身。

体育公共服务体系的组织建设应当体现体育公共服务体系总体的建设诉求，以组织建设为枢纽更好地促进体育公共服务体系的构建。我国要以基层文化体育组织建设为抓手，调动街道办事处和社区居委会的积极性，与社会体育指导员、职工体育工作有机结合起来，做到硬件完善、专业运作、服务到位、长期投入，使社区体育组织健全、场地完备、管理规范、活动丰富，由此来促进体育公共服务体系的构建。此外，还可以建立全民健身活动站点，"自发性健身活动站点已经成为全民健身组织体系的丰富、完善和补充，为满足广大人民群众多样化的体育需求发挥着重要的作用。"[①]自发性健身活动站点倡导平等、开放、共享、互助的参与精神，满足青少年群体实现自我体育价值的需求。

（三）满足青少年健身参与基本组织需求

建立健全体育公共服务的基本目的是满足人民群众基本的体育参与和健身需求。体育社团组织是联系群众参与体育的重要纽带，是组织群众开展体育活动的重要平台，是维系与激励群众体育参与热情的重要支撑。体育社团提供的组织服务是青少年基本体育需求的重要构成。在建设体育公共服务体系的过程中，应当全面把握当前阶段青少年基本的组织需求特征，依据青少年基本的组织需求特征，建设体育社团组织。

我国地域辽阔、民族众多，不同区域的社区群体对于体育公共服务的组织需求存在一定的差异，不同的社会阶层组织需求亦有所不同，在建设体育公共服务体系组织架构的过程中，既需要考虑如何去满足青少年基本的组织需求，还应当考虑不同区域、不同社会阶层之间所存在的组织需求的差异。以满足青少年基本健身需求为根本出发点来有效地推进体育组织建设。

---

① 黄亚玲，郭静. 基层体育社会组织——自发性健身活动站点的发展 [J]. 北京体育大学学报，2014，37（09）：10-16+49.

二、体育公共服务体系组织建设的目标

依据我国公共服务体系构建的整体目标，结合公共体育组织服务体系发展的实际，以下为当前阶段我国公共体育组织服务建设的根本目标：

（一）保基本

公共体育组织服务作为国家运用公权力与公共资源所提供的一项公共服务，其服务的标准与水平应当与我国群众体育发展的实际以及政府体育公共服务的供给能力相适应。基于政府有限的财力无法也不能满足不同社会阶层多元化、差异化的全部组织服务需求，因而，政府所供给的公共体育组织服务所立足的只能是基本层面的公共体育组织服务，所面向的只能是普通民众诉求最为强烈的公共体育组织服务需求。

就当前而言，由于我国经常参与体育锻炼的人口数量仍然很低，因而，基本层次的体育公共服务应当立足于如何确保人民群众，尤其是青少年能够有效地参与到体育锻炼中来，因而这一阶段的体育公共服务应当将重心置于群众参与体育的各种必要性条件的保障之上。

就组织建设而言，应当立足于基层，依托现有的各类人群体育组织、单项体育组织、行业体育组织，依靠社区、村委等政府延伸组织的组织机能，努力将各类组织建设发展到基层的城市、农村社区之中，实现网络化的组织发展与建设布局，从而有效发挥各类组织的互补功能，吸纳与发动不同民族、不同年龄、不同兴趣爱好的群众广泛地参与到体育锻炼中来。

当然，强调公共体育组织服务的基本面向，并不是说公共体育组织服务的供给标准与供给水平是固定不变的，事实上，伴随经济社会的发展，随着国家体育公共服务供给能力与供给水平的提高，公共体育组织服务的标准也会相应提高。伴随国家经济社会发展水平的提高，体育公共服务组织建设的内涵也将随之不断提升、领域不断扩大，服务的群体不断拓展。

（二）广覆盖

政府供给的公共体育组织服务的服务对象为全体国民，因而，公共体育组织服务体系的建设应当是立足于国家的层面，通过公共体育组织服务体系的建设，使体育组织服务能够覆盖全国所有的区域，使公共体育组织

服务能够惠及全国各族人民。

当前阶段，我国的群众体育发展，尚存在区域不平衡现象，经济发达的东部沿海地区，尤其是东部沿海地区的城市社区，体育发展的组织条件比较成熟，依托人群体育组织、单项体育组织、行业体育组织以及各类松散的非正式健身集群的动员与聚集效应，东部沿海的城市社区形成了各类组织网络化、互补性的发展格局，组织的触角已经延伸到群众生活的小区之中，组织的覆盖面广、辐射能力强。

相比于城市的广覆盖，我国中西部地区，尤其是中西部的农村地区，人们的体育参与意识相对淡薄，制约了各类体育以及健身组织的孕育与生长。在这些区域中，建设与发展体育组织仍存在较大的观念层面、器物层面的阻力，因此建立健全体育公共服务体系，应当充分考虑区域平衡的问题，使打造与构建的体育公共服务体系组织网络能够真正覆盖不同区域的群众，使不同区域的群众都能够受惠于这一动用公共财政建设的体育服务。

(三) 可持续

建立健全体育公共服务体系，从内涵而言，应当包括体育公共服务体系发展的可持续性，这意味着建设的体育公共服务体系能够稳定地、长期性地为群众供给体育公共服务。体育公共服务体系自身的稳定性以及体育公共服务体系自身所具备的可持续的发展能力应当是体育公共服务体系建设的应有之义。作为体育公共服务体系的重要组成部分——体育组织体系也应当充分体现体育公共服务体系运行的这一特征。

因而，体育公共服务组始终贯彻与落实体育组织可持续能力的培养与提升，当通过一定的制度创新与机制建设，使公共体育组织服务体系具备可持续的发展能力。当然，随着国家公共服务整体水平的提高，全国各族人民基本服务需求的提升，公共体育组织服务体系也将动态的适应环境的变迁，不断地做出相应的发展姿态调整，从而生产与提供能够满足全国各族人民基本层面的体育需求。

(四) 有层次

体现组织服务建设的结构性与互补性。将纵向组织建设与横向组织发展、全国组织统筹与区域组织发展、大型组织建设与基层组织建设三者有效结合起来，从而构建起以政府为主导，全社会共同参与，自上而下"结构完整、机制健全、功能完备"的公共体育组织服务体系。

国家有限的财力喻示公共体育组织服务建设无法采取全面铺开、整体推进、一蹴而就的建设策略。建设公共体育组织服务体系应当依据我国群众体育发展的实际，采取有重点、有步骤的建设方针，将公共资源率先投放到发展效率快、发展效益好的体育组织建设领域。

从当前我国的体育组织建设格局与功能来看，基层层面的体育组织由于"亲民、便民、利民"的组织功能特征，能够长效化、生活化地为群众提供体育组织服务，此类组织应纳为政府优先建设的范畴之内。对于基层层面的体育组织建设，则应当优先考虑青少年群体的体育需求。

三、体育公共服务体系组织建设的取向

（一）转换理念，抓住力点

体育公共服务体系的组织建设可做出两种理解：其一，广义的体育公共服务组织建设，不仅包括生产供给的组织体系而且包括生产供给这些组织体系的组织体系。所以，广义的体育公共服务体系的组织建设，不仅涵盖如何生产供给组织服务，还涉及生产供给组织服务的自身的建设。由于广义的体育公共服务体系组织建设外延过于宽泛，所涉及的组织类型过于庞杂，不具有实践操作性，在具体实践中，我们所提及的应是狭义的体育公共服务体系建设，也就是如何生产与供给公共体育组织服务。其二，狭义的体育公共服务体系组织建设，既包括了动态的"组织建设"——政府或体育组织举办的活动过程即是动态的"组织建设"；亦包括静态的"组织建设"——各种实体性的体育组织。

通常的理解中，公共体育组织服务建设所涉及的只是如何去建设与发展各种类型的体育组织。不可否认，建设与发展各种类型的体育组织是公共体育组织服务建设的重要组成部分，这是由体育组织在体育公共服务体系构建、群众体育事业发展中的重要地位所决定的。但我们同时也应看到，在积极地推进各种类型的体育活动开展的过程中，亦会客观地促成体育组织现象的生成——或许短期性的体育活动开展只能够使群众形成并不稳固的临时性的集群，尚不具备形成稳定的、正式的体育组织的可能，但经常性、长期性、制度化的体育活动的开展与举办，却能够稳定地将分散的体

育参与者有机地整合起来，经常性的体育活动开展能够自然而然地使原本分散的体育参与者生成结构性的关系形态，并逐步演变为体育组织。

可见，动态的体育活动开展的过程中既本真地蕴含了组织现象，又暗含了孕育体育组织的内在机理，因而动态的体育活动开展过程亦是体育组织建设的重要过程。

从内涵的理解上，对体育公共服务体系组织建设做出这一区分是具有十分重要意义的，从理念上理清体育公共服务体系建设的重点，由此使得我们的实践工作更具指向性与针对性，实践工作也将更具有成效。

我们要将体育公共服务体系组织建设的工作重心下沉到基层社区。数量众多、规模小型、项目各异的基层健身组织以其"贴近群众身边、契合群众需求；组织规模小型、维系成本低廉；组织结构松散、准入门槛较低"的结构与功能优势，在基层社区具有极强的生命力，在体育公共服务体系构建、群众体育发展中的作用也愈发凸显。构建体育公共服务体系，推进体育公共服务体系组织建设，工作重心应当下沉，应将工作的重点置于基层社区这一层级的体育组织建设上，从战略上重视与关注群众身边的组织。而对于群众身边的基层体育组织的培育与发展而言，其最为关键性的要素则是支撑组织运行的精英。这些都是基于精英身上所蕴含的资源优势、所具备的社会威望、所连接的社会关系使其在基层社会具有极强的群体动员效力与号召能力，不但能够迅速地建立体育组织，也能够有效解决基层体育组织维系发展所需要的必需资源，确保基层体育组织的可持续发展。

通常，一位优秀的领袖能够转动一个组织，一群领袖则能转活一群组织。因而，培育与发展基层体育组织的实质即在于基层体育组织的人才建设，以抓"能人"为突破口解决基层体育组织培育与发展问题。基于这一认识，建设体育组织就可以相应转化为有力可行的人才建设问题。当然，基层体育组织的人才建设要建立与完善基层体育组织精英储备、精英流动、精英更替等机制，只有通过机制的建立才能使基层社区的领袖稳定地、长效地融入青少年体育发展之中，使组织在运行中始终有稳定的精英替代，只有这样，才能始终维系体育组织的稳定与发展，真正实现"抓人建点、连点成面"的良好组织建设功效。

（二）分门别类，注重互补

随着经济社会的发展，尤其是改革开放以来，伴随经济体制转轨、社会结构转型，在工业化、市场化、城市化等一系列动力机制作用下，我国原有的劳动分工、权力等级、生产关系、制度分割机制发生改变，由此引发社会阶层发生广泛、剧烈、深刻的分化。

社会阶层的分化不仅表现为人们社会地位、职业的变化，还表现为人们生活方式、价值观念的变化。不同的社会阶层具有不同的社会地位、职业、收入水平以及差异化的价值观念与生活方式，也就使得他们在体育参与过程中表现出迥然各异的体育需求、体育态度、体育消费与体育活动方式。

不同社会阶层差异化的体育需求必然需要通过不同类型、不同性质的体育组织社团来满足，群众体育需求的变化从客观上起到了催生各类社区健身组织的作用，使当前的基层社区生长出数量巨大、类型各异的各种健身组织。建设体育公共服务组织体系，应当充分重视与发挥基层社区各类健身组织的互补功能。

组织建设工作做到对组织的分门别类。按照组织的性质做出正式组织与非正式组织、人群组织与单项组织等区分，针对不同的体育社团组织，根据各社团组织的性质，采取分别的治理策略。

针对规模较大的正式体育组织，采取改革登记制度，赋予其合法身份，协助正式组织完善组织架构与制度框架，建立健全正式体育社团组织的人才流动机制、人才替代机制等；对于非正式组织，则可采取扶助加激励的办法，促进非正式体育组织的良性运行。扶助措施包括为非正式体育组织提供活动所需要的场地、器材、技术指导等；激励主要指向的是非正式组织的带头人，通过物质激励、精神激励等手段有效地激励组织的带头人，使得组织在带头人的领导下不断的孕育和发展。

对于人群组织，则根据人群的特征予以针对性的帮助；对于专项组织，依据专项的特征，予以场地、设施、器材、技术等多方面的针对性扶助；依靠这种分门别类、针对治理的手段，能够有效地促进各种类型体育社团组织的发展。

各种类型的体育社团组织的发展，能够发挥各自组织的功能，组织功能的互补能满足不同社会阶层群众差异化的体育需求。

（三）盘活存量，提升增量

在一个人口众多的国家发展群众体育，需要一个数量庞大的组织体系来提供组织服务。当前我国经常参加体育锻炼的人口不断增多，这对体育公共服务体系的组织建设提出了"量"的要求。体育公共服务体系服务的体育锻炼人口比例仍然较低，经常参加体育锻炼人口尚有较大的提升空间，体育公共服务体系组织建设应当进一步通过"盘活存量、提升增量"的工作思路大幅度提升体育社团组织的数量规模。

"盘活存量"是指我们应当尽可能地利用与把握好当前存在于基层社区的各类组织，使其更好地发挥出组织服务功能。对于发展较好的组织，我们应当以有效手段，激励其进一步发展。对于发展陷于困顿的组织，应当通过针对性的措施，使其重新焕发生机，有效发挥组织功能，对于一些综合性的组织，诸如老年会、妇女协会、青少年协会等，体育虽然不是这些组织的主要业务范畴，但仍应当有效地利用与发挥这些综合性组织在"盘活存量"中的作用，通过有效的手段，不断地拓展综合性社会组织的体育功能，使其融入体育公共服务体系的组织建设框架之中，发挥体育组织的功能，为群众提供公共体育组织服务。

"盘活存量"能够以相对较小的成本在短时间内较为迅捷地生产与供给体育组织服务。当然，基于当前我国现有的体育组织数量远不能满足当前群众体育发展的组织需求，仅仅依靠"盘活存量"尚不足以解决组织服务短缺的难题。因此，还应当通过"提升增量"的方式，进一步扩大体育社团组织的规模数量。其中"提升增量"是指新建组织，新建组织必然需要投入更多的体育资源，为了避免资源的浪费，应当在新建组织的过程中有所侧重的建设组织，应当优先考虑与建设那些群众需求迫切、组织基础薄弱的组织服务。诸如依据区域平衡原则，优先考虑组织服务建设水平相对较低的"老少边穷"区域的组织建设；依据补偿性原则，优先考虑青少年等特殊人群的组织服务建设。通过"盘活存量、提升增量"大幅度地提升我国公共体育组织服务的规模数量，由此来满足群众日益增长的体育组织需求。

（四）多管齐下，注重实效

推进体育公共服务体系组织建设，既可以采用直接手段孕育组建体育社团组织，也可以运用多管齐下的策略，进一步优化体育社团组织的发展环境，从而促进基层体育社团组织的发展与孕育。

1. 将组织建设与体育文化建设联系起来

体育文化是从深层次影响人们体育价值、体育行为的要素。通过一定的宣传、弘扬、榜样方式，在全社会积极地传播全民健身的价值、知识和技能，营造浓郁的全民健身氛围。体育文化建设的强化能够有效地转化、提升人们的体育意识，为群众参加体育锻炼提供有效的整合与激励效能；依靠体育文化建设的基础作用，群众自发组建、维护、发展体育社团组织的能力也能获得大幅度的提高。因此，在体育社团组织建设的过程中，应当重视体育文化建设的基础性地位，将体育社团组织的建设与体育文化建设有效结合起来，依靠体育文化的带动作用，促进体育社团组织的孕育与发展。尤其是体育器物条件相对落后的区域，依靠狠抓体育文化建设，依靠体育文化的促进、推动作用，可以一定程度地弥补器物条件方面的不足，甚至超越体育器物条件的限制而实现群众体育的跨越发展。

2. 将组织建设与体育人才建设联系起来

人才（包括广大社会体育指导员）是体育社团组织孕育、发展的根本，尤其是基层社区数量众多、结构松散的小型健身组织，往往依靠一个能人的个人能力与资源就能有效地转动一个健身组织。在体育组织的建设过程中，我们需要确立"以人抓组织"的工作思路，通过抓住社区健身爱好者中的能人，依靠这些能人来建设与发展组织。社会体育指导员由于具备相应的健身以及健身组织、健身指导等方面的技能，在发展体育组织上具有较大的优势。当然建设体育社团组织，将社团组织的建设与人才建设相互结合，除了善于识别、把握、激励社区的体育能人，还需要建立健全稳定的精英后辈替代机制。因为仅依靠某一个能人来发展组织仍然是不稳定的，能人的个人因素将影响组织的运行质量，为了使得体育社团组织能够持续地良性运行，那么必须建立一种稳定的能力生成与替代机制，使得体育社团组织有源源不断的能人来建设与发展组织，从而确保组织的良性发展。

3. 将组织建设与政府职能转变联系起来

建设体育社团组织，从实质而言，是培育与发展群众体育领域的社会性力量。培育与发展社会力量，调动社会力量发展群众体育事业的积极性一直都是群众体育工作的重点之一。一直以来，我国的群众体育事业都是依靠政府单方面的力量来推动与发展。但政府单方面的资源显然是不能承载群众体育发展所需要的巨量资源，从而使得群众体育发展速度缓慢；而政府直接介入群众体育发展事务,也与政府自身的职能不相吻合。所以在大力推进体育社团组织发展的同时,应当进行相应的政府职能转变。将组织建设与政府职能转变结合起来,通过政府职能的转变,改变政府单方面发展群众体育的发展方式,依靠政策的引导,培育与调动社会力量发展群众体育的积极性,尤其是采取政府购买体育服务的方式,来积极地培育体育社团组织。

4. 将组织建设与基层社区建设联系起来

体育社团组织孕育、发展于一定的社会关系之上。伴随社区的变迁,传统不善流动的社区形态逐渐为流动频繁的社区形式所替代。在传统的社区之中,社区成员地缘、业缘、血缘"多缘合一",社区成员互动频繁、社区整合程度较高,在这样的社会关系基础上,体育社团组织易于组建发展。而在现代社区,由于社会成员构成的异质性程度较高,以往联系社区成员的业缘、血缘纽带不复存在,社区成员仅仅依靠地缘关系维系,在这样的社会关系基础之上,社区成员之间互动较少,社会关系较为生疏,社区的整合程度较低,从而导致体育社团组织的孕育与发展较为困难。基于社区的关系形态与体育社团组织的形成与发展的关联效应,在建设体育社团组织的过程中,亦可以通过优化社会关系的方式而间接地推进体育社团组织建设。

5. 将组织建设与体育场地建设联系起来

为了大力发展群众体育事业,我国体育管理部门曾经提出建设群众体育"三身边"的工作举措,即通过建群众身边场地、身边组织、身边活动而使得群众体育真正地融入百姓的日常生活之中,使体育成为广大群众伸手就可及的事业。通过较长时期的"三身边"建设,我国群众体育发展的场地设施、组织水平、活动频次均有大幅度的提高。

从"三身边"的建设来看,场地设施、体育活动均是较为容易贯彻的举措,而体育组织往往由于分散、形式各异,难以以标准化的措施予以推进。事实上,如果转换工作思路,将基层体育社团组织建设与体育场地建设关联起来,那么,群众体育发展的组织化水平将得到进一步提高。将组织建设与场地设施建设关联,由此使得体育场地设施有较高的利用效率,同时依靠健身组织的挂靠与依附,而使得体育场地设施有了组织化的维护力量,大幅度地提高体育场地的使用寿命与质量。

四、体育公共服务体系组织建设的重点——基层体育组织

(一) 基层体育组织的重要地位

"组织建设是公共体育服务体系建设的重要组成部分,基层体育组织则是公共体育服务体系组织建设的重心所在。"[①] 体育公共服务体系是面向全民、惠及全民的服务体系,这样一个体系的建立必须贴近民众的生活、契合民众基本的体育需求,也就是说体育公共服务体系必须秉持亲民、便民、利民的建设原则,只有贴近群众生活的体育组织才能够真正服务群众、满足群众体育需求,才能成为可持续、长效化的组织形态。

在我国的体育公共服务体系中,不乏由政府自上而下号召成立,具有较大规模的大型体育组织,这些组织由政府作为资源后盾,往往具有一定的影响力与号召力,在全民健身动员中发挥着比较重要的作用。但大规模的体育组织由于组织规模庞大,运行成本较高,往往承担的是全国性的群众体育活动动员,此类组织通常与群众的生活保持一定的距离,一般不具有群众体育参与生活化动员的特征。

对于生活在基层社区的群众而言,他们所需要的是经常化、便捷化的组织需求,所需求的是距离群众较近,经常举办活动,具有地方社会关系基础的社会型体育组织。基层体育组织是群众身边的组织,正是贴近群众生活,亲民、便民、利民的体育组织形态,因此,这类组织构成了传递与实现体育公共服务全民供给最重要的组织形态。也只有接地气的基层体育组织,才能契合群众生活化的体育需求,才可能真正承载公共体育组织服务的功能。因此,群众生活化、经常化的体育组织需求凸显了基层体育组织在公共体育组织形态建设中的重要地位。

(二) 基层体育组织的结构特征

1. 科层制的组织结构

理性科层制是现代社会生活中每个社会过程中的最为重要的因素,而其中包含有不断形成的精确性与合法性,这些精确性与合法性是占统治地

---

① 钟武,胡科. 实践取向与推进模式:基层体育组织建设的战略思考 [J]. 武汉体育学院学报, 2014, 48 (06): 19-24.

位的社会组织原则所具备的。

以大栗港门球队为例，作为具有正式组织结构的大栗港门球协会，基本按照现代科层制的管理体系建立了自己的管理架构，门球协会设立了门球协会的章程，以规章的形式约定了组织的构成、会员的加入方式，并对组织的主要领导——主席、副主席、秘书长等的职能与权限做出了明确的约定。协会下属的球队在大栗港镇门球协会的统一领导下每年开展训练、比赛活动。

大栗港门球协会这类民间组织是由民间自发形成的组织，没有法律的身份，依靠依托于有法律身份的民间组织而解决其合法性问题，其治理结构属于组织自主型，组织的各项事宜以及协会的负责人均由组织自主产生。这类组织由于规模不是很大，群体之间以"趣缘"为核心纽带，一般组织的活动不涉及政治议题，因此，组织不会存在合法性的危机，受上级组织的干预比较小，与政府之间的交往不多，但组织内部却有正式的结构和明确的分工。

2. 多核心的组织结构

以赤岭路羽毛球队为例，与其说赤岭路的羽毛球队为非正式的体育组织，还不如将其称为羽毛球爱好者的集群。从结构上看，赤岭路羽毛球队，并不存在科层制的结构，没有组织章程、组织领导、组织结构，结构较为松散，会员加入与退出都比较自由。自羽毛球队创立以来，几年来的运转都依靠球队中的几个召集人、联络者。他们构成了羽毛球组织的核心，其他成员基本都是在他们的组织、协调下开展活动。因此，组织的结构特征是多核心的，也就是说组织是以几个核心成员为主要架构，核心成员周围又围绕着数量不等的队员。由于赤岭路的羽毛球队是一支依附在高等学校内的非正式体育组织，体制内资源配置与身份挂钩的特征决定了身份是进入组织的主要凭证，由此造成组织结构一定的封闭性，组织成员的发展基本限定在校内，趣缘是赤岭路羽毛球队的核心纽带，但业缘关系在组织的建设与维系中也发挥了较大的作用。

赤岭路羽毛球队虽然是一支体制内的群众性体育组织，但组织内部仍旧表现出分明的"差序格局"。长沙理工大学教职工的身份虽然是进入组织的基本身份条件，但汲取体育资源能力的差别使得同样具有单位身份的成员之间产生了内层与外层的结构分化。由于获取体育资源方面的职业优势，长沙理工大学体育部教师群体构成了组织的内圈成员，其他院系的教职工或者家属构成了组织的外圈。另外羽毛球队的核心成员的私人关系网络中的亲疏远近对组织的关系结构的形成也产生了重要的影响，核心成员的"差序格局"关系在组织中也有直接的体现。

由于资源的稀缺性，赤岭路羽毛球组织的规模受到了资源约束条件的限制。除了身份条件的约束外，组织并没有明确的组织边界。而资源的约束使得组织始终能够自动调节组织规模，使其规模与资源供给之间基本实现了动态的平衡。除了几个核心成员以及关系较为紧密者，其他成员的进入与退出是相当随意的，并不会受到任何的限制。近年来，随着组织的不断壮大，资源短缺的矛盾日益凸显，为了满足队员的健身需求，组织进行了多次分化，组织分化其实就是联络人与联络人关系纽带的断裂，其分化的产生基本与资源对组织规模的约束边界是相符的，超过了资源所能供给的边界，多余成员就会在核心成员的带领下从当前组织退出，另外选择一个时间段开展活动，久而久之围绕新的核心又构成了一个新的组织。

3. 单核心的复合结构

以鹿芝岭老年会为例，鹿芝岭社区有多支群众性的体育组织，在这些群众性体育组织中，一部分是由鹿芝岭老年会发动创建的，一部分则是村民自发组建的，但接受老年会的协调与领导。从当前鹿芝岭各群众性体育组织的组织结构来看，组织均为非正式的体育组织，规模较小，成员来源于本地的居民，以中老年人为主，组织结构虽然也较为松散，但由于鹿芝岭的部分群众性体育组织承担了配合政府开展文体活动的职责。因此，组织相对于一般的锻炼性组织要正规许多，队员虽然是自愿加入，但由于承担了一些节假日的表演任务，需要经常性排练，因而，组织为了维系规模的稳定性，对于队员的退出会有一定的限制，当然这种限制一般都是情感性的，是柔性的，而非刚性的。

在鹿芝岭各支群众性体育组织的日常运行中，鹿芝岭老年会发挥了十分重要的作用。老年会是普遍存在于我国农村社区的正式组织，它是一个由当地老年人组成，协助村委实现基层社会治理的民间组织，老年会在基层社会具有文化、政治、经济、体育等多个层面的功能。一般而言，老年会是依据现代科层制的架构建立的，但农村社会的乡土特征，使得这种正式的科层架构发挥效力有限，真正发挥效力的还是农村的一些非正式的权力关系，尤其是在我国中西部地区的一些传统保存较好的农村，长老统治依旧是村治中的主要方式，村庄中德高望重的老人一般都是村中事务最具有话语权的人士，他们通常也是村庄行动的组织者与号召者。

鹿芝岭处于长沙近郊，是一个经济较为发达的农村社区，近年来，城市化、市场化的快速推进，使得传统的生活方式受到了较大程度冲击，村庄已迈向社会主义新农村的发展道路，人们的生活方式越来越现代化。但村庄中为数不多的德高望重，且具有较强公益精神的老年人仍在社区治理中发挥着重要的作用。

(三) 基层体育组织的关系特征

基于社会关系在社会组织运行中的作用，在西方社会学的传统中，大批优秀的社会学家都在这一领域倾注了心血，创立了各自的社会关系理论。我国也将西方社会关系理论中国化，创立了具有中国特色的中国人际关系解释范式。

就基层社区中的群众性体育组织而言，基层社区的社会关系对于草根体育组织关系的形成起到了十分重要的作用，社区社会关系形式一定程度上决定了社区内草根体育组织的关系形态。这是因为，基层社区的群众性体育组织是在既有的社区关系基础上产生的，既有社区关系必然以各种形式体现在建立于社区社会关系之上的群众性体育组织。因此，既有的社区关系是基层社区群众性体育组织的决定性力量，它决定了草根体育组织内部的关系形式。此外，依靠已有的基层社区关系所建立起来的新的民间体育组织中的社会关系，一定程度上又将对社区社会关系发生影响。因而，基层社区的社会关系与基层社区体育组织中的社会关系，这二者始终在相互建构的过程中动态发展。而民间体育组织在运行过程中所表现出的关系特征，必然就是基层社区社会关系与基层社区群众性体育组织社会关系二者的交织与呈现，通过考察基层社区群众性体育组织运行中的社会关系特征，必然能够揭露出更为深层次的社区社会关系。

1. 民间体育组织运行的关系纽带

通常而言，可以将组织内的社会关系按照人际纽带的类型划分为血缘关系、地缘关系与业缘关系。实际上，在基层的体育组织中，另外还有两种社会关系——趣缘与学缘关系，尤其是趣缘关系，是基层社区群众性体育组织关系形成的最核心的纽带。对社区体育组织中的社会关系做出地缘、业缘、血缘、趣缘、学缘的划分，是基于每一种关系形式在性质上存有差异，事实上，在社区的群众性体育组织中往往会同时存在多种社会关系，多种社会关系会在社会群体之间重叠与交织，并且在不同类型与性质的基层社区群众性体育组织中，发挥作用的社会关系形式是存在较大差异的。

（1）趣缘。广泛存在于基层社区的各类群众性体育组织，一般都是在"趣缘"关系的驱动下建立以运动健身、体育休闲为目的的体育组织。"趣缘"表达的是人们在共同的体育爱好、体育追求过程中结成的新型社会关系。由于"趣缘"迎合了人们共同的生活品位与价值追求。因此，这种社会关系是非功利性、非生产性的，它所满足的往往是人们的情感需求。这对于组织的生成与运行既提供了稳定的驱动力，也发挥了十分重要的纽带作用；它既是基层社区群众性体育组织生成的最直接力量，也是维系体育组织运行的最重要的社会关系形式。绝大部分的草根体育组织就是在"趣缘"关系驱动下生成的，大量的组织成员原本互不相识，在共同的体育爱好的驱动下，大家走到了一起，组成团队，共同开展体育活动。

（2）地缘。地缘关系是一种十分重要的社会关系，它是建立在区位位置或空间地理关系之上的社会关系。人们要生存，就必须占据一定的空间，共同的地理空间使人与人之间建立了较为亲密的关系。

从人类发展的历史来看，地缘关系一直都是人类社会发展进程中尤为重要的一种社会关系。在中国几千年的传统社会中，农业均为立国之本，这种以土地讨生计的生产、生活形式必然使人们深深地扎根于生于斯、长于斯的土地，由此造就了中国人安于乡土的民族品格。在生产力不发达的社会中，地缘关系代表了人与人之间的"互助"关系。生活在共同地域的人们必须团结一致才能够应对一系列的自然危害、生产灌溉、地域安全等方面的挑战，否则就无法生存下去。同时，地缘关系还代表了人与人之间的"信任关系"。人与人之间的信任关系是在多次的社会互动中形成的，它的强度与人们相互之间的熟悉度、认同度相关。由于地缘关系的存在，使得相同地域的人们有更多的机会进行面对面的交流互动，从而容易在面对面的互动过程中增进相互的了解，彼此信任，结成熟人社会。在熟人社会中，信任是人们社会互动的重要前提，也是人们理性行动的重要基础。信任关系是地缘关系的一种重要属性。

随着现代社会的发展，市场化、工业化的不断推进，现代科技革命的日新月异打破了传统的生产生活方式，工业的发展，使得人们不必再从土地上去讨生计，人们也可以从曾经束缚自我的土地上释放出来；市场的发展，使人们可以跟随资本游弋世界各地；现代技术的发展，极大地便利了人们的沟通与交流。由此，使得传统的以"地缘"关系为根基的社会关系逐渐瓦解，原本建立在地缘关系之上的互助关系被撕裂，基于地缘所形成的生产、生活相统一的关系也被打破。如今，"地缘"不再像过去那样具有维系人们社会关系的强大力量，伴随地缘关系的式微，生产与生活从"地缘"关系中分离，生活在同一区域的人们日渐沦为陌生人。

地缘关系的变迁必然对基层社区的体育组织的发展产生重要的影响，虽然，在体育领域，"地缘"仍然是人们发生体育互动关系的重要纽带，但这种纽带作用随着业缘、血缘等社会关系从地缘关系的剥离而逐渐减弱。有着共同地缘关系的人们，由于互动关系的减弱，使得他们在共同开展体育运动的过程中面临诸多障碍，也使得体育组织建设的成本加大。缺少了其他关系纽带的辅助作用，仅有的"地缘"关系必然难以有效地维系体育组织的良性运行。

当然，社区生活的原子化为社区体育的开展带来了诸多的不便，但也正是在这种特定的背景下，使得社区体育的开展别具意义，社区体育组织的建设、社区体育运动的开展一定程度上起到了修复社会关系、重建社区的作用。社区体育组织建设、社区体育开展为重建社区关系迎来了一道曙光。

（3）业缘。业缘关系是建立在社会生产大分工基础上的社会关系，这一关系伴随人类社会的产生而产生、发展而发展。与地缘关系一样，业缘关系也是人们社会关系中十分重要的关系形式。

在传统社会中，地缘关系、业缘关系是高度合一的，这种延续数千年的地缘与业缘关系高度合一的状况即使在计划经济时期也未曾改变过。在户籍制度、城乡二元体制、单位制等制度的强化下，人们被分割在不同的生产单位内，由此使得人们对业缘关系产生依附。

在中国实行单位制的几十年中，全能的单位行使了社区的所有功能，也为单位中的单位人提供了从生到死的一切保障。在这一特殊体制下，单位体育一度举办得红红火火，各种类型的单位体育组织蓬勃发展。单位大院内篮球、乒乓球等开展群众体育活动的体育设施健全，单位体育组织经常性的举办各种类型的群众体育比赛。

经济体制转轨以来，我国原有的单位结构已走向衰落，传统的业缘关系亦被市场环境下的新型业缘关系所替代。现代社会的发展，虽然使得人们的互动交往、关系形式发生了较大程度的改变，但业缘关系仍然是有效维系人们社会生活的一种重要的关系形式，尤其是在社会日渐原子化的背景下，当居住的社区难以给予人们社会认同感时，新型单位必然在人们获取社会认同、寻求价值慰藉的过程中发挥重要作用，业缘的重要性体现无遗。只要业缘关系仍在人们的社会生活中发挥强有力的纽带作用，那么，这种作用就必然会在人们的体育生活方式中得到有效的体现。由于业缘关系有着深厚的情感依附与价值认同基础，它能够更为便利地使人们以较小的交往成本取得集体行动的一致，并能够使这种集体行动在有机整合的过程中得到长久的维系，因此，它有助于包括体育组织在内的其他集体行动的建立与维系。

（4）血缘。血缘关系是基于人们生理遗传基础上建立起来一种社会关系，它是一种先赋性的关系形式，也是一种个人无法自我选择的社会关系。由于血缘关系是一种先赋性的社会关系，它的认同感也是与生俱来的，因而，具有血缘关系的人群，其认同感更强，更容易整合，更容易采取一致性的集体行动。

传统的中国社会，具有血缘关系的人群一般都是聚群生活的，家庭规模庞大、结构复杂。在现代社会中，旧有的家族聚居式大家庭结构逐渐解体，取而代之的是小规模的核心家庭。如今，核心家庭已成为家庭生活的主要模式。核心家庭生活模式的出现，使得旧有依靠血缘维系的大规模家庭模式被不断分化，由此也使得强大的血缘关系逐渐弱化。血缘关系的弱化一定程度上是由大规模聚居家庭解体所造成的，大规模家庭的解体，使得一致性集体行动的必要性被减弱了，而非一致性行动的认同基础减弱了。在传统保存较好的农村社区，仍旧存在宗族聚居的现象，在这类社区，血缘关系依旧是维系人们日常生活的重要纽带，在血缘关系的整合下，集体行动的能力依旧很强。而在现代化的城市社区中，由于家庭形式以核心家庭为主，因而血缘关系的影响只存在于家庭内部，对于家庭以外的社会互动基本不起作用。

通过对传统社区现代化过程中家庭模式演进状况、血缘关系演变形式的了解，就能理解为什么在农村社区的群众性体育发展过程中，血缘关系仍然能够在群众性体育组织的建设与维系中发挥重要的作用，而在城市社区的体育组织建设中，由于城市社区丧失了族群聚居这一基础，导致血缘关系基本丧失了功能发挥的土壤。

（5）学缘。学缘是后天的教育社会化过程中发展起来的一种社会关系。通常是在共同的学习过程中所结成的同学关系，这一关系并不只限于学校体系，学校以外的其他存在教育行为的领域都可能发生学缘关系。虽然青少年群体是血缘关系主要依存的社会群体，但其他人群依旧可以在共同学习知识、技术、技能的过程中建立学缘关系。对于青少年而言，他们的人际交往基本是建立在学缘关系之上的，具有学缘关系的青少年基本都是同龄群体。他们大多具有共同的社会经历、共同的知识背景、共同的兴趣爱好，因而可能结成比较稳固的社会联系，集体行动的能力较强，内部的认同度与整合度都比较高。

在同龄群体的教育社会化过程中，兴趣爱好是可以相互影响的，往往一个成员的体育兴趣爱好可以影响其他人，这种互动影响的形式往往可以成为群众性体育组织发展的方式之一。

对于社区中由于共同学习体育运动技术、技能而结成组织的群体而言，由于有了一起学习的过程，学员通过学习互动能够进一步了解彼此，更容易建立亲密的伙伴关系。这种关系可以很好地移植到群众性体育组织中，为群众性体育组织更好的运行发挥学缘层面的纽带功能。

2. 民间体育组织关系特征的表达

（1）多"缘"交织。多"缘"交织可以以大栗港门球协会为例子。大栗港门球协会所处的大栗港镇是我国中部地区的一个极为普通的农村乡镇，经济发展水平不高，民风民俗淳朴，社会关系带有浓厚的乡土特色，地缘、血缘是维系人们社会生活的重要关系纽带。尽管大栗港镇近年来外出打工人口不断增加，甚至某些村的青壮年集体外出使村庄呈现出"留守"与"空巢"并存的现象，但这种"流出不流入"的单向度流动仍使得已有的地缘、血缘与业缘关系保持了较大程度的融合。单向度的流动维系了地缘、血缘、业缘三者的统一与完整。

大栗港的这种地缘、血缘、业缘三者融合的关系形态直接影响了大栗港门球组织的关系形态。尽管大栗港门球协会是一个为满足人们体育文化需求而存在的趣缘组织,但在组织的生长、发育过程中,血缘、地缘、业缘等社会关系均发挥了基础性的作用,它们既促进了趣缘关系的形成,还在趣缘关系形成后,起到了强化趣缘关系、强化组织的作用。

大栗港门球协会发端于大栗港的教育系统,业缘关系是最早在趣缘关系形成过程中发挥作用的社会关系。此时,隐含在业缘关系之内的血缘、地缘关系的作用尚未凸显出来。直到门球协会不断壮大,组织发展规模突破教育系统,走向农村之后,地缘、血缘等社会关系的作用才真正地以直接的形式表现出来,按照血缘延伸、地缘扩展等逻辑,大栗港门球协会一步一步在既有的社会关系网络中不断发展壮大。有了地缘、血缘这两个稳定的社会关系作为连接纽带,门球协会的结构变得更加稳定,运转更加高效。

综上所述,可将大栗港门球协会的社会关系特征总结为两个方面:第一,大栗港既有的地缘、血缘、业缘等社会关系促进了大栗港门球协会这一趣缘组织的形成;第二,在已经发展成正式体育组织的大栗港门球协会内部,趣缘、地缘、血缘、业缘、学缘等社会关系发达,且各类社会关系相互融合,发挥了正向的整合、驱动、链接等社会功能,促进了门球组织的稳定与发展。

(2)以业缘为核心纽带。在我国的事业单位中,身份依然较大程度的与资源配置相关联,往往单位的身份决定了某人是否具有资格进入到单位所提供的服务、福利的分配体系之中。这种身份与资源配置挂钩的模式虽然在市场条件下已呈现出不断弱化的趋势,但就当前而言,它仍然发挥着重要的作用。

赤岭路社区,是由单位社区演变而来的。辖区就是由两家国有企业与一所高校所组成的,随着这两个国有企业的衰落,原有小区的业缘关系被彻底打破。新型小区的开发建成,不断涌入新的社会成员,由此使得这一区域的社会关系结构发生改变,新的社会成员之间逐渐形成了以房产为纽带的"物缘"关系。相比于两家企业社会关系的迅速变迁,赤岭路社区的高等学校区域则较好地保持了原有的社区关系结构,作为国家所有的公办大学,仍承袭了传统体制下单位生活的不少特征,学校的部分教职工依旧聚群生活在半封闭的小区内,使得外单位的社会人员很难正式成为教师公寓的成员,从而使得小区内的业缘关系得到了良好的维系,使小区居民的社会关系更加亲密，互动交往较多。由于小区居住的都是高校教师，具有较强的体育意识，又有高校丰富的体育资源，因此，小区内的群体活动异常的活跃与丰富。每天的清晨与傍晚，校园内点缀着一支支太极拳队、民族舞队、门球队、篮球队、羽毛球队、健身操队等健身队伍，辅之以学校优雅的园林环境，给人一种美轮美奂的良好感觉。

身份与资源配置关联，使得业缘关系在人们社会生活、社会互动中的基础性地位得到强化。赤岭路的羽毛球队尽管像大栗港门球协会一样，虽然本质上是一个趣缘组织，但业缘关系却是趣缘关系得以维系的重要力量。依靠业缘关系，使得赤岭路羽毛球队能够源源不断地获得体制内的体育资源供给；依靠业缘关系可以确保组织结构的半封闭性——组织结构的半封闭性使得组织的规模不至于过度扩张，因为过度扩张组织将超越体制内体育资源供给的阈限而降低单位人的体育福利水平。可见，业缘关系是赤岭路羽毛球队这一趣缘组织得以生存与维系的重要关系形式，也使得赤岭路羽毛球队表现出浓厚的业缘关系的组织关系特征。

（3）以地缘关系为核心纽带。地缘在当今社会中无疑也是一种联系的纽带。例如，鹿芝岭镇是一个毗邻长沙的城郊社区，虽然在市场经济的大潮中，鹿芝岭凭借自身优越的区位优势，迅速跻身于社会主义新农村的行列，现代性的农业经济发展水平日益提高。但从社会关系结构上来看，鹿芝岭社区与大栗港社区并没有太大的差异。地缘关系、血缘关系依旧是社区生活中重要的社会关系形式。由于鹿芝岭社区的群众性体育组织多数是挂靠在村老年会之下的小规模健身组织，所以，鹿芝岭的群众性体育组织表现出依靠地缘关系来发展趣缘性群众性体育组织的特征，各支健身队伍的人员构成、活动方式都表现出较强的地域性特征。

（四）基层体育组织的生存环境

任何组织都生存在特定的环境之中，即使是结构封闭的组织仍然避免不了受到所处环境的影响，它们必然通过各种方式与所处环境进行信息的交流与资源交换。环境是组织生存与发展过程中极为重要的影响要素。一般而言，能够与所处环境保持较好适应性的组织，通常都能与所处环境保持良好的互动关系，组织的发展也能较好地获取环境的支持，从而使得组织能够实现良性的运行。那些不能与所处环境保持良好的适应关系的组织，通常都会遭遇严重的生存、发展问题。

1. 宏观的体制环境

一般意义上的组织生存环境主要指的是经济、社会、政治、文化等环境，而并非自然的环境。经济、政治、文化、社会等宏观的环境要素一般会通过观念性、结构性的表达方式对组织产生影响。体制即是组织所处政治、经济、文化、社会环境等要素的结构性的集成与体现。

改革开放以来，我国的国家治理方式发生巨大的变化，传统计划管理方式的谢幕、单位制的隐退，使得隐含在民间的社会力量得以释放，民间组织如雨后春笋般涌现。在改革开放初期，由于国家仍然较为严格地控制了各类社会资源，民间组织一般由国家推动，按照"自上而下"的逻辑产生，这时的民间组织受到较为严格的政府控制，无论是合法地位的取得、组织人事关系的配置、组织生存资源的获取都受到政府的严格掌控，这类组织虽然冠以民间组织的名号，但实际上却是政府组织的向民间以及社会的延伸。因此这类具有国家法团主义性质的组织在实际的运作中很难真正扮演民间组织的角色，也很难将民间组织既有的功能完好体现。

随着体制改革的不断深入，市场经济的飞速发展，原有"自上而下"的民间组织的建构逻辑逐渐发生改变，越来越多草根民间组织按照"自下而上"的逻辑发育呈现。

当前，生存于基层的草根体育组织如果要获得合法地位，仍然要受到这种体制的强力管制。体制壁垒的存在使得一部分规模较小、组织结构松散的群众体育组织放弃了登记的努力。因此，除了部分具有正式组织结构、具有一定规模的民间体育组织通过"双层管理"体制的相关程序获得了合法的资质，大量的草根组织游离于"合法性"之外。事实上，对于草根性的群众体育组织而言，由于其组织建立的目的仅限于群体锻炼，组织的活动内容简单，不涉及政治，活动所受体制管制也相对较小，因而这类组织本身也没有太多的注册、登记的诉求，政府也没有太强的"统管"意愿。

2. 微观的社区环境

宏观的体制环境为草根体育组织的活动设置了基本的底线。大量的小规模草根体育组织虽游离于"法外"，但却从未越过国家的法律底线。事实上，国家的影响往往是在民间组织越过国家底线后才会得到强烈体现，在不越线的状况下，国家的宏观体制因素对于小规模草根体育组织的影响是微乎其微的，这些草根体育组织由此可以比较自由地翱翔于体制的空间之内。

相比于宏观体制环境对草根体育组织间接、微弱的影响，草根体育组织生存的社区微观环境则是予以了组织较为强烈的直接影响。

改革开放以来，我国基层的社区结构发生了剧烈的变迁，单位制的衰落使得社区得以发育壮大。当前，无论是农村社区还是城市社区，均处在全速迈向现代化、城市化的路途中，在这场远离传统迈向现代的长距离赛跑运动中，由于各个区域地理环境、资源禀赋、历史传统的差异，使得赛跑的途中朝着同一个方向迈进的选手逐渐分化、分层。

(五) 基层体育组织的生存策略

1. 资源合法性

合法性与资源约束一般被学界视为民间组织生存与发展过程中面临的两个主要问题。

合法性既可以是法律层面的概念，也可以是一个社会系统所共同遵从与信仰的一套价值体系。社团组织的合法性可分为社会合法性、行政合法性、政治合法性和法律合法性。社团的社会合法性主要以地方传统、当地的共同利益、有共识的规则和道理等为基础。行政合法性主要指的是形式上的合法性，基础为官僚体制的程序与惯例；相比于行政合法性强调合法性的形式，政治合法性则是重视合法性的实质内容，诸如社会团体、民间组织的宗旨、活动内容、意图、意义等是否符合主流政治意识形态的主张，符合主流政治意识形态则被视为具备政治非法性，反之，则被认为不具备政治合法性。事实上，虽然合法性可以做出四种不同内涵的解读，但法律合法性却是合法性最为核心的要素。同时，法律合法性也构成了其他三类合法性的基础。

与合法性的理解相反的是，资源是指草根体育组织存在与发展所需的经济、文化、组织资源等的总和。

尽管合法性，资源约束被视为了民间组织生存与发展中最为重要的两个要素，但针对不同性质、不同规模的民间组织，两者所产生的影响是有显著差异的。

通常将合法性、资源约束并举于民间体育组织，是针对的那些具有一定规模，活动频率较高、活动范围较广、社会影响较大、资源消耗较大的正式体育组织。对于存在于基层社区中的那些规模较小、不具有正式组织形态、以体育锻炼为主要活动内容的草根体育组织而言,由于组织的活动内容基本不涉及政治议题,在政府供给的体育公共服务尚不能有效满足基层群众体育需求的现实状态下,政府为了整合社会层面的体育公共服务供给力量,对小规模的草根体育组织基本采取"放任"型的治理手段,既少主动干预,也少投入资源促其发展。这类组织虽然没有"合法"的身份,但在实际的运作中,却也很少遭遇由于不具备"合法性"身份所带来的困惑。

当然,对草根组织"合法性"问题的讨论是有约束条件的,通常"合法性"问题与草根组织的规模与活动领域、活动内容、活动影响息息相关。不受"合法性"困扰的只能是小规模草根组织,待到组织生长发育到一定的规模后,随着其活动领域的延伸、活动影响的扩大,一直未曾困扰的"合法性"问题将会随之出现。对于规模较大的草根组织,"合法性"问题一直都是组织生长发育过程中所面临的重要问题,是否具有"合法性"身份关系到大规模草根组织的生死存亡。

在基层广泛存在的、数量众多的小型草根体育组织中,资源约束并非对所有的草根体育组织的存在与发展都具有决定性的意义。通常草根体育组织对体育资源的依赖程度决定于以下方面的因素:

第一,项目。开展不同的运动项目所要动员的体育资源是各异的。不同项目对体育资源的依赖程度是各异的,诸如羽毛球,对场馆的要求比较高,需要无风的室内场馆,同时,羽毛球运动还属于器材损耗高的项目,它不像篮球运动一样,依靠一次性投入即可维持项目的运转,羽毛球运动需要不断地投入耗材。

第二,专业化程度。即使是同一运动项目,在专业化层次的不同等级上,所需耗费的各类体育资源也是有差异的。专业化程度高的草根体育组织,对场地、器材、技术等要素的要求较高,而专业化程度较低的草根体育组织,通过"变通"策略,可以运用多种替代策略,解决场地、器材、技术等层面的困难。

第三,组织规模。往往小规模的体育组织对资源的依赖程度较低。待到组织生长发育到一定的规模,组织管理运营等多个方面的成本会随着组织的规模变大而相应提高。

2. 体育组织汲取体育资源的行动方略

在对基层社区体育组织的调查中，有三个不同类型的组织，为了维系自身的生存与发展，创造性地采用了三种不同的资源汲取策略，它们分别是大栗港门球协会的"同构"策略、鹿芝岭草根体育组织的"挂靠"策略和赤岭路羽毛球队的"寄生"策略。

（1）"同构"策略。所谓的"同构"策略是将民间组织的组织建设纳入到基层行政组织的整体框架之中，借助基层行政单位科层制的管理架构、资源优势来促进组织的建设与运行。"同构"策略有两种形式的体现：其一，协会与联校机构的"同构"；其二，协会与基层村治结构的"同构"。

大栗港门球协会依靠"同构"的组织建设策略，使得门球组织的建设沿着教育系统、村委系统的组织框架不断延伸与发展，从而在一个中部不发达的农村乡镇上发展出拥有数百会员、运转态势良好的民间体育组织。

"同构"策略将体育组织的建设挂靠在基层行政体系之中，从而使体育组织的建设有效地搭载了基层行政体系的"便车"。搭载基层行政体系的"便车"对于大栗港门球协会的快速发展起到以下两个层面的积极作用：

其一，"搭便车"借助了基层行政体系科层制管理架构的功能优势，既有效地降低了体育组织的运行成本，也将体育组织建设的必需成本隐秘地转嫁给了基层的行政体系。使基层行政体系在无形之中为体育组织的生长发育提供了资源保障。

其二，搭载基层行政体系的"便车"还能比较好地发挥基层行政体系精英分子关系网络、社会资本的积极功能。基层行政体系中精英分子的积极参与、推波助澜，使得精英分子的关系网络被有效地"嵌入"到基层体育组织的建设之中。关系网络之上通常附着了丰富的社会资本。对于地方社会的精英分子而言，其关系网络、社会资本在基层社会运行中往往有着举足轻重的影响力。精英分子的介入，有效地推动了民间体育组织的发展。

（2）"寄生"策略。不同的体育运动项目，对于体育资源的需求是有差异的，对于一般的拳操锻炼组织而言，一块小小的空地、一台具有外放功能的音响就可以使一个组织运转起来，但对于羽毛球项目而言，则必须拥有比较规范的场地，通常需要无风的室内场馆，并且每次运动对于球的消耗比较大。因此，维持一个羽毛球队的正常运营所需的体育资源是比较巨大的。

赤岭路社区的羽毛球队，自开展活动至今加入羽毛球队的锻炼者日益增多，羽毛球队也由最初的一支逐渐分化为四支。与大栗港的门球组织发展历程不同的是，赤岭路的羽毛球组织的发展并不是借助了基层行政组织的组织资源，而是通过"寄生"策略来发展组织，维系组织的运营。所谓的"寄生"是指基层群众体育组织寄生在正式的组织之内，通过从正式的组织内汲取自身生存、发展所需的资源来维系组织的运营与发展。可见"寄生"策略最显著的特征是从他处获取组织的生存、发展资源，离开所提供的生存、发展资源，组织就无法生存、发展。

之所以将赤岭路羽毛球组织的生存策略定性为"寄生"策略，完全是依据赤岭路羽毛球队的生存事实所做出的判断。

赤岭路羽毛球队是由社区辖区内的长沙理工大学体育部几名爱好羽毛球运动的老师发动的。由于体育教师的身份，他们可以比较容易地获取长沙理工大学丰富的体育资源，即使是课余时间，他们也可以较为便利地进入到学校的专门体育场馆，开展羽毛球运动。除了自备羽毛球球拍，场馆、羽毛球等其他开展羽毛球运动的资源都是由长沙理工大学免费提供的。正是依靠长沙理工大学丰富的体育资源，赤岭路羽毛球队才逐渐发展壮大起来。

当需求超过供给，产生了供需矛盾时，赤岭路羽毛球队采用了两种策略予以化解：其一，是采取"先到先占"的办法。对于大家而言，大家都具有获取资源的资格，那么，谁要想获取有限的资源，必然需要更加积极主动地去获取资源，大家默认的办法是"谁先占有谁先享用"，超过体育资源供给能力的人群只能自行离开，依靠这一办法来控制组织规模，从而化解体育资源的供需矛盾。其二，组织分化。既然组织的规模超过了资源供应的限度，那么组织的分化就不可避免了。事实上，当前赤岭路羽毛球队已经由最初的一支分化为四支，四支队通过错开锻炼时间来提高资源的利用率，从而化解体育资源的供需矛盾。

（3）"挂靠"策略。从城乡基层社区的群众性体育组织的生成原因来看，大部分是由群众自发组建而成的，这类自发组建的组织中，往往有一个或多个具有较强公益精神的积极分子，他们在群众性体育组织的产生与发展中扮演了十分重要的角色；另有一部分群众性体育组织则是在基层政府的倡导、支持下成立的，这类组织虽然不一定拥有正式组织的结构，但却具有"官方"的背景,得到了基层政府较多的资源支持。对于自发组建的群众性体育组织而言,由于组建组织的目的只是为了健身,因而,组织通常不会有正式化、合法化的需求,对于这类组织,基层政府基本采取放任的治理策略。

随着组织的发展,也会有一部分极具特色、具有一定专业水准的群体组织从普通的健身组织中分化出来,这部分组织由于逐渐迈上专业化的轨道,对于体育资源的需求量增大,为了获取更多的资源,它们可能会寻求政府支持;事实上,对于基层政府而言,也希望在自己的辖区内存在几支具有一定专业水准的文体组织,这些文体组织的存在既能够活跃社区文化生活,也能够起到群体示范、宣传的作用。因此,对于一些发展较好的组织,基层政府也愿意给予一定的资助。接受基层政府资助的群体性组织往往需要承担配合基层政府开展文化活动的义务。

可见,随着民间体育组织的发展壮大,有一部分组织为更好地生存与发展,会向基层政府寻求资助。通过与基层政府建立互动关系,从而,将自己"挂靠"在基层政府组织之下。"挂靠"通常是形式上的,并不一定具有正式的、合法的身份,仅仅是指双方发生了较为频繁的互动关系,在双方的互动关系中,民间体育组织接受了基层政府的资源资助,但也要承担基层政府所要求的一些文体活动职责。

3. 体育组织的依附挂靠

从不同类型的民间体育组织汲取资源的策略描述中,可以清晰地比较出三种策略的差异。

大栗港的门球协会是一个具有科层制结构的正式组织,组织由地方的文化精英倡导成立,在发展组织的过程中,大栗港的文化精英利用自身所属教育系统的关系网络、资源优势,依据镇联校的管理架构来发展大栗港门球协会,继而将门球协会发展到大栗港镇的每一个行政村。在大栗港,门球协会的发展主要依托了基层行政体制的科层架构,解决了门球协会发展中的资源约束问题,通过治理结构的"同构",利用既有基层科层治理体系的管理能力来发展民间体育组织,极大地减少了民间体育组织发展的运行成本。

赤岭路的羽毛球锻炼队并非正式组织,没有组织负责人,只有组织活动的召集人。赤岭路羽毛球队队员利用自身的体制内身份,"寄生"于体制内，基本以"搭便车"的形式来解决组织发展、运行中的资源约束问题，依靠体制提供的资源来生存、发展。

鹿芝岭的群众性体育组织基本属于精英倡导、群众自发组建的组织，这类组织没有正式的组织结构，也没有合法的地位，属于结构松散的小型非正式。虽然这类体育组织运行的成本并不高，但由于组织存在于缺乏组织能力的普通农民之中，组织的运行显然需要强有力的组织者，鹿芝岭的老年会正好能够为这些地方性的松散群体组织提供相应的组织资源，以维系它们的运转。相比于大栗港的门球组织、赤岭路的羽毛球组织，鹿芝岭的群体组织既没有从结构上趋同于基层行政体系，也没有完全将组织的运行成本转嫁给体制内的单位，而只是"挂靠"在村委的老年会下，依靠老年会的领导、协调优势，来维系组织的运转。

虽然大栗港门球组织、赤岭路的羽毛球组织、鹿芝岭的群众体育组织性质各异，所处的环境各异，获取资源的策略各异，但从考察这三个个案的过程中，依然发现了基层社会的草根体育组织为了减少自身运转成本、获取组织运行资源，通过程度各异、方式各异的"依附"来寻求自身的生存与发展。

事实上，无论是正式的体育组织还是非正式的体育组织，为了解决自身的合法性、资源约束问题，除了依靠会员筹集经费、寻求社会帮助获取资源外，都较为普遍地采取依附的策略，从而更好地为自身的发展汲取资源。

通常而言，组织依附遵从了"小依附大、非正式依附正式、体制外依附体制内"的依附逻辑。所谓"小依附大"是指规模较小的组织依附规模较大的组织，这种依附逻辑侧重解决组织发展的资源问题；"非正式依附正式"是指非正式组织依附正式组织，这种依附逻辑侧重解决的是组织发展的合法性问题；"体制外依附体制内"是指国家体制以外的组织依附国家体制以内的组织，这种依附形式一般侧重解决的是组织发展的资源问题。

在"强政府"的背景下，依附政府是包括体育组织在内的大多数民间组织自动或者被动选择的组织生存与发展策略。依附政府，既能化解民间组织的合法性问题，也能为民间组织带来生存与发展中所需的各类政府资源，这对于民间组织的生长与发育而言，显然是有益的。但是，依附政府，可能会在一定程度上降低组织运行的自主性，组织在运行中可能受到政府不同程度的干涉，而这对于民间组织而言却是不利的。组织显然不能为了获取资源而牺牲组织运行的自主性。形成民间组织与政府间良好的关系显然需要民间组织与政府进行有效的沟通。

从更为长远的发展前景来看，伴随政府职能的进一步调整，民间力量的进一步发育，民间组织将在人们的社会生活，国家的治理中扮演越来越重要的角色。民间组织与政府之间的依附关系也将逐渐被主体间的互动合作关系所代替。

（六）基层体育组织的建设模式

1. 母体组织辐射

通过建一个支持型公益组织，由此来培育发展一批下线基层体育组织。衡量公共体育组织发育水平的一个重要标准是看公共体育组织体系是否完整、组织是否健全，而在公共体育组织体系中，各类枢纽型、支持型体育组织的数量很大程度决定着公共体育组织体系水平的高低。

在体育公共服务组织体系中，各种枢纽型、支持型体育组织可以有效地发挥桥梁纽带与链接作用，在政府组织与基层健身组织之间传递信息、交换资源；各种枢纽型、支持型体育组织还可以提供资金、信息、技术指导等多项支持，在基层体育组织建设中起到榜样与示范的作用，引导基层体育组织的建设与发展。

当前，我国已经基本建立起由中央到地方的公共体育组织网络，各种行业体育协会、人群体育协会、专项体育协会已经延伸到了基层，除此之外，多数街道、乡镇一般都已设立了联系、支持、保障基层体育组织发展的文体中心。这些延伸到基层的行业体协、人群体协、专项体协、基层文体站在公共体育组织服务体系中具有联系基层松散健身组织，为基层健身组织提供技术支持、联系纽带、资源帮助的功能。基于这些组织的建设与发展能够有效地支撑与联系大量非正式健身组织，因此在体育公共服务组织体系建设的过程中，应当尤其重视这类具有纽带、支持功能的组织的建设，树立"打造一个枢纽型、支持型体育组织，辐射一片健身组织"的组织建设思路。依托已有延伸到基层的行业体育协会、人群体育协会、单项体育协会、文体站等枢纽组织平台的建设，进一步拓展与发展基层建设组织。

2. 体育精英动员

通过培育公益性的社体工作人员，带动一批社区体育积极分子，由社区体育积极分子来推动基层体育组织建设。

公益型的社会体育工作人员是基层群众体育发展的重要推动力量，他们同时也是基层群众体育发展过程中组织建设的核心纽带与建设力量。培育与发展基层群众体育组织，应当充分重视基层社区社会体育公益人员。包括社会体育指导员、离退休的体育爱好者、具有体育特长的其他社会人员等，这些人自身爱好体育运动、具有一定的体育特长，具备基层体育活动开展的组织经验，具有较为丰富的社会资本与社会资源，他们在基层体育发展中具有极大的动员与组织作用。通过发现、培育一个或多个具有较强社会动员能力的基层社会体育爱好者，使他们成为整个社区群众体育活动、体育组织运行的核心与纽带，依靠他们自身的资源优势再去联系与发动一批基层社区的体育爱好者，通过社区体育精英这个点来打造基层群众体育组织建设的面，由此来构建基层群众体育的组织网络。

3. 健身场地挂靠

通过将场地建设与社团组织关联，建设场地的同时，发展一批体育组织。近年来，政府投入大量资金在城乡社区建设了一大批便于群众开展体育活动的健身设施、健身场地。规模快速发展的健身场地以及日益完善的公共体育设施网络是群众体育发展的重要物质基础，也在联系群众开展健身活动的过程中起到了重要的纽带作用。推进基层体育组织建设，应当看到场地建设与组织建设二者之间的内在关联机制：一方面，建设体育场地设施可为体育组织的孕育与发展提供基础性的物质条件，有利于体育组织的生成与发展；另一方面，体育组织的孕育与壮大也可以有效提高体育场地资源的利用效率与效益，还可以在维系体育场地资源良性运行的过程中发挥重要作用。

因此，在大力推进健身场地建设的过程中，应将健身场地建设与体育组织建设二者关联起来，依托健身场地的建设，打造以场地为中心的健身组织网络。

4. 购买服务培育

政府购买服务是欧美国家社会福利制度改革的产物，反映了政府在社会福利中的地位和作用，体现了福利价值和福利理念的变迁。西方福利国家在经历了福利危机后，纷纷走上了福利改革的道路，主张通过"第三条道路"，实现由"福利国家"到"社会投资国家"的变革。实行国家、集体和个人共同参与、共担风险的积极福利政策。

政府购买服务一般指政府将由自身承担的为社会发展和人民日常生活提供的公共服务事项交给有资质的社会组织来完成，并定期按照市场标准相互建立提供服务产品的合约，由该社会组织提供公共服务产品，政府按照一定的标准进行评估履约情况来支付服务费用。

随着我国"服务型"政府的构建与完善，政府购买服务将越来越普及，贯彻与实施到公共服务供给的各个领域。政府购买服务既能够有效整合社会团体、社会组织的服务供给效能，发挥政府、市场、社会的合力，有效地将公共服务的蛋糕做大；同时也能够通过政府购买服务，有针对性地培育与发展能够为政府提供公共服务来源的社会组织力量。

当前，我国已有较多省市在体育公共服务供给改革中引入政府购买体育服务这一良好机制，通过政府购买体育服务，依靠政府的政策引导、资源激励，从而在社会领域培育一批能够为政府提供公共服务资源的产出组织。围绕不同的体育公共服务类别，政府分别支持与培育相应的体育组织，可以使其拥有稳定的体育公共服务购买来源，还可以通过体育组织的孕育与发展，化解体育组织合法性身份的问题与资源约束的问题，还可以体育组织的培育为抓手来推进社会建设的开展，由此打造新型而又良性的政府与社会互动关系。

第六章 青少年体育公共服务设施体系建设

第一节 体育公共服务设施体系建设的现状

改革开放以来，我国体育公共服务设施的建设在质量上和数量上都取得了显著的进步，设施种类日趋多样化，国家财政投入不断增加，体育设施的普及率也有了明显提高。随着经济社会的快速发展和人民生活水平的不断提高，城市居民体育锻炼意识不断增强，体育服务需求日趋旺盛，全民健身活动蓬勃开展，体育健身已逐渐融入群众日常生活。"农民体育健身工程"的逐步实施，广大农村地区的体育公共设施建设稳步推进，农民参与全民健身的条件大为改善。我国大型体育公共场馆建设发展迅速，特别是大型体育公共场馆的公共服务能力有所提升，我国体育公共设施的建设与发展为我国体育事业的发展以及为我国实现体育强国目标提供了有力保障。

一、城市体育设施发展现状

（一）城市体育设施数量逐年增长

改革开放多年以来，我国城市社区体育设施在建设的质量与数量上都取得了长足的进步，城市社区体育设施得到了较快较好的发展，普及率有了明显的提高。"城市公共体育服务手段的完备，社区公共体育服务体系建设的改革完善，居民参与程度的扩大是提升人民健康生活质量和幸福感的重要途径"①。

(二) 城市体育设施类型不断丰富

中华人民共和国成立之初,由于当时国力有限,建设任务繁杂,国家无心也没有足够的财力来建设体育场地设施,体育设施的建设基本处于停滞状态,主要沿用了遗留下来的体育场地设施,其中社区体育设施基本处于空白,社区体育活动多数为民间体育项目,如毽球、跳绳、拔河、空竹等不需要专门场地的活动。随着大众体育健身意识的日益增强以及体育项目的不断更新,开展全民健身活动为主的非标准体育场地逐年增加和不断多样化,城市社区体育设施的类型得以丰富,由传统的单一型逐步走向现代的多功能型。目前,我国社区主要有健身路径、羽毛球场、网球场、篮球场、游泳池、乒乓球、台球、棋牌等大众化的体育设施,同时一些新兴时尚的体育设施逐步进入发达城市中的高档社区。

(三) 城市体育设施投入不断加大

随着我国经济社会的迅猛发展,国家经济实力的不断增强,大众体育健身、休闲娱乐的需求日益旺盛,各级政府对城市社区体育设施的建设力度逐渐加大,投入逐渐增加并更趋向合理化。

(四) 城市体育设施法规日益完善

社区体育设施的法律法规是社区体育设施建设、管理、发展及延续的重要保证。为了满足和保障大众体育健身、休闲娱乐的需求,近年来,国家各部门陆续制定、出台和修订了一系列相关的法律法规,旨在从法律层面确保我国社区体育设施的建设与管理。与此同时,各级地方政府根据当地的实际情况也制定和出台了社区体育设施建设与管理的具体条例和办法与之相呼应。

(五) 城市体育设施满意度逐步提高

随着我国社会经济的快速发展,各级政府对城市社区体育设施的建设越来越重视,加上各项体育法律法规的日益完善与不断落实,近些年来,我国城市社区体育设施的建设与管理取得了显著的进步。

---

① 方涛. 新时代背景下城市公共体育服务体系建设对高校社会体育指导与管理专业改革的策略研究 [D]. 汉中: 陕西理工大学, 2020: 15-20.

（六）城市体育设施资源整合不断推进

为了实现城市体育公共设施资源的共享，各级政府制定了一系列法规和办法来促进学校体育设施和体育公共场馆的对外开放，并取得了一定的成效。近年来，学校体育设施和体育公共场馆的对外开放率有所提高。与此同时，城市公园、广场、绿地的开发与利用逐步得到重视，城市公共开放空间已成为大众体育健身、休闲娱乐的好去处，为促进社区体育设施资源共享起到了非常积极的作用。

二、农村体育设施发展现状

（一）农村体育设施数量不断提升

经过多年建设，我国农村体育公共设施在数量上得到很大程度的提升，很大程度上提高了农民群体的满意度，从侧面反映了我国农村体育公共设施的成就。

（二）农村体育设施建设规划起步

完善的体育公共设施建设规划是农村体育公共设施发展的前提，可以保证农村体育公共设施在标准和系统方面的一贯性。和城市体育公共设施规划相比，农村体育公共设施规划出台的时间较晚。随着我国城镇化建设的推广，很多地方开展新农村建设和新型农村社区建设，成规模、人口密度较大的农村聚居区已经出现，为我国农村体育公共设施服务发展提供了良好的契机。当前，部分地方政府基于地方群众体育发展状况对区域农村体育公共设施建设规划进行了初步探索。

（三）农村体育设施建设用地以集体用地为主

农村体育公共设施用地属于文化、体育用地范畴，和城市体育公共设施建设相比，农村体育公共用地属于管理性、公益性设施用地类型。在我国农村体育公共设施建设过程中，应尽量使用村级公共用地。要求地方国土资源管理部门在制定区域用地规划过程中，要预留出体育用地，同时建设体育场地设施的用地要以划拨为主。在目前土地价值升值的状态下，建议建立健全体育用地价格评估体系，为公共设施面临市场交易条件下的用地问题做好准备。严格执行体育用地置换的规定，避免因经济利益占用体育用地。

(四) 农村体育设施建设投资以政府投资为主

就农村体育公共设施投资状况而言，以国家财政投入为主，但是体育彩票公益金等也发挥了重要作用。从国家整体层面来看，农民体育健身工程的主体就是农村体育公共设施建设。我国农民体育健身工程建设投资整体呈现东、中部地区较少依赖中央资金，较多依靠地方自筹资金建设，而西部地区则较多为中央资金投入建设的特点。这主要是由于东、中部地区相对于西部地区经济较为发达，能够有实力促使社会资金较多的介入，尤其是东部沿海发达地区，社会资金在农民体育健身工程中达到了很大的比例。

三、大型体育场馆发展现状

(一) 大型体育场馆数量增加

随着我国各地经济发展水平的提高和地方社会事业的快速发展，各级地方政府对大型体育场馆建设的重视程度日益提高，大型体育场馆建设被纳入议事日程。同时，随着省运会、城运会、全运会等大型体育赛事在各城市的轮流承办，进一步加快了各地大型体育场馆的建设。同时，随着大型体育赛事规模的不断扩大，与其配套的比赛馆和训练馆的需求量也相应增加。

(二) 大型体育场馆建设投入增加

伴随着大型体育场馆建设数量的递增，各地对于场馆设施的投入不断增加，近年来，地级市成为大型体育场馆建设的主体，许多地级市计划建设的体育中心的投入也在数亿元甚至数十亿元，大型体育场馆建设的投入急剧攀升。

(三) 大型体育场馆建设规模扩大

近年来各地大型体育场馆建设的规模越来越大，特别是部分经济发达地区新建的体育场馆设施规模越建越大，有许多用地面积接近100万平方米左右。场馆建设规模的日趋扩大带来的问题必然是场馆建设投入的骤升。

（四）大型体育场馆功能多元化发展

大型体育场馆功能设计的复合化、多元化是其建设发展的重要趋势。各地在大型体育场馆建设过程中为缓解和解决赛后运营困难，在大型体育场馆规划设计时就考虑了场馆的多功能设计，通过融入多元功能，使大型体育场馆具备多种使用功能，以提高利用率。各地在大型场馆建设过程中普遍融入了宾馆、酒店、会展、休闲设施、商业和办公等多种设施，甚至部分城市大型体育场馆在建设过程中直接将体育和会展功能结合，建设体育会展中心，满足体育和会展等多种功能需要，如南通体育会展中心、哈尔滨体育会展中心等。

（五）大型体育场馆服务能力提高

近年来，随着群众体育健身需求的日益高涨和政府对公共服务体系建设投入的不断加大，大型体育场馆在体育公共服务系统建设和供给体育公共服务中的作用日益凸显，服务能力逐步增强，为群众提供的服务项目和服务内容不断丰富，除了日常的全民健身、体育技能培训和健身指导外，多数大型体育场馆还向群众提供体质监测、个人陪练、体育用品、赛事组织与策划等个性化、差异化的体育服务，此外，许多大型体育场馆利用附属空间和配套设施开展多元化经营，为群众提供休闲、娱乐、餐饮和商业等多种服务，多元的群众体育消费需求得到满足，服务质量不断提升。

（六）大型体育场馆积极提供公共服务

大型体育场馆在构建体育公共服务体系和供给体育公共服务中发挥着重要的作用，在承办体育赛事、开展全民健身和惠民服务等方面不断创新，取得了较为突出的成就。

第二节 青少年体育公共服务设施体系建设的意义

一、作为体育事业发展和全民健身的载体

加强和改善体育公共设施服务，是各级政府履行公共服务职能的重要

内容。体育公共设施是国家发展体育事业的基础条件之一，是实现我国体育工作目标、完成国家体育基本任务的重要物质载体，也是实行全民健身计划，进一步改善国民体质与健康状况，提高中华民族整体素质，促进社会主义物质文明和社会主义精神文明建设所必不可少的保障条件，更是国家和地区体育发展水平的重要标志。

作为广大人民群众开展体育活动的基础，体育公共设施的规划和建设直接关系到广大人民群众的身体素质和精神面貌，对于构建和谐社会具有十分重要的现实意义。

我国一直以来高度重视群众体育的发展问题，尤其注重群众身边的体育场地建设。从政府体育工作的工作方针和战略部署来看，体育公共设施的规划和建设已成为当前我国体育事业发展的重中之重。

今后几年是我国体育事业发展的重要机遇期。随着全民健身上升为国家战略，同时越来越多的大型体育赛事将在我国举办，这些都为体育场地设施建设带来新的发展机遇。我们要大力推进我国城乡体育设施建设，完善布局，为群众提供方便、多样的健身设施。

二、完善体育公共服务体系的核心环节

体育公共设施指各级人民政府或社会力量向公众开放用于举办、开展各类体育活动的公益性体育馆、体育场、游泳池、灯光球场、社区体育中心、体育健身苑点、体育公园等建筑物、场地和设备。体育公共服务体系建设是一项庞大而复杂的系统工程。我国体育公共服务体系主要包括体育公共设施、组织、供给、政策法规、绩效评估五个子体系。体育公共设施体系的规划建设是我国体育公共服务体系的基础核心环节，是提供体育公共产品和服务的载体，是体育公共服务体系的基础。它是由满足公众体育公共需求的各级各类体育场馆和健身场所设施等要素构成的有机整体。

三、保障人民群众生命健康与切身利益

建立健全体育公共服务体系的根本目的和出发点就是要满足我国人民群众日益增长的体育健身需求，体育公共设施体系的建设则是广大人民群众参与体育活动的必要前提和物质条件。我国体育设施的建设从一开始就是要保障和维护人民群众的切身利益，它成为我国政府和体育部门发展惠民，为民办好事、办实事的重要手段，成为全心全意为人民的体质与健康服务的具体体现。

随着人民群众对物质文化需要的不断增长,广大人民群众对体育公共设施的需求也同比增长。面对我国体育公共设施供给严重不足与人民群众需求不断增长的矛盾,我国各级政府和体育部门始终将群众健身的场地设施建设、管理和使用作为全民健身的重点环节和重要问题,在全国各地开展"全民健身工程""雪炭工程""体育彩票综合健身馆"等项目推进体育公共设施建设,最大限度地保障和维护了人民群众的体育健身需求。

第三节 青少年体育公共服务设施体系建设的策略

一、践行现代管理思想

政府应树立和奉行体育设施建设"真正以青少年为本,而不是形象工程"的理念;教育部门应改变"应试教育"理念,树立"青少年健康第一"理念,从而为学校体育设施资源建设和管理提供前提条件;父母要树立"孩子伙伴、共同参与"的体育观,以身作则,积极参与,率先垂范,树立家庭体育现代生活方式,营造家庭体育的良好氛围,为青少年的体育参与提供家庭力所能及的支持,如器材、机会、精神支持、经费等。只有政府、学校管理者、父母等青少年体育活动参与的重要支持方都树立正确的青少年体育观,才能保障青少年体育设施资源的合理建设和科学供给。

二、创新资源开发方式

对现有体育设施资源的种类、数量等进行调查、分析和研究,并提出创新其功能、使用方法方式等方案,对可以利用的潜在青少年体育设施资源进行增量开发。

学校可以按照学生实际和兴趣自制体育器材,把"成人化"的场地器材改造成适合学生特点的场地器材,安装多向篮球架,因地制宜地设计自然地形跑道等；课余时间对学生开放学校的体育场地，最大限度地挖掘可使用的空间和时间；对于校外体育场地设施，教育、体育及其他政府部门与社会各界都应该积极协调配合，为青少年提供更多的体育运动场所，同时进一步规范这些场所的运营管理。鼓励商业地产与社会投资积极参与城市社区青少年体育设施建设，以项目带动青少年体育设施资源建设；利用各级各类公园、旅游景区和自然保护区等区域，设定可供野营、野外活动、自行车郊游的"青少年活动区"和可供进行滑雪、网球、高尔夫球运动的"野外运动区"。

政府、学校、社区、社会团体、企事业单位、家庭及青少年个人等相关主体主动参与，出谋划策，与时俱进，不断创新体育设施资源开发的方式，形成各主体积极互动的良好局面。

三、提供全面保障

各级政府应认真落实《公共文化体育设施条例》，城市社区建设规划应充分考虑青少年体育锻炼的设施需要，为其提供基本体育设施与环境；学校应将体育工作纳入学校整体建设规划之中，积极向上级主管部门汇报相关情况，增加对体育基础设施和器材的投入，如可以设立体育场地设施器材专项基金；成立体育部，大力检查和督导，负责体育场地设施建设及其管理指导，并提供相关的政策性支持。不断完善政策，使体育公共场馆设施免费或优惠向周边学校和学生开放，积极推进学校体育场地设施对外开放，并将其纳入地方政府公共服务体系建设，建立长效机制；尽快制定和实施《关于加强学校体育场馆向公众开放的指导意见》及其实施细则；建立学校体育场馆设施对外开放的监督检查及表彰奖励机制；建立政府财政专项资助与政府购买第三方责任险、校园意外伤害事故和安全问题应急管理机制等配套管理制度和机制，不断完善青少年体育场地设施的相关法规政策体系。

积极推动建立以财政为主的青少年体育投入保障体制，体育行政部门也应建立专项资助项目，保障青少年体育重点领域和重点工作的资金投入，重点资助青少年户外体育活动营地、国家高水平体育后备人才基地、青少年体育俱乐部、青少年体育传统项目学校等，资助"阳光体育运动"器材项目，配套建立专项资助和服务购买制度。同时，加大西部地区青少年体育扶贫力度，国家级资助项目向西部地区倾斜，对西部地区，尤其是新疆和西藏地区，创建青少年户外体育活动营地项目，并实行青少年体育俱乐部全额资助政策。

四、建立互通共享机制

发展青少年体育场地设施并不是简单地通过一些手段增加其数量，而是一个完整的系统。应在"政府主导，社会参与"主导思想的指引下，通过"自上而下"的"顶层设计"和"自下而上"的"基层主导"相结合的模式，促使青少年体育设施资源的相关主体积极参与，建立一个青少年体育的"硬件"发展网络，并使其针对青少年群体开展体育活动，全面整合资源形成互通共享机制。

第七章　青少年体育公共服务保障体系建设

第一节　青少年体育公共服务信息保障体系建设

一、体育公共服务信息保障体系的分析

信息需求是机体的一种客观需要，明确公众的信息需求，了解信息需求的现状，掌握信息需求的规律，可以为体育公共服务信息资源的采集提供动力，为体育公共信息服务的开展指引方向。体育公共服务信息需求为信息保障体系的建立提供了依据并起到了风向标的作用。

（一）体育公共信息服务的信息需求分析

1. 体育公共信息服务接收动机分析

公众对体育公共信息服务的接收动机，按照所占比例从高到低依次排列的顺序为：学习健身知识、了解体育资讯、好奇和好玩或消遣娱乐、查询健身路径、掌握场地器材情况、其他、专业研究需要。

2. 体育公共信息服务传播渠道需求分析

目前，体育公共信息服务的传播渠道主要有网站、手机、电视、电台、宣传栏、报刊、宣传手册等。从公共信息服务传播渠道选择情况来看，所占比例由高到低分别为：网站信息服务，手机信息服务，电视、电台信息服务，报纸、杂志、宣传册等信息服务，宣传栏信息服务。由此可以看出，公众接收体育公共信息服务最重要的信息传播渠道为网站和手机。网站信

息传播和更新速度快、传播形式多样；手机获取信息既方便又快捷，可以随时随地掌握信息动态。二者在体育公共信息传播渠道中发挥着非常重要的作用。电视、电台以其简单的信息传递方式、廉价的信息服务费用，也得到了近1/5公众的认可。而对于报纸、杂志、宣传册、宣传栏等信息传播渠道，公众的需求态度则不是很强烈。

网站和手机是公众获取体育公共服务信息的主要渠道。网站和手机相对于其他信息传播渠道而言，在传播时效方面具有先天的优势，经过采集和处理后的信息，可以通过网站或手机在很短的时间内实现很大范围或很远距离的传播，使得公众可以高效率、高质量地接收体育公共服务信息。此外，网站和手机具有高度的互动性和参与性，接收体育公共服务信息的同时可以通过互动交流平台，积极参与交流和评论体育信息。通过查询检索功能，使公众可以随时随地获取所需的体育公共服务信息，既方便又快捷。

第一，青年人倾向于通过手机、网站获取体育公共服务信息，老年人则习惯于通过传统的信息传播渠道获取体育公共服务信息。青年人对于电视、电台这种信息传播渠道的需求选择比例明显低于其他人群。老年人对手机信息服务的需求选择比例明显低于其他人群。

第二，不同学历人群对体育公共服务信息传播渠道的需求有所不同。公众受教育程度不同，对体育公共服务信息传播渠道的需求有所不同。

第三，机关或事业单位人员对网站体育公共服务信息的需求程度最大，不同职业者对手机体育信息的需求程度大体相同。机关或事业单位人员在接受体育公共信息服务方面对网站信息传播渠道的依赖程度最大，而对电视电台这种传播渠道的需求程度比其他职业都低。

（二）体育公共信息服务的信息平台功能需求分析

1. 不同年龄对信息互动交流功能的需求

从不同年龄层次人群对网络信息平台功能的选择情况来看，老年人对信息资讯发布功能的需求选择比例最高，超过半数的老年人认为信息资讯发布是他们最需要的网络平台功能，他们对信息互动交流功能的选择比例最低；未成年人对信息互动交流功能的选择比例较高；青年人对信息查询检索和信息互动交流的功能需求程度相近。

总的来说，可能由于老年人不了解网络平台功能的使用方法，或者因为网络平台操作复杂等原因，老年人对信息互动交流功能使用不多，需求程度较年轻人低，老年人主要通过网站信息资讯发布被动接受网络平台提供的体育公共服务信息。

2. 不同学历对信息资讯发布功能的需求

通过对不同学历人群对网络平台功能选择情况的分析，高中及以上学历人群最需要的网络平台功能均为信息资讯发布，其中研究生的选择比例最高。由此可以看出，信息资讯发布功能是他们最需要的网络平台功能。其他信息功能的选择情况与整体情况类似，信息监督反馈功能的选择比例均不高。

总的来看，高中及以上学历的人群对于功能选择的比例从高到低依次为信息资讯发布、信息查询检索、信息互动交流、信息监督反馈，这与整体的选择情况相同。

3. 不同职业对网络平台功能的需求

通过对不同职业人群对网络平台的需求选择情况分析，不同职业人群均认为信息资讯发布是他们最需要的网络平台功能，对该功能的选择比例均接近半数。目前，公众对信息资讯发布功能有着较大的依赖性，而对其他网络平台功能的选择比例较低，对信息监督反馈功能的选择比例最低。

总的来说，不同职业人群的网络平台功能需求选择情况与整体情况相类似，还处于单向接收体育公共服务信息阶段，信息服务的互动和参与程度相对要低一些。

二、体育公共服务信息保障体系的构建

体育公共服务的信息需求是构建体育公共服务信息保障体系的导向，体育公共服务的信息资源是构建体育公共服务信息保障体系的基础，体育公共信息服务是构建信息资源保障体系的基本手段和方法。

（一）体育公共服务信息保障体系的构建目标

体育公共信息服务在不同的发展阶段会出现不同的突出问题，在每个阶段，针对不同的问题，其发展的目标是不同的。

随着人民群众对物质文化和精神文化追求的不断提升，公共体育服务供给和需求的矛盾日益凸显。面对这一时期的突出问题，体育公共服务信

息保障体系将其发展目标定为两个方面：一方面，是以体育公共服务信息资源开发为重点，利用先进的网络技术对我国体育公共服务信息资源进行整合与发布，实现公共体育服务信息资源的合理利用和有效供给，以满足社会大众的公共体育服务信息需求；另一方面，是逐步建立和完善具有中国特色的体育公共服务信息保障体系平台，优化资源配置，最终形成信息化、网络化和社会化的体育公共服务信息保障体系，提高我国体育公共信息服务的水平和能力，以使人们能够真正共享改革发展的成果。

（二）体育公共服务信息保障体系的构建原则

在构建体育公共服务信息保障体系时，需要遵循的原则主要有以下方面：

1. 公平享有原则

当前，我国体育公共的服务对象不是某一部分人，而是全体公民。这就需要政府部门不断提高体育公共信息服务的水平和能力，不断扩大体育公共信息服务的覆盖面，提高公民的参与率，尽可能提供体育公共服务的信息资源，满足体育公共服务的信息需求，使得人人公平地享有体育公共信息服务。

2. 需求导向原则

信息需求是体育公共服务信息保障体系构建的前提和导向。在我国市场经济和多元信息服务体系下，体育公共服务信息保障体系构建必须根据社会大众的体育公共信息需求进行资源整合和服务供给，并尝试构建体育公共服务信息平台，满足大众的公共体育服务信息需求。

3. 统一规划与共同构建原则

我国体育公共服务信息保障体系构建还处于初级阶段，公共体育服务信息分散，门类繁多，部门与部门之间联系少，协作少，容易产生信息孤岛现象。为了提高体育公共信息服务的效率，更有效地发挥体育公共信息服务信息保障体系的整体效益，需要在政府部门统一规划的前提下，联合各相关部门共同协作，共同构建我国体育公共服务信息保障体系。

4. 多元化与多层次原则

要想将体育公共服务信息保障体系的作用充分发挥出来，需要采用多元化的信息资源构建和服务方式，并通过多层次的协作推进信息服务。从国家层面上来说，则是进行体育公共服务信息资源的整合与平台构建，协调各机构共同推动社会化信息服务的开展，合理规划成员机构的协同保障服务，发布信息资源，实现资源共享。

5. 规范性与合法性原则

在体育公共服务信息保障体系构建过程中，规范性原则要求政府应明确相关管理办法和服务方法，按照国际 ISO 标准或国家标准，实现数据库构建、信息交换协议、信息传递规则等平衡有序运行。合法性原则要求政府通过具体的法律法规和制度等对公共体育服务信息公开的内容、程序、范围和途径等做出明确的规定，并在体育公共信息服务的实践中贯彻并执行。

（三）体育公共服务信息保障体系的构建模式

长期以来，体育公共服务信息的提供机构或部门以社会大众的信息需求为依据，通过体育公共信息的收集、整理、组织、开发和利用，为社会大众提供体育公共信息服务。

1. 体育公共服务信息保障体系构建模式方面存在的问题

随着信息技术的高速发展和社会环境的变化，体育公共服务的信息数量迅猛增长，信息机构或部门的信息保障能力受到了严峻的挑战，具体来说，所存在的问题主要有以下方面：

第一，单一信息机构或部门对体育公共服务信息的收集能力存在局限性。

第二，各信息保障机构或部门之间缺乏联系与合作，这往往会造成信息资源的重复，使得整个信息保障体系信息含量匮乏。

第三，各信息保障机构之间存在"信息鸿沟"，影响信息资源的共享和有效利用，使得整个信息保障体系难以建立，整体信息保障能力下降。

鉴于此，体育公共服务信息保障体系构建应该在国家的统一指挥和引导下，突破各系统和部门条条框框的限制，就近协调、合作为主，建立地区性的信息保障体系，搭建跨系统、跨部门的公共体育服务信息保障平台，实现优势互补，共享体育公共服务信息资源。

2. 体育公共服务信息保障体系不同层面的构建

体育公共服务信息保障体系的构建是一项庞大而系统的工程。整个信息保障体系的构建可以分为以下三个层面：

（1）宏观层面。体育公共信息服务机构通过对社会化体育公共信息服务的整合，在广泛收集体育公共服务信息的基础上，进行信息资源的开发，并提供满足国家体育公共服务需求的信息资源和服务。

（2）中观层面。中观层面分属于各个部门的信息平台，如教育部的中国高等教育文献保障平台、科技部的中国科技文献信息保障平台、文化和旅游部的全国文化信息共享平台、国家发展和改革委员会的国家信息中心等，是体育公共服务信息保障体系的子系统，在国家统筹下通过实现跨系统、跨部门的协同合作，进一步实现体育公共信息资源的共享和利用。

（3）微观层面。各研究机构、政府组织、企业机构等相互联系，协同合作，组建基层区域性信息平台，实现体育公共服务信息资源的利用。

（四）体育公共服务信息保障体系的构成要素

体育公共服务信息保障体系应该依据公众的信息需求，通过多种信息传播渠道，提供多层次、高质量的信息服务，实现信息资源的共享和有效利用，为体育公共服务提供充分有效的信息保障。从系统论的角度来说，体育公共服务信息保障体系是由若干相互联系和相互制约的组成要素构成的，它们之间的联系是非常紧密的，并且通过特定的运行机制组合而成，共同为体育公共服务提供有效的信息保障。

一般来说，体育公共服务信息保障体系的构成要素主要包括：信息资源构建、信息组织机构保障、信息技术保障、信息经费保障、信息人力资源保障、信息法律法规和政策保障、信息工作协调管理等方面。

1. 信息资源构建

体育公共服务信息保障体系是在信息资源构建的基础上建立起来的。信息数字化浪潮已经席卷全球，我国的信息资源中心、数字化图书馆及相关机构的构建蒸蒸日上，政府在体育公共服务信息资源构建和服务供给方面的优势日益凸显，加强公共体育服务数字化信息资源构建迫在眉睫。要满足数以亿计的网络用户的信息需求，必须不断开发和加强网络化信息资源开发和构建，建立体育信息资源数据库，搭建体育公共服务网络信息平台，为体育公共信息服务工作的顺利进行提供强有力的信息资源保障。

2. 信息组织机构保障

保障体育公共信息服务发展而组建组织系统和成立机构，并积极参与体育公共信息服务构建，是信息组织机构保障的主要目的所在。

为实现体育公共信息保障体系的构建目标，各体育组织机构应该密切联系、团结协作，把人力、物力和财力等按照统一的形式和标准，有秩序地整合起来，以体育公共信息服务为纽带，自上而下地形成一个全面而系统的信息组织机构网络，为体育公共信息服务的组织化、规范化和制度化构建提供良好的保障。

3. 信息技术保障

信息技术的发展和创新，是社会科技发展的整体水平处于高端的基础，其发展不仅是其自身技术上的进步和增长，也是信息技术迅速渗透到其他行业，日渐社会化，逐步涉足并植根于日常生活和工作的过程。通过计算机技术、通信技术、声像技术、多媒体技术、数字技术、信息推送技术、信息发布技术、人工智能技术等的运用，对体育公共服务信息进行组织、加工、整理和传播，能够让公众更加方便快捷地获取体育公共服务信息，从而使公共体育服务信息保障体系的高效、高质发展得到有力保证。

4. 信息经费保障

公共服务经费是保障公共服务水平和质量的重要基础。经费保障指以财政拨款为主，并通过社会资助、服务经营收入等多渠道经费来源，保证体育服务的需要。体育公共服务的资金来源渠道相对单一，体育公共信息服务的构建经费相对紧张，这就对体育公共服务信息保障体系的构建和发展产生了较大的阻碍作用。在体育体制改革不断深化和经济体制改革的背景下，政府应采取多样化、多渠道的方式筹集体育公共信息服务经费，将公共体育信息服务的资金投入纳入地方财政预算，专款专用。集中社会力量，通过制定激励措施吸引社会资金的投入，积极引导社会资金参与，为体育公共服务信息保障体系构建提供经费上的支持和保障。

公共财政是为市场提供公共服务的财政，市场经济条件下财政之所以是"公共"财政，还因为它是"社会公众"的财政，而"社会公众"是财政公共性的具体表现。我国要完成从传统的行政管理到新的公共管理的改革，促进政府职能的根本性转变，就必须加大公共财政的宣传力度，使公共财政理念深入人心，政府职员和领导能从传统的财政理念中解脱出来，深刻理解公共财政的内涵和基本特点，并将公共财政理念贯彻到日常的行政工作，这样政府的职能才能得以根本扭转，公共服务型政府目标才能得以最终建立。

公共财政的理念主要包括政府预算、纳税人理念和基本准则理念。从某种意义上来说，这些公共财政理念的转变属于非正式制度的变迁，相对正式制度改革而言，非正式制度的转变在某种程度上更为困难，需要经历一个较长时间的逐步变革才可能最终完成，因此，公共财政理念问题是一个长期改革思路的探讨。

(1) 政府预算理念和"纳税人"理念。政府预算制度是公共财政制度赖以存在和运转的基本制度，是公共财政制度的核心，对公共财政制度的建立起着关键性的作用。我国体育事业公共财政制度在政府的财政工作中要得以贯彻实施，就必须对政府的体育预算进行约束，只有在体育工作中深化部门预算制度改革、"收支两条线"改革、政府采购制度改革等，才能从源头上反腐倡廉，体育行政职能部门的财政行为才能公共化，才能有效提高体育事业财政资金使用的规范性、安全性和有效性。为此，各级体育行政部门的官员尤其是主要负责人，应贯彻政府预算理念，严格制定并执行政府预算制度，并对工作中出现的违反政府预算的行为坚决制止。

"纳税人"范畴是公共财政制度的基础。这里的"纳税人"是经济学意义上的范畴，指的是独立享有相应权利的，同时具有缴纳税款义务的企业和个人，区别于税法条文所规定的"纳税人"。"纳税人"范畴的形成与否从根本上影响着公共财政制度的建立，因为纳税人范畴未能真正形成，就直接否定了社会公众决定、规范、约束和监督政府收支活动的权利，直接否定了政府收支的公共性。体育事业公共财政真正建立的基础是"纳税人"范畴的形成，这就要求整个社会尤其是政府官员必须形成"纳税人"理念。

"纳税人"范畴的形成在体育公共服务供给方式上表现为"由政府供给为导向转变为以居民体育需求为导向，建立规范的体育公共服务需求表达，信息反馈和民主决策机制"。这就要求政府了解居民体育诉求，重视对居民体育需求的调查，根据不同区域、城乡居民的体育需求，确定体育公共服务财政保障的优先顺序，使各地的有效需求与有效供给保持一致。居民体育需求的表达需要相应的表达渠道，因此政府应尽快建立体育公共服务网络，决策者和居民在此平台可互通供需信息。政府体育公共服务供给方式能否转变，还取决于科学的制度安排，即政府让居民参与体育公共服务的决策，使居民的体育公共服务表达权成为一项基本的政治权利，只有这种"自下而上"的公共政策决策机制建立起来，我国体育公共服务供给方式才能真正转变。

(2) 基本准则理念。公共财政必须遵循的基本准则是弥补市场失效、只从事非市场营利性活动、对市场活动主体一视同仁、法治化等。在政府的体育事业收支活动中违反了这些基本原则，就不是体育事业公共财政的收支活动。迄今为止，政府官员并没有真正认识到公共财政的基本准则，经常干预体育市场活动，干预竞技体育的职业化发展，这些都是公共财政制度在体育领域尚未真正建成的具体表现。对于我国的财政改革来说，公共财政的制度框架容易建立，但如何使其内容尽快公共化则是改革的难点和关键，能否成功在于政府官员传统财政的思想观念的转变及公共财政的基本准则深入人心。

法治化是公共财政基本准则中最为重要的准则。公共财政是法治化的财政，政府在财政上不能依法行事，也就不能依法行政，社会也就不可能成为法治社会，社会主义市场经济体制就不能建成。因此，体育事业公共财政的法治化变革要取得成功，政府官员观念的转变极为重要，只有当他们在思想上认可法治化，并落实到行政上，体育事业公共财政的法治化改革才能顺利地实施。

5. 信息人力资源保障

能够推动体育发展的，能进行体育实践活动或有助于体育运动开展的，具有一定体育意识、知识、能力和经验的体育人才，就是体育人力资源。体育人力资源不仅是我国体育事业的重要组成部分，同时还是推进体育公共服务进程必不可少的要素。

体育人力资源主要包括组织管理人员、健身指导人员、健康监测人员、科研人员和体育产业经营人员等。

信息人力资源保障是体育公共信息保障体系的重要组成部分，在体育公共服务信息保障体系构建过程中不仅需要培养具备体育知识、能力、经验的指导、监测、科研人员，而且需要培养了解信息知识，掌握信息技术的组织、管理、操作人员，充分发挥人才在体育公共信息服务中的能动作用，并使其在体育公共服务信息保障体系构建中能够发挥出最大效用。

6. 信息法律法规和政策保障

信息法律法规和政策保障是保障体育公共信息保障体系发展的法律法规和政策依据。信息法律法规和政策能够为公共体育服务信息保障体系构建提供良好的发展环境和构建条件，保护信息知识产权，维护公民信息权利。具体来说，信息法律法规和政策保障主要涉及以下内容：

（1）知识产权法。在调整知识产权的归属、行使、管理和保护等活动中产生的社会关系的法律规范的总称，就是知识产权法。从法律部门的归属上讲，知识产权法仍属于民法，是民法的特别法。民法的基本原则、制度和法律规范大多适用于知识产权，并且知识产权法中的公法规范和程序法规范都是为确认与保护知识产权这一私权服务的，不占主导地位。在信息收集、信息发布与共享、信息网络平台构建等环节可能涉及知识产权问题，应保持高度的知识产权意识。

（2）信息安全法。维护信息安全，预防信息犯罪的刑事法律规范的总称，就是信息安全法。从狭义的角度上来说，信息安全法是指保障信息安全，惩治信息犯罪的刑事法律，相对而言，其目的性更为明确，法律结构也简单凝练，便于立法。从全球各国信息安全立法来看，信息安全法是一种刑事法律。体育公共服务信息保障体系构建涉及信息技术的一些机密资料，必须做好信息保密与安全工作。

（3）规范市场秩序的相关法律。在市场经济条件下，规范体育公共服务信息保障活动所涉及的信息产品交易、信息产品价格、信息市场公平竞争等市场秩序的相关法律，就是规范市场秩序的相关法律。

7. 信息工作协调管理

体育公共信息服务内容多、覆盖面广，独立的信息组织机构不可能全面收集到所有体育公共服务信息资源，信息保障能力是有限的。各类信息组织机构应该根据本机构的特点，进行特色化的信息资源开发与构建。各系统或部门之间应该建立信息工作的协调和管理机构，组织协调和管理规划信息资源的共建与共享，规范不同范围的信息资源构建，通过信息工作的协调管理，尽可能将覆盖面大而广的体育公共服务信息保障体系构建起来。

（五）体育公共服务信息保障体系的运行机制

体育公共服务在人类社会有规律的运行中，影响体育公共服务各因素的结构、功能及其相互关系，以及这些因素产生影响、发挥功能的过程和作用原理及其运行方式，就是体育公共服务的运行机制。运行机制是我国体育公共服务信息保障体系的运转机能和动力，也是影响其构建与发展的重要因素。我国体育公共服务信息保障体系的顺利运行，是其调控机制和保障机制共同作用的结果。

1. 体育公共服务信息保障体系的调控机制

我国体育公共服务信息保障体系不仅需要政府的引导和干预，而且需要通过市场机制进行调节，与社会供给机制有机结合起来，合作引导，多方联动，共同建立和完善我国体育公共服务信息保障体系。

（1）政府调控机制。体育公共服务信息保障体系的健康运行有赖于政府的引导与支持。为了充分发挥公共服务的效能，政府必须加强对地方公共体育信息服务工作的管理与监督。具体来说，可以从以下三个方面着手进行：

首先，应该加强宏观调控，以应对体育公共服务信息保障体系构建中存在的诸多问题，组织协调好各个部门的信息服务工作，确保体育公共服务信息资源的共建与共享。

其次，加快推进管理体制改革工作，努力创建和营造良好的信息服务环境。

最后，在市场调节失灵的情况下，进行政策引导，协调改进并及时弥补市场的不足，减少市场失灵，降低风险。

（2）市场调控机制。市场调控机制主要包括供求机制、竞争机制、价格机制。

供给与需求是市场存在的前提条件，从我国公共体育服务市场发展的情况来看，体育公共服务信息的供给面临许多问题，广大公民的信息需求无法得到有效满足。供求机制有待进一步改进和提高，以满足广大人民群众的信息服务需求。

引入竞争机制，可以使得体育公共服务的提供者为争取有利的市场地位相互竞争，提高体育公共信息的服务水平和效率，促进公共体育信息服务的多元化和个性化。

价格机制是市场机制中的基本机制，是指在竞争过程中，与供求相互联系、相互制约的市场价格的形成和运行机制。在市场竞争过程中，价格变动与供求变动之间存在着相互制约的联系和作用。建立规范的价格运行机制，通过价格调整体育公共信息服务的规模和内容，可以使得整个公共体育服务信息市场结构日趋合理。

2. 体育公共服务信息保障体系的保障机制

保障机制不仅是满足体育公共服务信息需求，提高体育公共信息服务能力的前提，同时也是我国体育公共服务信息保障体系良好运行的基础。

我国体育公共服务信息保障体系的保障机制与体育公共服务信息的共建和共享息息相关，具体来说，其所涉及的机制主要有：利益平衡机制、财政保障机制、技术保障机制和评估监测机制。

（1）利益平衡机制。建立我国体育公共服务信息保障体系的责任由政府部门、社会组织和个人共同承担，获得的利益也由其共同分享。但是，很多情况下，这种责任的承担与利益的分享不成正比，付出与回报存在差异，这就需要政府及时行使行政权力，努力建立利益平衡机制，以实际投入和贡献量为主要依据，公平分配，平衡利益。

（2）财政保障机制。体育公共信息服务的发展是在财政投资这一必要的前提下进行的，同时，体育公共信息服务质量的提高也是在财政投资这一重要的物质基础上实现的。可以说，财政保障机制对体育公共服务的规模产生重要的决定性作用，影响体育公共服务的内容和形态。建立体育公共服务信息保障体系的财政保障机制，首先以财政公平为出发点，实现信息服务资源的优化配置，不断充实和完善财政保障机制，逐步弥补地区间的差距，逐步实现不同地区、不同社会阶层的公民能够公平地接受体育公共信息服务。

（3）技术保障机制。我国体育公共服务信息保障体系以数字技术为主要技术手段，以网站构建为主要信息发布共享平台。无论是信息的检索与获取，还是信息的发布与共享，抑或是用户平台和数据库的选择与构建，都需要现代信息技术的保驾护航，提供强有力的技术支持和支撑。建立技术保障机制是解决体育公共信息服务技术问题的必备条件。

（4）评估监测机制。评估监测机制的功能主要有评估和监测两个方面。建立评估监测机制，对我国体育公共服务信息保障体系构建具有重要的意义。建立评估监测机制，确立统一的评估监测准则，加强对公共体育服务信息保障体系的监督管理，可以确保体育公共服务信息保障体系的高效运行和平稳发展。建立统一的信息评估监测分析系统，实现信息共建与共享的规范化管理、标准化度量，多元化合作，实现有效的社会监督，可以规范和监督我国体育公共服务信息保障体系构建。

（六）体育公共服务信息保障体系的实施措施

1. 明确公共体育信息服务的内容

为提高我国体育公共服务信息保障体系的整体能力，实现信息资源的共建与共享，打破我国政府服务机构各自为政、条块分割的不利局面，各级体育行政部门应高度重视体育公共信息服务，协调管理，责任分工明确；加强体育公共服务信息的板块构建，突出特点，明晰条目，统一内容，规范格式，便于公众获取和掌握体育公共服务信息。

体育公共服务体系是一个体现公平、公正、公益且能够为公民提供基本体育服务的体系，是一个保障公民体质和健康水平得到普遍提高的保障体系，是一个政府领导、部门组织、行业合作、社会兴办的多元体系，其实质是把影响体育公共服务的相互作用、相互制约的多种因素整合成一个有机整体，使资源配置最优化、管理工作规范化、服务效益最大化，从而使公民享有基本的体育服务得到有力保证。

当前我国部分政府部门的体育公共服务体系内容主要有体育场地设施、体育组织、体育活动、体育健身指导、体育信息、体育制度和国民体质监测。体育公共服务供给内容主要有体育法律法规和政策制定、体育公共资源投入、体育公共设施构建、体育公共组织建立、体育公共信息发布等。

2. 建立起国家级公共体育服务保障机构

我国体育公共服务信息保障，要求我们在信息服务中打破部门和系统的界限，通过跨系统、跨部门的协同合作来实现。

目前，许多发达国家和地区已将跨系统的平台构建纳入国家总体发展战略。建立资源更加丰富、广泛的跨系统信息服务体系，已经成为信息化国家发展的一大趋势。在体育公共信息服务平台构建方面，要以我国信息化发展水平和信息平台构建的实际情况为主要依据，通过先进的信息技术、网络技术、数字技术、计算机技术的运用，对体育公共服务的信息检索平台、信息发布平台、信息监督与反馈平台等进行构建和开发，并力争构建统一的国家级体育公共服务信息保障机构，以期实现以国家为中心的跨省、市、地区的信息保障体系，协调统一和全面管理各地区的公共体育信息服务活动，保障并推动我国体育公共信息服务更好更快地发展。

要建立一个可以共建共享体育公共信息的服务平台，集成式信息服务平台是一个非常不错的选择。集成式公共信息服务平台由两个部分构成：一个是信息服务前台，可以是统一的公共信息服务网站、面向公众的公共信息亭或一个公共信息服务机构，主要承担为公众提供体育公共信息服务、接收公众的信息需求和信息反馈等职能；一个是信息服务后台，是一个共享式的公共信息数据库，其功能强大、更新速度快，通过体育行政部门的信息中心或其他公共服务组织联合实现数据库的信息输入与加工。集成式公共信息服务平台的对外服务前台是一个以政府网站、面向公众的公共信息亭或某一公共信息服务机构，它承担公众信息需求的接收、信息服务的输出和最终信息服务结果的反馈等职能。

3. 建立体育公共信息服务工作团队

要满足公众的体育公共信息服务需求，需要建立一支负责、高效、业务能力强的体育公共信息服务工作团队。首先，信息服务人员应该树立高度的责任意识，牢固树立"为人民服务"的思想，将各项工作落到实处；其次，应严格考核制度，将工作绩效与个人利益挂钩，形成有效的激励管理机制，力求高效率、高质量地完成各项体育公共信息服务工作。在人员配备方面，既需要业务能力强的技术人员，保证技术工作的良好运行和创新发展，又需要领导能力强的工作人员，既能带领和协调工作团队，又方便与公众进行沟通和交流，满足其体育公共服务的信息需求。

体育公共信息服务的工作团队应包括管理协调团队、资源开发团队、信息服务团队、技术支持团队。这些团队有其各自的特点和职责，具体如下：

（1）管理协调团队及其职责。管理协调团队由一名或两名高层领导负责领导和管理，该团队主要负责确定体育公共服务信息保障体系的发展目标与工作任务，协调体系构建中各部门之间和工作人员之间的相互关系，并进行人事和财务的管理，将各项工作落到实处。

（2）资源开发团队及其职责。资源开发团队主要负责对各种体育公共信息资源进行收集、组织、整理、描述、加工、评价、应用等工作。通过资源开发流程（一般包括需求分析、计划制订、项目实施、效益评估阶段），对体育公共信息资源进行开发。

（3）信息服务团队及其职责。信息服务团队主要负责体育公共信息服务的设计与创新，通过为社会公众提供形式多样的信息服务（主要包括体育政策宣传服务、体育健身指导服务、体育场地设施服务、体育赛事活动服务、国民体质监测服务），满足公众的体育公共服务信息需求。

（4）技术支持团队及其职责。技术支持团队人员应掌握并熟练运用先进的信息技术、计算机技术、通信技术等，主要负责对体育公共服务信保障体系的设备进行更新和维护，定期升级数据处理系统，为信息服务平台的良久运行和更新提供技术支持等。

4. 加强信息保障的法律法规和政策构建

体育公共服务信息资源的共建和共享非常需要先进的技术条件和安全和谐的信息环境。要实现体育公共服务信息保障体系的规范化、标准化管理，需要学习并引进先进的立法、执法经验，建立和完善适合我国体育公共信息服务的法律法规，对政府信息公开、信息资源开发与管理、信息检索、发布、监督反馈等方面的工作进行全面细致的规定，在法律的有力保障下，建立起我国体育公共服务信息保障体系。

体育公共信息服务的开展需要国家的信息政策与法律的保障。从我国信息政策的内容来看，主要包括信息机构管理政策、信息服务投入政策、信息资源构建政策、服务业发展政策、信息市场规范政策、信息技术发展政策、信息用户及公众信息素质提高政策、信息服务国际合作政策。我国全局意义上的信息立法是从20世纪80年代开始的，目前已经形成了包括知识产权法、新闻出版法、信息安全法、信息公开法等多个层面的法律法规。

加强信息保障体系的法律法规和政策构建，实现规范化、标准化管理，应以国家构建和发展需要为出发点，从政策层面对信息保障体系在体育公共服务信息化构建中的地位和作用进行充分的认识和理解，明确信息保障政策的目标和内容；从法律层面加强信息保障体系的立法构建与完善，统一规范立法，规范社会化体育公共信息服务组织、资源开发、信息服务行为，维护公共利益，实现信息保障体系的规范化管理和标准化运行。

5. 对资金投入配比进行合理分配

体育公共服务信息保障体系构建的一个重要前提条件就是构建资金，国家财政部门在加强投资力度的同时，还要与实际的体育公共服务信息需求情况有机结合起来，合理分配资金投入比例。具体来说，对于信息需求量大或多的地区或部门，加大资金投入配比；对于信息需求量小或少的地区或部门，适当减少资金投入配比，使有限的资源能够最大限度地满足人们的信息需求。

参与体育公共服务信息保障体系构建的机构和组织众多，协调好它们之间的利益关系是非常重要的。为了使参与体育公共信息服务的机构和组织获得的利益相对公平、合理，我们应该通过建立科学的利益分配机制，加强各级信息保障机构或组织的利益协调。参与服务的机构通过协同服务，可以获得比不参与协同服务更多的收益。这是个体组织参加协同服务的前提，也是各级信息保障机构和组织参与体育公共信息保障体系构建的动力。

第二节 青少年体育公共服务监管体系建设

一、建立体育公共服务监管体系的原则和内容

（一）建立体育公共服务监管体系的原则

现代监管制度是一种规则的、独立的、专业化的监督管理模式，是实现市场自由公平竞争、信息公开透明的一种重要手段，符合市场经济和法治社会的发展规律。

构建我国体育公共服务监管体系需要保证市场主体公平交易，监管规则和监管过程的透明、公开和可问责，建立专家队伍。专家团队除公共服务监管所必备的律师、会计师、财务分析师等专家外还应聘请体育行业专家进入团队，务必做到执法必严、违法必究，监管必须具有独立性，完善对监管者的监管和考核制度。其中，建立严格的问责制是行政管理体制改革和监管体系建设的核心任务，也是建立依法行政的现代行政管理体制的基本要求。

1. 独立原则

监督机构、政策制定机构和服务提供机构要相互分离，保证市场的公平、公正和公开，使得各种性质的服务提供者可以公平竞争。

2. 透明原则

监督管理的规则要根据不同性质的产品和服务，制定完善相应的法律法规。在监管内容上，对市场准入、主体资格、服务质量、服务价格、竞争秩序等要有明确规定。公开透明的监管程序也是必不可少的。

3. 问责机制

独立而且专业的监管机构代替自我制定政策、自己执行、自己评估的

行政部门可以进行有效的问责,防止监管失职行为的发生,同时要建立有效的问责机制,发挥社会组织和社会舆论的监督作用。

(二) 建立体育公共服务监管体系的内容

1. 确定监管主体

市场经济条件下,在资源配置上必须让市场发挥基础性作用。政府在不扰乱市场秩序、不影响市场配置资源的情况下,依法对关系到人民群众重大生命财产安全的领域、对市场失灵的领域、对严重扰乱市场秩序的行为进行监管,建立独立于各省、市体育局外的体育监管部门。各省、市设立体育公共服务监管委员会,省、市社会工作委员会设立体育公共服务监督管理部门,地方各级政府也要设立独立的监督机构,并由这些机构统一负责原体育局体育公共服务的监管工作,并对各省、市体育局进行监督和协调。同时发挥社会机构、公众、媒体在体育公共服务领域的监督作用,明确监督地位。

合理区分各级政府的职责,行政管理体制改革要求按照权责一致原则划分中央和地方政府的市场监管职责。中央监管机构可以设立垂直机构来监管全国范围内或跨省区的经济社会问题。

2. 建立监管机构

同协会、商会等行业组织以及高校等第三方机构合作进行专业化监管,培育专业化行业监管部门,是各国强化公共服务监管的主要做法之一。监管机构需要在政府宏观政策的约束下,能够基于总的原则执行监管政策。与传统行政部门相比,监管机构依照法律组织安排,不受相关利益方的干扰,具有独立性。所以对于监管机构来说实施人事和经费特殊管理,设置特别岗位津贴补贴办法是有必要的。

3. 建立问责机制

体育公共服务监管的基本问责主体包括公众、非政府组织的体育公共服务供给者和政府,这三方构成问责三要素。服务需求和社会监督是存在于公众和政府之间急需解决的问题;供给协约和市场监管是政府和非政府的公共服务提供者之间建立合约机制的关键;服务供给和政府的内部治理的问责存在于公众和非政府组织的体育公共服务供给者之间。

二、体育公共服务监管体系的运行机制

（一）建立政府内监管机制

政府体育主管部门的内监是指一个行政部门在具有一定的独立性并且在政府授权的情况下，通过相关的评估机制审核评估被监管部门，并在必要时予以纠正的行为。政府内监管，可以用于解决公共服务监管中的"政府失灵"问题，通过在政府内部机构中，选择那些独立于直接从事体育公共服务监管的政府组织来设定标准，并依据这些标准对相关机构进行监控，约束其行为，要求其遵守制定的标准来实现政府内的监管。

（二）建立体育行业协会监管机制

加强对体育公共服务的监管，需要强化体育行业协会的力量。

第一，改革社会组织的监管体制。目前我国的双重管理体制限制了社会组织的健康发展，在得到业务主管部门同意及在登记部门注册登记的双重条件下才能成立社会组织是不符合国际惯例的。

第二，科学规划、引导体育组织和协会的健康发展。一方面，要对行业内的组织进行统一考察，在确认其监管资质的基础上建立信用评价体系；另一方面，建立畅通的申诉渠道，改进监管体制，建立奖惩机制。设立公共相关服务质量投诉机构或者有行业协会进行定期的绩效评估，果断处理公共服务中的不当行为。

（三）重视社会舆论的监管机制

社会舆论在信息传输上具有公开、快速的优势，使它成为非常重要的监督渠道。

广泛开展体育公共服务满意度调查，建立民意信息反馈机制和声誉信息收集机制与声誉信息传播机制。加大体育公共服务信息公开力度，形成声誉信息评价机制。

三、构建体育公共服务监管体系的方法

（一）完善监管的组织体系

未来体育公共服务监管应该打破"自己监管自己"的传统模式，构建

以政府专门监管机构为核心,辅以行业自律性监管以及公众参与和社会监督的多元化体育公共服务监管体系。从政府内监管角度看,真正做到政事分开、管办分开、政监分开。体育行业协会将承担体育行业发展管理的重要职责,它具有弹性的治理机制,灵活性较强,是政府监督机制的有益补充。随着市场机制的不断完善及规则的健全,行业自律性监管将发挥越来越重要的作用。为了便于公众参与和社会监督,政府可以采取公开听证、民意调查、咨询委员会等多种方式加强监督管理。

(二) 丰富监管的手段

首先,提高体育公共服务监管手段的效力,更加严格而不是走形式和运动式地进行体育公共服务质量、价格等的监管,加强违规处罚力度。对于违反质量、价格监管规则的,给予更加具有威慑力的处罚,包括实施大额度的罚款、对有关机构或人员实施市场暂时性或永久性禁入,乃至最严厉的关闭体育公共服务提供机构。

其次,体育公共服务监管机构应当定期发布相关年度监管报告,减少体育公共服务监管过程中的信息不对称,提高监管的透明度和体育公共服务监管机构的政策影响力。可逐步尝试建立体育公共服务宏观监测体系和体育公共发展预警体系,推进形成从规划目标设计、运行监测、预警分析、绩效评价的体育公共服务监管组织体系。

激励监管理论认为,监管的核心是通过激励机制的设计,来实现监管结构中委托人和代理人的激励相容。为此,针对监管者和被监管者可以采取不同的激励监管措施。对于监管者,可以制定相应的奖惩指标和制度,将体育监管业绩与公众得到的体育福利挂钩;对于被监管者,可以采取不同阶段不同方法的形式,如在初期阶段,采用合同监管形式,成熟阶段采用协商方式等。

(三) 更新监管的理念

当前的体育监管一直存在于行政部门,很多情况下是上级对下级的管理,属于内部关系。真正意义上的监管强调的是监管者与被监管者的外部关系,作为一个独立机构,是基于规则的管理,一切应该在法治的框架下展开,只需对法律负责。

(四) 重视社会性监管

体育公共服务监管机构在建立和发展初期,可以吸纳来自卫生、文化等其他部门的公共服务监管专门人才,将其他部门的先进经验引入体育公共服务监管体系的构建过程中,特别是在公共体育服务的信息系统构建方面,为监管体系的运行提供重要的支撑。

社会性监管是公共服务监管的一项重要内容,在体育公共服务领域,通过监管措施减少体育伤害事故的发生,确保公众生命安全与健康是体育公共服务监管的主要目标。随着生活水平的不断提高,人们对体育的需求越来越多,在进行经济性监管的同时,还要注重社会性监管。在保障生命安全与健康的同时,帮助公众树立正确的体育健身观、保持精神健康与愉悦,是社会性监管的重要体现。

(五)优化财政监督机制

优化体育公共服务财政监督是加快体育事业公共财政建设的重要方面。体育公共服务财政监督主要包括财政对预算单位使用体育事业财政资金的监督,人大、审计对体育事业公共财政的监督。

第一,加强对预算单位的监督。在公共财政框架下,财政部门对预算单位的监督主要侧重于对预算单位使用体育事业财政资金的效益监督,这样既可与审计监督合理分工,又可以相互协作,发挥财政监督的独特作用。对预算单位的监督重点包括体育事业公共财政支出的监督、体育行政部门行政管理成本的监督、体育事业财政转移支付资金及各级体育行政部门体育专项资金的监督、对体育公共投资建设项目的监督四个方面。通过对预算单位使用体育事业财政资金的监督,可有效解决体育事业公共财政支出的"缺位"和"越位"问题,遏制体育行政成本的过度膨胀,发挥体育事业有限经费的社会经济效果,促使体育事业公共财政支出更加公平、合理、有效。

第二,开展人大、审计对体育事业财政的监督。人大对体育事业财政的监督是指各级人民代表大会依据宪法、预算法和地方组织法等,对体育行政部门的计划预算行为、财经执法行为实施监督。这是一种具有强制力和权威性、高层次的监督。加强人大对体育行政部门的监督:一是要对体育事业经费预算调整加强监督,只有经过本级人民代表大会常务委员会审查批准的体育预算调整方案,体育行政部门才能调整体育预算,严格防止先实施后审查;二是加强体育事业经费决算的监督。体育事业经费决算是体育事业经费预算执行情况的最终表现形式,体育行政部门在办理完体育事业经费决算事项后，应及时提请人大常委会审查。

体育事业经费决算报告的内容、项目要与年初体育事业经费预算和调整后的预算内容、项目对应，报告要对变动较大的体育项目进行分析说明，以便人大了解情况并对其进行审查。人大审查的重点是看体育事业经费决算是否体现了总的指导思想和原则，体育事业经费决算是否真实、体育事业经费收支是否合法、执行是否严肃认真。人大常委会在审查中发现了重大问题，应组织委员会进行专题调查。

审计监督是指审计部门依法对体育行政部门在行政管理中发生的财政、财务收支活动等有关的体育经济活动进行查证、鉴证、评价等一系列行为。审计监督是国家监督体系的重要组成部分，在国家行政执法和行政监督中占据重要地位，它不仅是体育行政部门内部的自我监督，而且也是保证体育事业财政预算健康运行的重要手段。

第三节 青少年体育公共服务绩效评价体系建设

一、体育公共服务绩效评价体系的现状

（一）绩效评价的主体

上级、本级、下级以及内部构成的内部考核主体和权力机关、政党组织、社会公众、大众传媒和专业的第三方考核组织构成的外部考核主体，共同构成了我国体育公共服务绩效评价的考核主体。自上而下的考核由于具有一定的权威性和信息量，可以保证考核的客观、公正和全面，但同时也会有受制于下级部门的利益驱动而导致弄虚作假的情况发生。

（二）绩效评价的内容

目前对于体育公共服务绩效评价的内容界定尚不清晰，主要从全民健身情况、体育公共场馆情况、体育活动情况、社会体育指导员情况四个方面进行考核。

(三) 绩效评价的对象

考核对象又被称为考核客体，即绩效评价主体进行考核时所作用的对象。通常来讲，绩效评价的客体分为公务员、公共组织和公共项目三种。具体来说，在社会组织这一系统中，有诸多的组织在其中相互作用、相互发生关系。不同类型的组织在社会组织这一大系统中又组成若干个子系统。从社会经济的角度，考虑到人们的需要，将社会组织分为企业、政府和非营利组织三大部门。

二、构建体育公共服务绩效评价体系的原则和结构

(一) 构建体育公共服务绩效评价体系的原则

1. 合理性

理论和实践相结合，以及采用的方法是体现合理性原则的两个主要方面。在政府体育公共绩效评估指标体系中，科学的理论可以为其在概念和逻辑结构上提供科学的指导。指标体系的合理选择可以全面、综合、系统地从不同侧面刻画政府体育公共服务绩效的全貌，合理性是确保评估结果准确合理的基础，它包含特征性和一致性两方面的要求。

2. 统一性

绩效评估指标体系与评估对象的战略目标、绩效评估三者保持统一就是统一性原则。一方面，政府体育公共服务绩效评估目的要引导、帮助政府检验其战略目标实现的程度，所以应该根据其战略目标来设定绩效评估指标；另一方面，战略目标的实现是通过一层一层的层级分目标的实现来保证的。因此，政府公共体育服务绩效评估的目的也是分层级的。这就客观要求一定层级的绩效评估指标必须与同一层级的绩效评估目的相一致，要服从、服务于同一层级绩效评估目的的达成。统一性原则还要求指标体系能通过各项指标的相互配合全面、系统地体现政府绩效的数量和质量要求。

3. 可操作性

指标体系的针对性、评估指标的可测性、公共服务绩效评估指标的现实可行性是可操作性原则在政府体育公共服务绩效评估指标体系上的三个

规定。指标体系的针对性，要求体育公共服务绩效评价指标要结合当地实际，符合当地标准。可测性要求评估指标可以运用现有的工具进行明确的测量，得出明确的结论。体育公共服务绩效评估指标的现实可操作性，要求在具体指标选取上，要确保指标具有共性、统一的口径、含义明确、体系设置简便，这样有利于资料数据收集，增强可操作性。

4. 可比性

绩效评估指标在制定上既要能进行横向比较也要能进行纵向比较，也就是空间上和时间上的可比性原则。可比性原则的这些特征要求保证体育公共服务绩效各指标间的独立性，否则无法比较。绩效评估指标必须反映政府体育公共服务绩效的共同属性，即保持质的一致性，这样才能比较两个具体评估对象在这一方面量的差异。总体来说，相对指标尽量用于对政府体育公共服务绩效评估，而在不同对象规模的差异上采用绝对指标也有利于不同对象的比较，二者结合运用，才能得出相对客观的绩效评估结果。绩效评估指标只反映政府公共体育服务绩效的共同属性。

5. 整体性

第一，整体性原则在指标体系上具有全面性和系统性，可以全面地体现政府体育公共服务的目标整体。

第二，以系统优化的原则来确定指标数量和体系结构，避免指标体系过于庞杂的同时确保指标体系达到总体最优。不同的指标要突出重点，兼顾不同侧面。

第三，在选择体育公共服务绩效评估方法时，要采用系统的方法，统筹兼顾各个要素，使评估体系达到整体功能最优，对公共体育服务系统做出客观、公正、全面的绩效评估。

(二) 构建体育公共服务绩效评价体系的结构

评估的主体及相互关系共同构成了评估系统。评估的内容是由评估需求者的需求来制定的。在确定的评估内容和正确的评估理论下，运用绩效的评估方法，在一定的时间条件、空间条件和发展条件下进行绩效评估。一般来说政府体育公共服务绩效评估可以分为五个部分：评估主体、评估客体、评估指标、评估手段和评估程序。

第一，评估主体。评估主体也就是由谁来评估，由主持和设计公共服务评估活动的人和机构构成，单个人、多个人、团体、机构都可以作为评估主体。

第二，评估客体。评估客体主要是评估的对象，是独立存在的客观实体。

第三，评估指标。评估指标是能测评出一个系统的绩效质量和数量的一系列数值，包括评价对象各方面特性及其相互联系的多个指标。

第四，评估手段。评估手段也就是如何评估，评估手段非常多，对待评估的客体，绩效评估中我们要选择或者设计与其实际相符合、特征相匹配的评估方法。

第五，评估程序。收集信息、明确评估目标、制订评估计划、建立评估标准、确定评估主体、培训评估人员、进行评估工作、评估结果反馈是一个绩效评估体系的标准流程，每一个环节对于绩效评估来说都不可或缺。

三、构建体育公共服务绩效评价体系的对策

（一）明确政府职能

明确政府作为体育公共服务供给的责任主体，政府主体具有的职责和能力包含两个方面：一是政府主体的职责和权限，政府的管理范围；二是在相关的管理职责和权限内该如何管理，政府主体管理公共服务的方式与手段。

《全民健身计划》中明确了各级体育主管部门作为依法行政的主体，都有责任对区域内的体育公共服务成效进行监督、评估和反馈。

"当前，我国正在由体育大国向体育强国的发展过程当中，体育公共服务作为这一发展战略的重要组成部分，对于促进体育事业发展，提升公众体育素质发挥着越来越重要的作用"[①]。为了进一步建设服务型政府，各级体育主管部门应建立一整套目标明确、标准合理且符合当地实际情况的体育公共服务绩效考核体系，并从政策上、资金上和人力上制定一系列的配套措施。区域性体育公共服务绩效评价评估的实施，不应只针对各地各级政府工作效果简单评价，也可为该区域内的政府决策和规划制定提供重要的参考。我国公共服务体系建设的最终目标是实现均等化。

---

① 严婷婷，崔久剑. 体育公共服务绩效评价体系的构建与完善[J]. 体育世界（学术版），2017（12）：32-33.

(二) 建立科学的评估价值取向

评估价值取向作为政府绩效评估的重要一环,也是政府公共服务绩效评估的前提和基础。公众的满意度和服务效果作为政府公共部门存在和发展的前提,可以很好地体现体育公共服务价值取向的结果导向、公民导向性,由此也体现出构建体育公共服务体系满足人民不断增长的体育公共服务需求的一项职能。体现出为人民提供体育公共服务的政府管理职能。

因此,体育公共服务绩效评估过程中需要公民的广泛参与,在兼顾评价政府投入和产出的同时,还应将公众的满意度纳入评估体系,建立科学、准确的体育公共服务满意度测评制度,定期采取公众对体育公共设施建设、体育活动服务、体育组织服务、体育指导服务和体育信息服务等方面服务的满意度数据,并以此作为绩效评价体系的重要指标之一。

(三) 建立健全的法律法规

政府绩效评估制度必须依靠法律的保障和规范才能够顺利进行,绩效评估可以提高政府部门的行政效率,有益于政府管理的规范、公开、定量和标准化进程。制度化的政府监督管理机制需要绩效评估制度有完善的法律保障。健全绩效评估体制的建立不是一蹴而就的,也不可能一次到位,相关行政单位应根据实际制定相关的规定,并逐步向完善的法律过渡。绩效评估制度并不同于政府内部的总结和评估工作,绩效评估制度对部门工作进行的评估更加规范和公开。

我国体育公共服务绩效评价机制建立的另外一个挑战是我国体育公共服务的供给主体并不仅限于体育主管部门,需要教育、卫生、文化等多部门的协同推动。因此,绩效评估机制在建立时就必须考虑到多部门联动和协调的特点,在机制规划和设计时大胆创新,注重实效,建立联席会议制度和数据资源共享平台等工作机制,使得绩效评估的结果能够真正反映全社会体育公共服务现状。

(四) 建立第三方评估机制

传统自上而下的政府系统内部评估,不能保证绩效评估的质量,往往会流于形式,引入第三方评估可以防止政府机关及其工作人员的不规范评估行为,可以满足最有发言权的市场主体和政府服务对象的权益,第三方评估可以进行独立的评估,保证对有关民间投资的政府绩效和政策落实的情况采取客观中立、公平公正的立场，改变传统政府内部的自我评估，创新市场评估的绩效监管考核模式，保证评估结果的质量。目前在提高政府绩效和政策落实方面第三方评估起到了很大的推动作用，第三方评估也成为一种倒逼机制，促进政府服务部门自我纠错，自我改正。

第三方评估在国外应用较为广泛，其优势主要来源于独立性和科学性，第三方评估大多来自于高等院校、研究机构或非营利组织等部门，它们具备较高的专业素养，掌握较为先进的数据分析技术，同时与各地各级政府没有直接的利益关联，在评估的过程中可以保证其不受到来自于评估对象的关系影响。此外，第三方评估机构还可以充分发挥其在人力和技术上的优势，在数据的深入挖掘分析和国内外的横向比较上，为政府决策提供更具有参考价值的报告作为依据。

(五) 定期发布评估结果

政府绩效评估本质是从多角度对政府公共服务绩效进行评估，不论评估程序、评估指标是否复杂、完整，评估结果的发布都需要与社会公众的需求紧密结合，客观公正地体现政府公共服务的效能，不仅可以让公众了解公共服务的现状，而且根据问题，提出相关的建议和意见，促进政府管理的进步，防止绩效评估工作流于形式。

体育公共服务绩效评估的结果应定期向社会公布，让公众可以更加全面而准确地掌握本地政府部门提供体育公共服务的状况，了解政府重点建设和投入的领域及其实际成效，对于政府提供体育公共服务的质量和能力形成有力的监督。评估报告的发布应明确阅读的对象为普通公众，这就要求报告的撰写需通俗易懂，具备较高的可读性。

四、体育公共服务绩效评价的方法

(一) 分层分析法

分层分析法是将复杂问题分解为多个组成因素，并将这些因素按支配关系进一步分解，按目标层、准则层、指标层排列起来，形成一个多目标、多层次的模型，形成有序的递进层次结构。通过两两比较的方式确定层次中各个因素的相对重要性，然后综合评估主体的判断，确定相关因素重要性的总顺序。它的基本思想就是将组成复杂问题的多个元素权重的整体判断转变为对这些元素进行"两两比较",然后再转为对这些元素的整体权重进行排序判断,最后确立各元素的权重。

政府绩效评估指标体系是一个具有多层次、多指标的复合体系,在这个复合体系中,各层次、各指标的相对重要性各不相同,难以科学确定,分层分析法通过构造判断矩阵,先对单层指标进行权重计算,然后再进行层次间的指标总排序,来确定所有指标因素相对于总指标的相对权重,为确定类似指标体系权重提供了一种很好的解决途径。利用分层分析法,不仅可以降低工作难度,提高指标权重的精确度和科学性,而且有利于提高权重确定的信度和效度。同时,在计算矩阵特征向量时,可以采用和积法、幂法和方根法等多种方法,并可以应用计算机来处理数据,具有较强的可操作性。

(二) 因子分析法

因子分析法是多元变量统计方法,它用较少个数的公共因子的线性函数和特定因子之和来表达原来观测的每个变量,从研究相关矩阵内部的依赖关系出发,把一些错综复杂的变量归纳为少数几个综合因子的一种多变量统计分析方法。因子分析法可以客观、准确地把握绩效评价指标体系中单个指标对管理绩效的影响程度,将众多的指标变量归结为几个公共因子,在保证数据信息丢失最少的原则下,对高维变量空间做降维处理,以达到便于分析的目的。

政府的产出具有多元性和复杂性,而且产出之间具有较强的相关性,所以很难确定哪些产出可以作为绩效评估的合适指标。此外,绩效评估指标的确定要考虑到绩效指标的有限性和有效性,如果绩效指标过多,必然使得评估的成本加大,造成绩效的损失。并且指标权重的设定也是一个值得权衡和解决的问题,因子分析法可以很好地解决这些问题,使用因子分析法这种科学的方法评价政府综合绩效,不仅可以简化分析系统的结构,还增强了因子的解释能力,可以更好地提高政府绩效。

(三) 数据包络分析法

数据包络分析法(DEA)在工业企业的绩效评估中得到了广泛的应用,可以尝试利用 DEA 评估政府绩效。DEA 是一种新的效率评价方法,其实质是根据一组关于输入输出的观测值来估计有效生产的指标,并以之对政治系统中的多个政府部门或单位进行多目标综合效果评价。在绩效研究过程中,政治学和管理学相同的系统分析视角为DEA等方法的采用提供了理论平台。

DEA具有多输入多输出指标的决策单元的特点,有利于政府在追求目标多样性过程中产生的多产出与多投入间的相对有效性评价。政府部门追求的目标具有多样性和弹性,而DEA通过对多种输入输出数据的综合分析,比较决策单元(DMU)间的相对效率,据此将各决策单元定级排序,确定有效的(即相对效率最高的)决策单元,并指出其他决策单元非有效的原因和程度,给主管部门提供管理信息。同时,DEA还能判断各决策单元的投入规模是否恰当,通过对输入输出指标进行适当调整,给出各决策单元调整投入规模的正确方向和程度。政府部门可以通过这种办法进行横向比较和分析,按照政府的功能结构确定合理的政府规模,并为减缓大小政府之争提供依据。

(四) 目标考核责任制

为了转变政府职能,建设服务型政府。我国各地纷纷建立了以目标管理为主要手段的政府绩效评价制度。目标责任制是一种典型的政治责任制,目标责任制就是地方政府为了完成其发展目标,而将其当年的发展目标进行细化分解,并与下级政府签订目标责任书,要求下级政府如期完成各项指标,并严格进行考核,奖优罚劣的管理制度。

我国政府内部实施的目标责任制考核主要有两种比较普遍的类型:对党政部门的考核以及对下级政府的考核,这两种类型考核周期不尽相同。各级政府设有专门的目标管理办公室或者目标考评委员会负责目标责任制的实施工作,每年年初由上级根据往年的考核结果以及与下级的沟通,制定该年度的目标任务,并通过签订目标责任书的形式下达给下级,并在年终由下级上报目标任务完成情况。上级结合其职能部门的数据进行复核并进行重点抽查,并对最终责任目标完成情况进行打分。

五、体育公共服务绩效评价体系的构建

(一) 数据的采集与处理

在构建的评价指标体系、权重以及标准体系基础上,有针对性地收集

数据。数据采集是我国体育公共服务绩效评价研究中的重要环节，数据的质量直接影响着实证研究的准确性以及指标体系的合理性。准确的数据才能更为合理、充分地发挥评价体系的功能，真实反映我国体育公共服务绩效水平现状，从而得出有效分析。

1. 投入资金指标

投入资金指标包括年度场地设施建设投入资金指标和年度群众体育投入资金指标。

年度场地设施建设投入资金指标主要包括政府援建的国家级体育场（健身路径、篮球场、乒乓球台等）、政府援建的省级体育场地（健身路径、篮球场、乒乓球台等）、政府援建的地级体育场地（健身路径、篮球场、乒乓球台等）、政府援建的县级体育场地（健身路径、篮球场、乒乓球台等）、政府命名的各级全民健身基地（国家级、省级、地级、县级）、政府命名的各级全民健身中心（国家级、省级、地级、县级）、政府命名的各级体育公园（国家级、省级、地级、县级）、政府命名的各级群众体育场地（国家级、省级、地级、县级）。这些场地资金的来源主要是政府拨款、体育彩票公积金和体育事业收入。

年度群众体育资金投入指标，主要包括农民体育健身工程、雪炭工程、俱乐部建设、培训管理等内容，资金来源主要是政府拨款、体育彩票公积金和体育事业收入。

2. 组织数量指标

组织数量指标包括体育组织数量和体质监测点数量两类测量指标。体育组织数量主要包括各级公益体育俱乐部（国家级、省级、地级、县级）、国家级和省级青少年体育俱乐部、各级社区健康俱乐部（国家级、省级、地级、县级）、各级其他性质（半公益等）的体育俱乐部（国家级、省级、地级、县级）、各级综合运动项目组织（国家级、省级、地级、县级）和各级单项运动项目组织（国家级、省级、地级、县级）。将这些数据进行整合作为组织机构总数量的数据。体质监测点数量主要是将各级体质监测点数量（国家级、省级、地级、县级）的总和作为实证数据。

3. 设施数量指标

设施数量指标包括体育健身场所总数量和晨（晚）练点数量两个测量指标。体育健身场所总数量是指前文提到政府援建的国家级体育场（健身路径、篮球场、乒乓球台等)、政府援建的省级体育场地(健身路径、篮球场、乒乓球台等)、政府援建的地级体育场地(健身路径、篮球场、乒乓球台等)、政府援建的县级体育场地(健身路径、篮球场、乒乓球台等)、政府命名的各级全民健身基地(国家级、省级、地级、县级)、政府命名的各级全民健身中心(国家级、省级、地级、县级)、政府命名的各级体育公园(国家级、省级、地级、县级)、政府命名的各级群众体育场地(国家级、省级、地级、县级)。晨(晚)练点数量主要是街道晨(晚)练点和市区晨(晚)练点的统计数据。

4. 指导员数量指标

指导员数量指标包括体育指导员总数量和晨(晚)练点配备的指导员数量。体育指导员总数量主要包括当年统计的各等级职业性社会指导员数量(国家级、一级、二级、三级)、各等级公益性社会指导员数量(国家级、一级、二级、三级),其总量作为体育指导员总数量的数据资料。

晨(晚)练点配备指导员数量主要是街道晨(晚)练点和市晨(晚)练点所配备的各等级社会指导员数量(国家级、一级、二级、三级),成为直接的数据来源。

5. 经常参加体育锻炼的人群指标

经常参加体育锻炼的人群指标的测量指标仅一项,晨(晚)练点每天一小时相对稳定活动的人数,这一项直接成为统计的数据。

6. 体质达标的测量指标

体质达标的测量指标是年度体质监测受测人数和年度体质监测达标率。两项数据来源主要是各省的体质监测年度总受测人数和达标率,两者都是直接的统计数据。

(二) 绩效评价

在获得相应指标的数据资料并进行处理后,对照我国公共体育服务绩效评分标准的相应得分,对各项单个指标的实际情况进行评分。

(三) 评价等级

通过体育公共服务绩效评价的得分,可以直观判断体育公共服务绩效方面属于哪个层次和水平,必须建立我国体育公共服务绩效的等级评价标准。

按照测量与评价理论，等级评价通常采用五等评价法，即上等、中上等、中等、中下等、下等。五等评价既可以采用离差法，又可以采用百分位数法。五等评价法，国外已普遍采用，从发展趋势上看，将来很有可能以百分位数法代替离差法。

（四）结果分析

在对体育公共服务绩效评价进行等级划分后，利用雷达分析法，对所选样本的体育公共服务绩效态势进行分析，得出评价结果，发现问题，探索提高路径。

（五）体育公共服务体系的外部评价

体育公共服务评价体系包括内部评价与外部评价。内部评价主要是指被考评者也就是体育公共服务的供给者的内部评价，体育公共服务供给者主要有政府、市场主体和非营利组织。内部评价主要指政府体育服务机构与其他体育服务组织的绩效评价。政府要完善监督和管理机制，建立严格合理的内部制度，完善指标体系，提高服务水平。外部评价是指服务对象的意见，也就是享受服务的民众对公共服务和体育公共服务部门等的评价。

外部评价也可理解为社会评价，它往往是站在整个社会的高度上来评判公共服务体系的结果对于社会发展的贡献和对整个服务体系发展目标的影响程度。在构建体育公共服务绩效评价体系的过程当中要注重把内部评价与外部评价结合起来。

1. 大众满意度评价

衡量和评价体育公共服务绩效的重要指标是大众满意度，应当采用合理的体系来考量公众对服务提供者和服务本身的满意程度。

大众满意度指标的构建主要从执行力满意度、大众权益实现满意度这几个方面着手。其中执行力满意度主要包括大众对公共体育服务的评价、大众对体育公共服务制度的满意度、大众对于组织队伍的满意度、大众对于体育活动的满意度、大众对体育场地设施的满意度、大众对体育公共经费投入的满意度、大众对体育公共信息宣传的满意度等指标。而大众对政府部门支持公共体育事业的评价、大众对体育公共服务机构在舆情与反馈方面的评价以及市民对体育公共决策的参与程度等方面的指标主要有政府对于市民建议的听取情况、政府对于市民意见的有效回应、市民体育公共需求的表达情况和体育公共服务供给的公平性。

2. 实施效果评价

体育服务体系注重社会效益而非经济效益,体育公共服务外部评价中的实施效果评价一般是通过前后、有无的对比分析法来判断。前后一般是对社会现象进行前后对比,通常还涵盖了一些数据或现象的增长或下降幅度。例如,"10分钟体育公共健身圈"的覆盖率能反映实施效果评价。在体育公共服务的开始和以后的时间点上,就有和没有开展不同的情形进行比较,并比较两次的结果,以得出整个服务的效果。这主要是针对一些体育公共服务组织机构和体育公共服务的基础设施,对它们尚未建立时和建成后的效果进行评判,主要反映在百姓健身房覆盖率、体育总会、网络系统的建设情况等指标上。

参考文献

[1] 曹秀玲，冯晓玲. 我国高校体育公共服务体系构建研究［M］. 银川：宁夏人民教育出版社，2019.

[2] 陈海军. 实施"两大工程"，打造"两个体系"切实抓好青少年体育工作［J］. 青少年体育，2014（02）：8-11.

[3] 陈丽梅，朱佳斌. 我国青少年体育公共服务体系发展现状及构建思路［J］. 长江丛刊，2016（11）：175-176.

[4] 陈丽梅. 青少年体育公共服务体系的发展现状及构建路径［J］. 浙江体育科学，2016，38（03）：28-31+36.

[5] 丁小燕. 青少年体育与健康素养理论与实践研究［M］. 南昌：江西高校出版社，2019.

[6] 方涛. 新时代背景下城市公共体育服务体系建设对高校社会体育指导与管理专业改革的策略研究［D］. 汉中：陕西理工大学，2020：15-20.

[7] 高天宇，李佳薇. 回顾与展望：关于我国青少年体育健康公共服务的述评与研究［J］. 广州体育学院学报，2019，39（05）：7-13.

[8] 胡雅静，柳鸣毅，闫亚茹，等. 发达国家青少年体育公共服务体系研究［J］. 体育科学，2019，39（12）：25-33+61.

[9] 黄亚玲，郭静. 基层体育社会组织——自发性健身活动站点的发展［J］. 北京体育大学学报，2014，37（09）：10-16+49.

[10] 姜韩，柳鸣毅. 基于路线图方法的中国青少年体育公共服务体系构建［J］. 成都体育学院学报，2015，41（05）：34-38+59.

[11] 康喜来，万炳军. 青少年运动训练原理与方法［M］. 西安：陕西师范大学出版总社有限公司，2012.

[12] 雷秀萍. 农村青少年体育公共服务资源体系构建［J］. 核农学报，

2020, 34 (11): 2632.

[13] 李琛. 浅析新时代下青少年体育公共服务体系建设 [J]. 体育科技文献通报, 2021, 29 (01): 119-121.

[14] 李井刚. 新时期我国公共体育服务供给主体多元发展研究 [J]. 山西大同大学学报（社会科学版）, 2022, 36 (03): 137-139.

[15] 李晓霞, 孙国友. 我国青少年公共体育服务供给研究进展 [J]. 体育师友, 2019, 42 (04): 68-69.

[16] 林启勇. 体育运动与青少年健康的研究 [J]. 中小企业管理与科技（下旬刊）, 2009 (03): 154.

[17] 刘扶民. 新时代青少年体育当有新作为 [J]. 青少年体育, 2018 (02): 12-13.

[18] 刘艳. 新时代青少年体育公共服务体系建设探究 [J]. 才智, 2020 (15): 241.

[19] 卢文云, 陈娟, 戴健. 我国竞技体育公共服务体系构建研究 [J]. 北京体育大学学报, 2015, 38 (07): 8-18+25.

[20] 南音. 浅议河南省青少年体育公共服务体系的完善 [J]. 少林与太极（中州体育）, 2014 (11): 19-23.

[21] 彭朝驿. 新时代农村体育公共服务体系构建研究 [J]. 现代农业研究, 2020, 26 (09): 137-138.

[22] 时兰君. 青少年生长发育与运动 [J]. 当代体育科技, 2014, 4 (08): 174.

[23] 侍崇艳, 刘伟, 沈鹤军, 等. 为健康奠基：我国青少年体育公共服务体系建设研究——以南京市为例 [J]. 吉林体育学院学报, 2017, 33 (06): 6-10.

[24] 舒宗礼. 基于整体性治理的我国青少年体育公共服务体系研究 [J]. 武汉体育学院学报, 2020, 54 (08): 20-27.

[25] 司庆洛, 易锋, 董新军. 苏南地区青少年社会体育公共服务体系优化研究 [J]. 当代体育科技, 2018, 8 (22): 156-157.

[26] 孙克诚. 我国体育公共服务现状及体系构建研究 [M]. 秦皇岛：燕山大学出版社, 2019.

[27] 童建红, 李建国, 张伟. 青少年公共体育服务体系建设现状、问题与

完善对策［J］. 广州体育学院学报，2015，35（03）：1-5.

[28] 王东. 社会参与视角下青少年公共体育服务体系建设与改进分析［J］. 长江丛刊，2020（31）：182+184.

[29] 王芹. 高校体育公共服务有效供给研究［M］. 济南：山东大学出版社，2015.

[30] 邢金明，陈钢，姜勇. 论青少年体育公共服务体系的完善［J］. 广州体育学院学报，2013，33（05）：33-36.

[31] 徐建清，何云玉，牛将，等. 福建省青少年体育现状初探［J］. 福建体育科技，2016，35（05）：43-47.

[32] 严婷婷，崔久剑. 体育公共服务绩效评价体系的构建与完善［J］. 体育世界（学术版），2017（12）：32-33.

[33] 杨国庆，刘红建，郇昌店. 新时代我国青少年体育公共服务体系建设研究［J］. 北京体育大学学报，2018，41（04）：9-15.

[34] 杨俊峰，孙刚. 新时代青少年体育公共服务体系建设研究［J］. 青少年体育，2019（02）：69-70.

[35] 张浩宇，郝晨，刘中全. 我国青少年公共体育服务体系构成探究［J］. 中国教师，2014（S1）：201.

[36] 张庆义. 新公共服务理论视角下我国青少年体育公共服务体系建设［J］. 湖北体育科技，2020，39（07）：601-603.

[37] 张玮. 青少年体育公共服务体系的现状及完善对策［J］. 文体用品与科技，2018（23）：76-77.

[38] 赵静，葛超. 体育公共服务财政保障存在的问题及对策［J］. 体育文化导刊，2019（08）：38-42+71.

[39] 钟武，胡科. 实践取向与推进模式：基层体育组织建设的战略思考［J］. 武汉体育学院学报，2014，48（06）：19-24.

[40] 周爱光，周进国，叶松东，等. 我国直辖市体育社团社会资本的现状及完善路径［J］. 北京体育大学学报，2017，40（01）：7-15.

[41] 朱琦. 新时代背景下我国青少年公共体育服务体系建设研究［J］. 冰雪体育创新研究，2021（06）：170-171.